Kriegsgefangenschaft an der Ostfront 1914 bis 1918

D1666445

Reinhard Nachtigal

Kriegsgefangenschaft an der Ostfront 1914 bis 1918

Literaturbericht zu einem neuen Forschungsfeld

PETER LANG

Frankfurt am Main · Berlin · Bern · Bruxelles · New York · Oxford · Wien

Bibliografische Information Der Deutschen Bibliothek
Die Deutsche Bibliothek verzeichnet diese Publikation in der
Deutschen Nationalbibliografie; detaillierte bibliografische
Daten sind im Internet über <http://dnb.ddb.de> abrufbar.

Abbildung auf dem Umschlag:

Nach der Kapitulation der österreichischen
Festung Przemyœl führten die Russen im April 1915
österreichische Kriegsgefangene auf dem
Peterburger Newskij Prospekt vor.
Aus: Letopis' vojny Nr. 33, S. 324.

Gedruckt auf alterungsbeständigem,
säurefreiem Papier.

ISBN 3-631-53358-6
© Peter Lang GmbH
Europäischer Verlag der Wissenschaften
Frankfurt am Main 2005
Alle Rechte vorbehalten.

Printed in Germany 1 2 3 4 5 7

www.peterlang.de

Für
Lottchen und Miechen

Inhaltsverzeichnis

A. Einleitung

Noch vor wenigen Jahren wurde bedauert, daß das Schicksal von Millionen Kriegsgefangenen des Ersten Weltkrieges bislang kaum das Interesse der historischen Forschung auf sich gezogen habe. Erst in jüngeren Gesamtdarstellungen zum Ersten Weltkrieg haben Kriegsgefangene Beachtung erfahren: als Randerscheinung militärischer Auseinandersetzung, als Wirtschaftsfaktor in den eigenen Kriegsanstrengungen, oder als Heimkehrer mit einem neuen, unübersichtlichen Problempotential (durch Bolschewismus „verseucht" oder nicht wiederverwendbar in Kampfeinheiten der Front).[1] Das galt mit der Ausnahme eines einsamen Forschers, des amerikanischen Historikers Gerald H. Davis (Atlanta),[2] in besonderem Maße für Rußland, das als eine der größten Gewahrsamsmächte für Soldaten feindlicher Armeen umso mehr an erster Stelle steht, als die Bedingungen der Gefangenschaft sich dort in vielerlei Hinsicht von denen westeuropäischer Staaten unterschieden. Ein beträchtlicher Teil der Mittelmächte-Gefangenen geriet nach dem Friedenschluß an der Ostfront in den Strudel von Revolution, staatlichem Zusammenbruch und Bürgerkrieg. Zusammen mit ihren russischen Schicksalsgenossen bei den Mittelmächten kehrten sie seit 1918 in eine völlig veränderte Heimat zurück, die meisten von ihnen in einen neuen Staat, der sich in der Regel wenig um ihr Schicksal oder ihre besonderen Bedürfnisse kümmerte.

Auch für Deutschland und Österreich-Ungarn mit zusammen über 4 Millionen Kriegsgefangenen der Entente, von denen zwei Drittel Angehörige der Zarenarmee waren, sieht die Lage nicht viel besser aus. Daß in der deutschen Geschichtswissenschaft bis in die 1980er Jahre hinein das Thema fast unberührt geblieben ist, wird gemeinhin mit dem großen, aktuellen und vor dem Hintergrund des Kalten Krieges hochpolitischen Interesse an den deutschen Kriegsgefangenen in der Sowjetunion *seit dem Ende des Zweiten Weltkrieges* erklärt. Seit 1945/46 absorbierte das Schicksal von Millionen gefangener und verschleppter Angehöriger gleichsam das öffentliche und persönliche Interesse in der Bundesrepublik und überdeckte die unvollendet gebliebene Aufarbeitung der Geschichte ihrer Schicksalsgenossen dreißig Jahre zuvor. Die Gefangenen

---

[1] Etwa in den Weltkriegsgeschichten von Manfried Rauchensteiner: Der Tod des Doppeladlers. Österreich-Ungarn und der Erste Weltkrieg. Graz 1993 und Holger H. Herwig: The First World War. Germany and Austria-Hungary 1914–1918. London 1997. Ebd. S. 279 ff., 294 f., 366 ff., 437 ff. und 446 f., leider mit zahlreichen, aus älterer Literatur übernommenen Fehlern. Niall Ferguson: Der falsche Krieg. Der Erste Weltkrieg und das 20. Jahrhundert. Stuttgart 1999 hat in seiner Betrachtung, die vorrangig die gegenseitigen Machtpotentiale und politisch-psychologischen Faktoren behandelt, auch Kriegsgefangene berücksichtigt (S. 283 ff. und 335 ff.).

[2] Gerald H. Davis: National Red Cross Societies and Prisoners of War in Russia, 1914–18, in: Journal of Contemporary History, 28,1, 1993, S. 31–52 ist der chronologisch letzte Beitrag des Amerikaners.

in sowjetischer Hand blieben zum Wiederaufbau der schwer zerstörten Kriegs-zone für mehrere Jahre im Stalinreich, wenngleich bis 1948 der größere Teil in die Heimat zurückgeschickt wurde.

Für die Zeit des Ersten Weltkrieges hat die österreichische Forschung seit den 1970er Jahren einzelne, isoliert gebliebene Arbeiten zu Gefangenenlagern aus-schließlich auf dem Territorium der heutigen Republik Österreich vorgelegt.[3] Währenddessen hatte von beiden deutschen Staaten nur die DDR-Forschung im Gefolge der von der sowjetischen Geschichtsinterpretation vorgegebenen Inter-nationalismus-Literatur sich der Kriegsgefangenen im deutschen Kaiserreich angenommen.[4] Dort entstanden dann auch kleinere Untersuchungen zu einzel-nen Lagern auf dem Territorium der ehemaligen DDR.

Bemerkenswert ist die Tatsache, daß von italienischer Seite das Gefangenen-schicksal der Angehörigen der italienischen Armee im Großen Krieg erstaun-lich früh und mit besonderer Berücksichtigung der Sozialgeschichte rezipiert wurde. Doch was auf den ersten Blick in einem modernen Ansatz Aufschluß über die Gefangenschaft in Deutschland und Österreich zu versprechen scheint, erweist sich als wenig weiterführend, da die italienische Kriegsgefangenenfor-schung sich der Mentalitätsgeschichte widmet und zu Strukturzusammenhän-gen wenig Anhalte bietet: augenfällig wird das vor allem dort, wo mentalitäts-geschichtliche Beiträge unveröffentlichte Memoiren ehemaliger italienischer Gefangener in großer Länge enthalten. Weiterhin ist kennzeichnend, daß sich die Autoren dieser Studien um amtliches Quellenmaterial, gar solches aus deut-schen oder österreichischen Archiven, selten bemüht haben.[5] Daher ist die Quellenlage meist sehr einseitig und schmal. Bei solch einem methodischen Ansatz erhebt sich zwangsläufig sogar die Frage, was die italienische For-schung zur Gefangenschaft bezweckt bzw. außer „Erinnerungskultur" für die Wissenschaft leisten kann.

Die methodische Vielfältigkeit der „neuen Militärgeschichte" scheint zwar wei-tere Ansätze zur Gefangenenproblematik zu bieten, da sie sozialgeschichtlich ausgerichtet ist und Mentalitäten und Alltag der betroffenen Menschen in den Vordergrund rückt, möglicherweise aber auf Kosten der Strukturgeschichte.[6]

---

[3] Eine Ausnahme von übergreifendem Interesse ist Rainer Egger: Spanien und Österreich-Ungarn – militärische Beziehungen und Kriegsgefangenenwesen im Ersten Weltkrieg, in: Wiener Geschichtsblätter 52, 1997, S. 141–156.

[4] Karl Auerbach: Die russischen Kriegsgefangenen in Deutschland. Von August 1914 bis zum Beginn der Großen Sozialistischen Oktoberrevolution. Diss. Potsdam 1973.

[5] Vgl. Kapitel D.2.1.

[6] Schon zwischen den Weltkriegen entstanden Monographien, die auch Alltag und Mentalitäten der Gefangenen in Rußland berücksichtigten: Hermann Pörzgen: Theater ohne Frau: Das Bühnenleben der kriegsgefangenen Deutschen 1914–1920. Königsberg 1933; Karl Scharping: Kulturelle und wirtschaftliche Leistungen der deutschen Kriegsge-fangenen in Rußland 1914–1918. Berlin 1939; Margarete Klante: Die deutschen Kriegsge-

So sind die älteren Beiträge zur Kriegsgefangenschaft als Vorläufer dieses neueren Ansatzes zu sehen, stehen also in einer Kontinuität. Sie sind überwiegend seit den 1970er Jahren entstanden. Es ist dabei kein Zufall, daß sie dem sozialwissenschaftlichen Interesse der angelsächsischen Forschung verpflichtet sind,[7] während in Deutschland und Österreich nur sporadisch isolierte Darstellungen, in der Regel Lagergeschichten, erschienen. Die neueren wegweisenden Studien waren allerdings allein auf im Westen zugängliches Quellenmaterial angewiesen, auch dann, wenn sie Phänomene der Ostfront im „Großen Krieg", wie der Erste Weltkrieg in Großbritannien und Frankreich bis heute heißt, berührten. Ausgelöst durch den Bewegungskrieg der Ostfront, fanden dort zwischen 1914 und 1921 immerhin die bedeutendsten kriegsbedingten Massenmigrationen in Europa statt. Erst mit der Öffnung der russischen Archive für westliche Forscher im Jahre 1992, nachdem die Sowjetunion aufgehört hatte zu bestehen und die ideologisch bestimmte Geschichtsinterpretation in allen Staaten des vormaligen Ostblocks wegbrach, eröffneten sich neue, ja ungeahnte Möglichkeiten zur Erforschung der Geschichte des europäischen Kontinents, der sieben Jahrzehnte lang von der Existenz des Sowjetstaates geprägt war.

Das Epochenjahr 1992 hat einen bis heute ununterbrochenen Zug westlicher Forscher zum Aktenstudium in die Zentralarchive der beiden russischen Hauptstädte und die Gebietsarchive der russischen Provinz gelockt. Man wird diese Goldgräber inzwischen „Generation" nennen können.[8] Der vorliegende Forschungsbericht berücksichtigt daher vorrangig Publikationen seit Anfang der 1990er Jahre, die in der Regel sowohl russisches Quellenmaterial einbeziehen als auch einer sozialwissenschaftlichen Ausrichtung der Forschung, insbesondere aber auch der „neuen Militärgeschichte" folgen.[9] Diese hat selbst aller-

---

fangenen in Rußland, in: Max Schwarte (Hrsg.): Der große Krieg Bd. 10: Die Organisation der Kriegführung. Leipzig 1923, S. 182–204 und dies.: Von der Wolga zum Amur. Die tschechische Legion und der russische Bürgerkrieg. Berlin 1931.

[7] Hier die Aufsätze von Gerald H. Davis und der 1983 erschienene Sammelband von Samuel R. Williamson und Peter Pastor (Hgg.): Essays On World War I: Origins and Prisoners of War. New York 1983. Weiterhin Robert Jackson: The Prisoners 1914–1918. London 1989 sowie zwei wichtige Arbeiten, die nicht direkt auf Kriegsgefangene bezogen sind: Michael R. Marrus: The Unwanted. European Refugees in the Twentieth Century. New York 1985 und Richard B. Speed: Prisoners, Diplomats, and the Great War: a Study in the Diplomacy of Captivity. New York 1990. Vgl. auch Odon Abbal: Les prisonniers de la Grande Guerre, in: Guerres mondiales et conflits contemporains 37, 1987, S. 5–30 und ders.: Soldats oubliés. Les prisonniers de guerre français. Bez-et-Esparon 2001.

[8] Eine jüngere russische Historikergeneration, die sich um weiße Flecken in der russischen Geschichte bemüht, hatte daran Anteil. Vgl. Sergej N. Nelipovič: Quellen zur deutschen Militärgeschichte im Bestand des Russischen Militärhistorischen Staatsarchivs in Moskau, in: Militärgeschichtliche Mitteilungen 52, 1993, S. 133–140 und dessen Aufsätze zum Schicksal der Rußlanddeutschen im kriegführenden Zarenstaat im Literaturverzeichnis.

[9] In diesem Zusammenhang vgl. den ungewöhnlichen Ansatz einer psychologisch-imagologischen Perspektive bei Evgenija S. Senjavskaja: Čelovek na vojne. Istoriko-psichologiče-

dings die Kriegsgefangenschaft noch nicht in ihren Kanon forschungswürdiger Themen aufgenommen, und das trotz der geweiteten Sicht auf Sozialgeschichte, Mentalitäten und sogar *gender studies* des Militärs![10] Es handelt sich offensichtlich um ein in weiten Teilen immer noch nicht *wahrgenommenes* Phänomen, obgleich sich die Gefangenschaft während und nach dem Zweiten Weltkrieg wegen ihres stärker zeitgeschichtlichen Bezugs in den Film- und Printmedien gut vermarkten läßt, und das nicht nur populärwissenschaftlich.

Ein nützliches Nachschlagewerk zur Kriegsgefangenschaft überhaupt erschien mit zahl- und aufschlußreichen Details im Jahre 2000 in Kanada unter der Herausgeberschaft eines Militärhistorikers, der das Phänomen in der amerikanischen Forschung auf breiter Basis thematisiert hat.[11] Aufgrund seiner weiten Spanne von der Antike bis zu den Konflikten der letzten Jahrzehnte im 20. Jahrhundert darf das Werk auf seine Weise als einzigartig gelten. An dieser Stelle soll auch die jüngst erschienene Enzyklopädie zur Geschichte des Ersten Weltkrieges genannt werden, die deutsche Militärhistoriker in Zusammenarbeit mit vorrangig französischen Kollegen erstellt haben. Das beeindruckende 1000-Seiten-Werk enthält einige Einträge, die für die Kriegsgefangenschaft als bislang vernachlässigter Teil der klassischen Militärgeschichte überblicksweise relevant sind und im Weiteren aufgegriffen werden.[12]

Zwölf Jahre nach Öffnung der russischen Staatsarchive bietet sich ein sorgfältigerer Blick auf die wissenschaftlichen Erträge für einen lange unbeachteten Teilbereich der Weltkriegsforschung an. Die Nutzung von bisher unerschlossenem russischen, teilweise auch österreichischen und deutschen Archivmaterial hat neue Erkenntnisse zu einem lange unberührten Thema erbracht: die Gefangenschaft von Soldaten der drei großen Kaiserreiche, die sich an der Ostfront als Gegner gegenüberstanden und 1917/18 untergingen. Die Türkei, die als viertes großes Territorialreich ebenfalls Gegner des Zarenstaats war und bei Kriegsende gleichermaßen eine tiefgreifende Veränderung durchlief, soll nur

skie očerki [Der Mensch im Krieg. Historisch-psychologische Anmerkungen]. Moskau 1997; dies.: Obraz vraga v soznanii učastnikov pervoj mirovoj vojny [Das Bild des Feindes im Bewußtsein der Teilnehmer am Ersten Weltkrieg], in: Voprosy istorii 3, 1997, S. 140–145 und zuletzt dies.: Psichologija vojny v XX veke: istoričeskij opyt Rossii [Psychologie des Krieges im 20. Jahrhundert: die historische Erfahrung Rußlands]. Moskau 1999. Die Kriegsgefangenschaft wird darin gelegentlich berücksichtigt.

[10] Etwa in der kommentierten Bibliographie von Jutta Nowosadtko: Krieg, Gewalt und Ordnung. Einführung in die Militärgeschichte. Tübingen 2002.

[11] Jonathan F. Vance (Hrsg.): A Historical Encyclopedia of Prisoners of War and Internment. Santa Barbara/Cal. 2000.

[12] Enzyklopädie Erster Weltkrieg (Hgg. Gerhard Hirschfeld, Gerd Krumeich, Irina Renz in Verbindung mit Markus Pöhlmann). Paderborn 2003. In der Folge abgekürzt: "EEW". Vgl. nachfolgend.

am Rande interessieren, da nicht nur die Zahl der gegenseitigen Gefangenen mit Rußland sehr viel geringer war als zwischen Deutschland, Rußland und Österreich-Ungarn, sondern hier die Forschung zu den gegenseitigen Gefangenen an der Front im Kaukasus noch nicht einmal begonnen hat. Die nachfolgende Betrachtung behandelt daher im weitesten Sinne das Verhältnis Rußlands zu den beiden Mittelmächten im Krieg und umgekehrt. Eine Besprechung sämtlicher Titel, die zu dem ausgreifenden Thema der Gefangenschaft auf beiden Seiten der Ostfront erschienen sind, ist hier allerdings weder geplant noch möglich.[13] Die Gefangenschaft bei den sich an der Ostfront gegenüberstehenden Gegnern gesondert zu betrachten, hat gute Gründe, die nicht nur formal bestimmt sind: die drei Kaiserreiche Deutschland, Rußland und Österreich-Ungarn hielten von allen kriegführenden Staaten des Ersten Weltkriegs die meisten Gefangenen in ihrem Gewahrsam,[14] während an der West- und Italienfront jeweils nur „wenige" hunderttausend Soldaten in Gefangenschaft gerieten: Von annähernd 9 Millionen Kriegsgefangenen des Ersten Weltkriegs befand sich die Hälfte allein im Gewahrsam Deutschlands und der Doppelmonarchie. 2,4 Millionen Soldaten der Mittelmächte gerieten dagegen in russische Gefangenschaft. Mit insgesamt deutlich über 5 Millionen gegenseitiger Gefangener erweisen sich die Mächte, die sich an der Ostfront gegenüberstanden, als wissenschaftliches Objekt ersten Ranges, das bisher wenig untersucht wurde, schon gar nicht komparatistisch. Kriegsgefangenschaft war im Ersten Weltkrieg ein Phänomen, das sich hauptsächlich an der Ostfront abspielte!

[13] Im Sinne einer Auswahl habe ich die hier besprochenen Titel folgenden Kriterien unterworfen:

1. Nur Titel, die nach 1991 als wissenschaftlicher Beitrag unselbständig als Aufsatz oder als selbständige Publikation ein einem Verlag erschienen sind; also keine Examensarbeiten, die als maschinenschriftliche Vervielfältigungen in Bibliotheken abgelegt sind und z. B. in Österreich als publiziert gelten. Nur bei zwei neueren Arbeiten wird diese Regel durchbrochen. Vgl. "Unveröffentlichte Literatur" im Literaturverzeichnis S. 154.

2. Keine thematisch zur Kriegsgefangenschaft im weiteren Sinne gehörende Teilthemen, die zu abgelegen sind: z. B. alle Fragen, die die tschechische Legion und die "Auslandsaktion" betreffen, sonstige Sonderfälle.

3. Ausschluß der sowjetisch vorgegebenen "Internationalismus-Forschung", die nach der Wende 1989 weitgehend aufgegeben worden ist: vgl. hierzu den Überblick von Robert Evzerov: Die sowjetische Historiographie und die deutschen und österreichischen Kriegsgefangenen-Internationalisten, in: Zeitgeschichte 25, 1998, S. 343–347.

4. Ausschluß von Serbien/Montenegro, Bulgarien und Rumänien als Gewahrsams- und Feindmächte.

5. Besprechung wichtiger Randthemen der Gefangenschaft in Ausnahmefällen (z. B. Desertion/Übergang zum Feind).

[14] Die völkerrechtliche Terminologie zur Kriegsgefangenenproblematik wird hier ohne weitere Erklärung vorausgesetzt (also: "feindstaatliche" Gefangene, nicht "feindliche"; Nehmestaat, Gewahrsamsmacht, Reziprozität etc.).

Weiterhin mag als formales Kriterium gelten, daß die Gefangenschaft sich dort in vieler Hinsicht von der an der Westfront unterschied; insbesondere aber gilt das für Rußland, das sich Ende 1917 als erste Großmacht aus dem Krieg zurückzog, ohne den Frieden zu gewinnen oder die Heimkehr der gegenseitigen Kriegsgefangenen durchführen zu können. Schließlich fällt ins Auge, daß die westliche Forschung sich wenig mit Strukturen oder Organisationsgeschichte der Gefangenschaft als vielmehr mit politischen und psychosozialen Folgen sowie dem Bild von Gefangenschaft und Gefangenen, seltener schon vom Gewahrsamsstaat befaßt hat.[15] Außerdem ist hier mit Ausnahme der Arbeiten von Marina Rossi[16] und Verena Moritz[17] kein tiefergehendes Interesse für die Gefangenen der Ostfront zu erkennen. Kriegsgefangene und Gefangenschaft werden in solchen Ansätzen gerne perspektivisch-imagologisch behandelt: wie erlebten die Gefangenen ihre Zeit in feindlichem Gewahrsam, wie sah die Bevölkerung die fremden Gefangenen usw. Nebenbei sei dazu bemerkt, daß zur Klärung solcher mentalitätsgeschichtlicher Fragen keine aufwendigen Aktenstudien notwendig sind.

Der Autor dieses Literaturberichts fühlt sich für eine vorläufige Übersicht und Einschätzung der jüngsten Forschungsergebnisse zu diesem Themenkreis besonders berufen. Hinter ihm liegt ein mehrjähriges, intensives Quellenstudium zum Thema in Archiven Rußlands, Österreichs und Deutschlands, also den Nachfolgestaaten der drei untergegangenen Kaiserreiche. Während der ausgreifenden Archivstudien zu einer Doktorarbeit wurde rasch deutlich, daß nur die umfassende Kenntnis von möglichst viel Quellenmaterial dieser drei bedeutendsten Gewahrsamsmächte des Weltkrieges eine ganzheitliche Sicht eröffnet, die immer auch die feindstaatlichen Gefangenen einschließen muß, da Kriegsgefangenschaft nicht nur nach den Regeln des Völkerrechts eine wechselseitige Angelegenheit ist. Die Beschäftigung allein mit den Gefangenen nur einer Gewahrsamsmacht reicht nicht aus, wie auch die hier besprochenen Arbeiten immer wieder deutlich machen: Kriegsgefangenschaft erweist sich an der Schwelle zur Moderne, die im Hohenzollern- und im Habsburgerstaat ein neuzeitliches Staatsbürgerrecht mit genau beschriebenen Rechten und Pflichten der

---

[15] Beispielhaft dafür zur Sicht auf die Gefangenschaft in Deutschland Uta Hinz: Die deutschen "Barbaren" sind doch die besseren Menschen: Kriegsgefangenschaft und gefangene "Feinde" in der Darstellung der deutschen Publizistik 1914–1918, in: In der Hand des Feindes. Kriegsgefangenschaft von der Antike bis zum Zweiten Weltkrieg (Hrsg. Rüdiger Overmans). Köln 1999, S. 339–361. Michael Scherrmann: Feindbilder in der württembergischen Publizistik 1918–1933: Rußland, Bolschewismus und KPD im rechtsliberalen "Schwäbischen Merkur", in: Kriegserfahrungen. Studien zur Sozial- und Mentalitätsgeschichte des Ersten Weltkriegs (Hgg. Gerhard Hirschfeld u.a.). Essen 1997, S. 388–402.

[16] Vgl. Kapitel D.2.1.

[17] Vgl. Kapitel C.

wehrpflichtigen Bürger-Soldaten kannte, als ein ausgesprochen reziprokes Phänomen mit größter völkerrechtlicher Relevanz. Anders als an der Ostfront im Zweiten Weltkrieg oder gar im russischen Bürgerkrieg wurden zwischen 1914 und 1918 an fast allen Fronten Regeln und Maßstäbe der Gegenseitigkeit bei den Gefangenen beachtet, die im wesentlichen durch die Haager Landkriegsordnung von 1907 (HLKO) bestimmt waren. Reziprozität der sich an den Fronten gegenüberstehenden Gegner – oder auch ihr teilweises Fehlen an der Ostfront im Vergleich zu den Gegnern an der Westfront – wird daher ein wichtiges Kriterium in dieser Besprechung sein.

B. Allgemeines

B.1. Statistik als Reflex einer politischen Behandlung der Kriegsgefangenenfrage

Das Phänomen „Kriegsgefangenschaft" betraf erstmalig im „Großen Krieg" Millionen von Menschen und war darüber hinaus von der langen Dauer der Gefangenschaft, oftmals viele Jahre und – gerade an der Ostfront lange – über das Kriegsende hinaus, gekennzeichnet. So fanden sich von 15 Millionen im Weltkrieg mobilisierten Soldaten der russischen Armee bis Ende 1917 zwischen 2,6 und 3,4 Millionen im Gewahrsam der Mittelmächte, davon mindestens 1,5 Millionen allein in Deutschland.[18] Ungefähr ebenso hohe Verluste an eigenen Gefangenen hatte die Doppelmonarchie, die rund 2,1 Millionen ihrer Soldaten in russischer Gefangenschaft hatte und ihrerseits wiederum etwa 1,3 Millionen Angehörige des Zarenstaats in Gewahrsam hielt. Insgesamt verlor die Habsburgermonarchie bis November 1918 ungefähr 2,77 Millionen eigene Soldaten an den Feind,[19] während Deutschland insgesamt 997.000 Soldaten an Ente-Mächte verlor. An die osteuropäische Großmacht verloren Deutschland und das Osmanische Reich auffallenderweise bedeutend weniger eigene Soldaten als

[18] Die Zahl der russischen Gefangenen bei den Mittelmächten wurde von sowjetischer Seite mit bis zu 3,41 Millionen beziffert, davon bis zu 2,9 Millionen allein in Deutschland. Zu dieser problematischen Angabe vgl. Nachtigal: Die Repatriierung der Mittelmächte-Kriegsgefangenen aus dem revolutionären Rußland: Heimkehr zwischen Agitation, Bürgerkrieg und Intervention 1918 bis 1922, Anm. 6 und nachfolgend. In diesem Beitrag hält sich der Verfasser an die niedrigeren Angaben, die von den Militärverwaltungen Österreich-Ungarns und Deutschlands sowie von Elsa Brändström sicher belegt sind. Vgl. dagegen B. Brand/D. Dahlmann: *Streitkräfte (Rußland)*, in: EEW S. 901–904, hier S. 904, die die höhere sowjetische Angabe zugrunde legen (Mai 1917 rund 2,9 Mio. russische Gefangene).

[19] Unter Einschluß der von Italien bei Kriegsende Anfang November 1918 zu Kriegsgefangenen erklärten 300.000 Österreicher der Italienfront (Waffenstillstand von Villa Giusti). Bis Oktober 1918 waren es etwa 2,4 Millionen, von denen 2,1 Millionen in russischer Hand waren, was einmal mehr die überragende militärische Bedeutung der österreichischen "Nordost-Front" unterstreicht.

Österreich-Ungarn. Es waren 170.000 deutsche und 60.000 türkische Soldaten als Kriegsgefangene in Rußland, wobei die Zahl für die Deutschen ziemlich sicher ist, während es sich bei den Türken nur um eine Schätzung handelt, die möglicherweise nach oben zu korrigieren ist. Rußland scheint noch weniger Gefangene an das Osmanische Reich verloren zu haben. Bulgarien und Rußland „tauschten" nur etliche Hunderte Gefangene, da hier eine gemeinsame Front erst nach dem Eintritt Rumäniens in den Krieg gegen die Mittelmächte Ende August 1916 bestand.

Die Zahl von über 5 Millionen Kriegsgefangenen auf beiden Seiten der Ostfront während des Großen Krieges scheint sich damit nicht allein aus der Tatsache herzuleiten, daß dort über die meiste Zeit heftiger Bewegungskrieg stattfand, der für die Ostfront charakteristisch war. Gegenüber den im Westen erstarrten Fronten des Stellungskrieges, mit großen Verlusten an Toten, (Schwer)Verwundeten und Invaliden, ist für den Bewegungskrieg die hohe Zahl an Gefangenen durchaus typisch. Zu bedenken ist weiterhin, daß an der Ostfront die Kampfhandlungen bereits im Herbst 1917 eingestellt und danach dort kaum noch Gefangene gemacht wurden,[20] ein Jahr vor dem Waffenstillstand an den übrigen Fronten.

Es fällt hier überhaupt ins Auge, daß an der Ostfront keine sicheren Zahlen möglich scheinen, mit Ausnahme der Reichsdeutschen in Rußland. Für die Angehörigen der österreichisch-ungarischen Armee in russischem Gewahrsam besteht ein Näherungswert von 2,1 Millionen, der offensichtlich auf die schwedische Rotkreuz-Helferin Elsa Brändström zurückgeht, die zwischen 1914 und 1920 für die Gefangenen in Rußland arbeitete.[21]
Sie erstellte diese Daten noch während des Weltkrieges und unmittelbar danach mit Hilfe von Mitarbeitern der deutschen und österreichischen zentralen Militärverwaltung.[22] Das Faktum, daß die jeweiligen Kriegsministerien beiderseits niedrigere Zahlen an Gefangenen nennen – also eigener wie feindstaatlicher Soldaten, könnte nicht nur teilweise erheblichen Mängeln bei der Registrierung der Gefangenen zuzuschreiben sein, wie das für Rußland als Gewahrsamsmacht

---

20 Moritz: Zwischen allen Fronten. Die russischen Kriegsgefangenen in Österreich S. 234 berichtet allerdings von über 21.000 russischen Überläufern, die noch in den ersten Monaten des Jahres 1918 zu den Österreichern wechselten!

[21] Vgl. Anm. 28.

[22] Dieser Umstand ist bedeutsam, da solche verläßlichen Daten von ihr und wenigen anderen Autoren Eingang in einige wichtige Monographien der Zwischenkriegszeit gefunden haben und so überhaupt belegbar sind, denn die deutschen Zentralakten dazu gingen 1945 verloren, die österreichischen Quellen allein aber können dies nicht erhellen. Rauchensteiner: Der Tod des Doppeladlers *passim* legt zu niedrige österreichische Verluste durch Gefangenschaft für die Ostfront zugrunde, die er dem offiziösen Weltkriegswerk *Österreich-Ungarns letzter Krieg* (ÖUlK). Wien 1929 ff. entnimmt. Vgl. die ebenfalls von niedrigen Zahlen ausgehende Diskussion bei Moritz: Zwischen allen Fronten S. 336 ff.

der Mittelmächte-Angehörigen erwiesen ist. Handfeste politische Gründe können hier eine Rolle gespielt haben: die öffentliche Kenntnis der Tatsache millionenfach eigener Gefangener in der Hand des Feindes war für Österreich-Ungarn und Rußland, Staaten mit unübersehbaren Problemen bei der Loyalität und Kriegsbereitschaft in der eigenen Bevölkerung, auch innenpolitisch katastrophal. Entsprechende Informationen darüber mochten aus diesem Anlaß unterdrückt oder gefälscht worden sein.

Eine hohe Zahl Feindstaaten-Angehöriger in Gewahrsam zu halten, konnte wiederum für Nehmestaaten mit großen Versorgungs- oder Organisationsproblemen in der öffentlichen Meinung neben einem schwer einzuschätzenden günstigen Propagandaeffekt auch Nachteile bergen, insbesondere wenn es um *Sterberaten* unter den Gefangenen ging. An diesen wurde die Grausamkeit oder Menschlichkeit des Feindes „gemessen": im Ersten Weltkrieg, dem ersten Propagandakrieg der jüngeren Geschichte im großen Stil, spielte die Meinungsbildung in den neutralen Staaten auch für die Kriegführenden die Rolle eines Weltgewissens. Es kann daher nicht ausgeschlossen werden, daß aus diesem Grund oder aus anderen Gründen Berlin und Wien sowohl die Zahl der Entente-Gefangenen als auch die der eigenen Landsleute im Gewahrsam der Entente nach unten schönten.

Unter der Annahme einer höheren russischen Gefangenenzahl aus einer grundlegenden sowjetischen Weltkriegsstatistik des Jahres 1925 hat der Moskauer Historiker Evgenij Sergeev diesen Zusammenhang für die russischen Gefangenen im Gewahrsam Deutschlands und der Habsburgermonarchie angedeutet und auch mit der geringen Fürsorge des Zarenstaats für die gefangenen Landsleute in Verbindung gebracht: hier zeichnete sich deutlich ein Loyalitätsproblem bei den eigenen Staatsangehörigen ab.[23] Sergeev beschließt seine Betrachtung sogar mit dem Gedanken, daß die propagandistische Beeinflussung der russischen Gefangenen durch die Mittelmächte in gleichem Maße zum Zusammenbruch der russischen Kriegsanstrengungen und des Staates 1917 beigetragen hat, wie dessen mangelnde Fürsorge für die gefangenen Landsleute sowie sozialrevolutionär-bolschewistische Agitation in den Mittelmächte-Lagern durch russische Emigranten.

---

[23] Evgenij Sergeev: Kriegsgefangenschaft und Mentalitäten. Zur Haltungsänderung russischer Offiziere und Mannschaftsangehöriger in der österreichisch-ungarischen und deutschen Gefangenschaft, in: Zeitgeschichte 25, 1998, S. 357–365 und ders.: Kriegsgefangenschaft aus russischer Sicht. Russische Kriegsgefangene in Deutschland und im Habsburgerreich (1914–1918), in: Forum für osteuropäische Ideen- und Zeitgeschichte 1,2, 1997, S. 113–134, eine Übersetzung von Sergeevs russischem Beitrag: Russkie voennoplennye v Germanii i Avstro-Vengrii v gody Pervoj mirovoj vojny [Die russischen Kriegsgefangenen in Deutschland und Österreich-Ungarn während des Ersten Weltkrieges], in: Novaja i novejšaja istorija 4, 1996, S. 65–78.

Das sowjetische Weltkriegswerk *Rossija v mirovoj vojne 1914–1918 (v cifrach)* [Rußland im Weltkrieg 1914–1918 in Zahlen], das die deutlich höheren Zahlen für die gefangenen Russen im Gewahrsam der Mittelmächte zugrunde legt, lokalisiert deren Verteilung interessanterweise zu 57% in Österreich-Ungarn und nur zu 42% in Deutschland.[24] Das bedeutet eine prozentuale Umkehrung der bekannten Verhältnisse in absoluten Zahlen (Deutschland etwa 1,5 Millionen, die Donaumonarchie mindestens 1,1 Millionen[25]). Insgesamt gerieten demnach weniger als 1% der Russen in Gefangenschaft der Türkei und Bulgariens, für die ja keine genauen Daten vorliegen und die daher als wichtige Zahlenfaktoren noch in Frage kommen. Die Angabe solch hoher absoluter Zahlen, die keine Bestätigung von seiten der Mittelmächte-Behörden finden, würde aber bei den gleichzeitigen Prozentangaben in dieser Verteilung das Osmanische Reich (und Bulgarien) als bedeutende Gewahrsamsmacht ausschließen. 1% der *höheren* sowjetischen Angabe von über 3 Millionen gefangenen Russen würde etwas über 30.000 Russen in türkisch-bulgarischer Gefangenschaft bedeuten, was jedenfalls zu wenig scheint. Damit ist das sowjetische Weltkriegswerk eher unglaubwürdig bzw. unzuverlässig.

Kurzum, beide Verbündete des Zweibundes – zumindest aber die Türkei – bleiben als bedeutendere Nehmestaaten in Betracht und die Frage der Zahl ihrer Gefangenen offen. Eine weitere Erklärung bietet nur scheinbar eine Lösung: daß sowjetischerseits die russische Expeditionsarmee in Frankreich, die 1917 nach ihrer Rebellion und Kampfweigerung von zuverlässigen französischen Einheiten entwaffnet und interniert wurde, als kriegsgefangen geführt wurde. Dazu machten die russischen Brigaden in Frankreich zu wenig Gefangene aus, die überdies nicht auf dem Konto der Mittelmächte zu suchen wären.[26]

Die problematischen Daten der möglicherweise tendenziösen russischen Arbeit – der frühen Sowjetmacht war natürlich daran gelegen, die Leistungen des Zarenstaats und der Provisorischen Regierung im Krieg herabzusetzen – wurden

---

[24] *Rossija v mirovoj vojne 1914–1918 (v cifrach)* [Rußland im Weltkrieg 1914–1918 in Zahlen]. Moskau 1925, hier S. 4 und 39. Diesen Angaben scheint auch zu folgen Iris Lencen: Ispol'zovanie truda russkich voennoplennych v Germanii (1914–1918 gg.) [Die Arbeitsverwendung russischer Kriegsgefangener in Deutschland 1914–1918], in: Voprosy istorii 4, 1998, S. 129–137. Vgl. nachfolgend.

[25] 1,1 Millionen Russen gaben die österreichischen Behörden 1918 bekannt. Leopold Kern: Die Kriegsgefangenen und Zivilinternierten der wichtigsten kriegführenden Staaten, Anhang in: Hans Weiland/Leopold Kern: In Feindeshand. Die Gefangenschaft im Weltkriege in Einzeldarstellungen, 2 Bde., Wien 1931 kommt hingegen auf 1,3 Millionen Russen. Vgl. die Angaben bei Moritz: Zwischen allen Fronten S. 335 ff.

[26] Vgl. Rémi Adam: Histoire des soldats russes en France (1915–1920). Les damnés de la guerre. Paris 1996, S. 13 ff. und Michael G. Esch: Von Verbündeten zu Kriegsgefangenen: Das russische Kontingent in Frankreich und der Kriegsaustritt der Sowjetunion, in: Gerd Krumeich (Hrsg.): Versailles 1919: Ziele, Wirkung, Wahrnehmung. Essen 2001, S. 211–224. Allerdings ist zu berücksichtigen, daß die aus dem letzten Kriegsjahr stammenden Zahlen der Mittelmächte die bis dahin verstorbenen Russen vermutlich nicht mitzählen!

hier nicht zugrunde gelegt.[27] Ohne daß ihr Wahrheitsgehalt grundsätzlich bezweifelt werden kann, gehe ich in all meinen Untersuchungen immer von den vorgenannten niedrigeren Zahlen der Mittelmächte-Regierungen und Elsa Brändströms aus.[28] Diese passen wesentlich besser zu den Angaben der Militärverwaltungen der Mittelmächte, insbesondere aber dort, wo sie von archivalischen Quellen gestützt werden.

B.2. West- und Ostfront im Weltkrieg: verschiedene Fronten, verschiedene Arten der Gefangenschaft

Auch das Faktum eines Bewegungskrieges im Osten erklärt nur teilweise die hohen Zahlen an gegenseitigen Gefangenen. Die Millionenverluste der russischen und österreichischen Armee deuten darauf hin, daß der multiethnische Charakter dieser Armeen durchaus eine Schwachstelle für ihre Kampfkraft bedeuten konnte: die neuere Literatur gibt Aufschluß darüber, ob rein technische (z. B. mangelnde sprachliche Verständigung) oder doch vor allem politisch-ideologische Gründe schließlich den Ausschlag gaben. Immerhin fehlte an der Westfront, die von ihrer Ausdehnung vom Ärmelkanal bis zur Schweizer Grenze sehr viel kürzer, dafür aber im Kampfgeschehen auch gedrängter als die Ostfront war, in den ersten Kriegsjahren das Merkmal der massenhaften Gefangenschaft.[29] An der Westfront gerieten bis zum Kriegsende etwa 1,7 Millionen Soldaten in die Hand des Feindes, an der österreichisch-italienischen insgesamt 1 Million.

Die Ostfront wiederum wies in militärisch-strategischer Hinsicht wie auch im Hinblick auf die gegenseitig gemachten Gefangenen eine scharfe Zweiteilung, einen Nord-Süd-Gegensatz auf. Dieser wurde durch die Einsatzräume der deutschen und k.u.k. Armee bestimmt. Erst nach der großen, erfolgreichen russischen Sommeroffensive von 1916, der Brussilow-Offensive,[30] kam es dort mit der Einrichtung der „Hindenburg-Front" zu einer Durchmischung deutscher und österreichischer Truppen an der österreichisch-russischen Front, die auch als „Korsettstangen-System" bezeichnet worden ist. Außerdem wurden zu dieser Zeit am galizischen Schauplatz zwei türkische Divisionen eingesetzt.

[27] Vgl. die Diskussion der glaubwürdigen Arbeit eines Funktionärs des sowjetischen Gefangenenwesens (N. Ždanov: Russkie voennoplennye v mirovoj vojne [Russische Kriegsgefangene im Weltkrieg]. Moskau 1920) bei Moritz: Zwischen allen Fronten S. 41 f.

[28] Elsa Brändström: Unter Kriegsgefangenen in Rußland und Sibirien. Berlin 1922, S. 8.

[29] Ferguson: Der falsche Krieg S. 336 nennt die Gefangenenverluste Österreichs und Italiens, die prozentual am höchsten von allen Kriegsmächten waren (36% und 29%). Dieses Phänomen weiß er allerdings nicht als wichtigen Faktor der politisch-ideologischen Motivation zu deuten. Erklärungsmuster dazu bei Rauchensteiner: Der Tod des Doppeladlers *passim* und ders.: *Streitkräfte (Österreich-Ungarn)* in EEW (S. 896–900, hier S. 897–899).

[30] Die russische Bezeichnung lautet *Brusilovskij proryv*: Brussilow-Durchbruch. Die Kerenskij-Offensive von 1917 wird russisch *Letnee nastuplenie* bezeichnet: Sommeroffensive.

Kann man die deutsch-russische Front mit einer halbdurchlässigen Membran vergleichen, durch die nur aus östlicher Richtung große Massen Gefangener in den Westen kamen, nicht aber in umgekehrter Richtung, so gilt das nicht für die österreichisch-russische Front, die tendenziell für beide Seiten durchlässig war. Doch verlor die Doppelmonarchie fast doppelt soviel eigene Soldaten an Rußland wie umgekehrt. Obendrein gerieten an der österreichisch-russischen Front in Galizien seit 1914 auch rund 40.000 der 170.000 deutschen Soldaten in russische Gefangenschaft.

Die Kampfhandlungen an der Ostfront kamen im Herbst 1917 allmählich zum Ende, seit November blieb es ruhig, Anfang Dezember setzten die Waffenstillstandsverhandlungen zunächst mit den Bolschewiki ein. Ihnen folgten solche mit Rumänien. Einige Hunderte Soldaten der Mittelmächte mögen ab jener Zeit noch nach Rußland gekommen sein, in der Regel als Überläufer. Zwischen Dezember 1917 und November 1918 war die Ostfront für ein Jahr von einem zerbrechlichen, an manchen Fronten, wo sich revolutionäre Russen und Mittelmächte gegenüberstanden, sogar zerbrechenden Frieden geprägt.[31] Die antibolschewistischen Kräfte der russischen „Weißen" und ihre Verbündeten, die tschechische Legion und die Entente-Interventen im russischen Bürgerkrieg, erkannten jedoch den am 3. März 1918 zwischen Sowjetrußland und den Mittelmächten geschlossenen Frieden nicht an. Fast alle Mittelmächte-Angehörigen im Machtbereich der antibolschewistisch-konterrevolutionären Kräfte blieben daher weiterhin kriegsgefangen in der Macht der „Weißen" und ihrer Verbündeten. Es dürfte sich um etwa 300.000 bis 400.000 Personen in Sibirien und weniger als 50.000 in Zentralasien (Turkestan) handeln.

B.3. Allgemeine Fragestellungen

Die systematische Untersuchung der Kriegsgefangenschaft drängt zunächst zu einer kurzen völkerrechtlichen Betrachtung, die vereinfacht als ganz allgemeine Frage formuliert werden kann: Inwieweit entsprach die Behandlung der Gefangenen durch die Gewahrsamsmächte den international geltenden Regeln? Diese Frage kann durch einen Katalog von Teilfragen, die sich größtenteils aus der HLKO ergeben, meist eindeutig vertieft werden. Sie sollen hier nicht extra behandelt werden, sondern als grober Kriterienkanon, wie er sich aus der besprochenen Literatur herausschält, bloß zitiert werden. Dies führt zu einer Struktur- und Organisationsgeschichte der Gefangenschaft. Ein zweiter Schritt kann weiterreichend der historischen Forschung neue Felder erschließen, wie das etwa in der westlichen Literatur geschehen ist: Mentalitäts-, Alltags- und Sozialgeschichte, psychologische Ansätze etc. Anders als bei den Gewahr-

---

[31] Vgl. Nachtigal: Krasnyj Desant: Das Gefecht an der Mius-Bucht. Ein unbeachtetes Kapitel der deutschen Besetzung Südrußlands 1918. (Erscheint in: Jahrbücher für Geschichte Osteuropas 53, 2005).

samsmächten mit vergleichsweise geringen Gefangenenzahlen erlangten die Gefangenen der Ostfront vor allem aufgrund ihrer großen Zahl in der Kriegsmaschinerie des jeweiligen Nehmestaates kriegsentscheidende Bedeutung, so daß sich hier ein zusätzliches Feld der Untersuchung auftut.

B.3.1. Doppelte „Nützlichkeit" bei Kriegsgefangenen: Schutzfunktion für das Leben und Wirtschaftsfaktor für die Gewahrsamsmacht

In der Bedeutung des Arbeitseinsatzes von Gefangenen in nationalen Kriegswirtschaften zeichnet sich eine Hierarchie von Intensität und Effektivität ab, die unter anderem am Beginn des Gefangenen-Arbeitseinsatzes abzulesen ist. Deutschland scheint als erstes auf die Gefangenen zurückgegriffen zu haben. Österreich-Ungarn, das noch im Herbst 1915 weniger als 1 Million Entente-Gefangene hatte, folgte unmittelbar. Für Deutschland als Gewahrsamsmacht hat der Migrationshistoriker Jochen Oltmer die Frage des Beginns des allgemeinen Arbeitseinsatzes anhand des Emslandes schlüssig und deutlich beantwortet. Obwohl der Titel seiner Dissertation keine Kriegsgefangenen nennt und die Studie geographisch einschränkt, deckt die Arbeit den Teilkomplex der Kriegsgefangenen-Arbeit für Deutschland bestens ab.[32] Hinter seinen Erkenntnissen bleibt Uta Hinz zurück, die zwar ebenfalls frühe und vor allem intensive Nutzung der Gefangenenarbeit in Deutschland betont, aber nur für die zweite Hälfte des Jahres 1916 konkret wird, als 80% der Mannschaftsgefangenen in Deutschland dem Arbeitseinsatz in der Kriegswirtschaft zugeführt waren.[33] Wie zahlreiche andere Autoren in der jüngst erschienenen Weltkriegsenzyklopädie konzentriert sie ihre Betrachtung darin auf Deutschland, wobei andere wichtige Gewahrsamstaaten von Kriegsgefangenen, etwa Rußland und Österreich-Ungarn, völlig unter den Tisch fallen.[34]

[32] Jochen Oltmer: Bäuerliche Ökonomie und Arbeitskräftepolitik im Ersten Weltkrieg. Beschäftigungsstruktur, Arbeitsverhältnisse und Rekrutierung von Ersatzarbeitskräften in der Landwirtschaft des Emslandes 1914–1918. Sögel 1995, S. 281–405. Fallweise kann der Gefangenenarbeit auch nach Quellen der Kriegsverwaltung deutscher Kontingentarmeen erschlossen werden. Vgl. A. v. Haldenwang: Württembergs Heer im Weltkrieg, Heft 20: Statistik (Truppen, Kriegswirtschaft, Waffen, Fahrzeuge, Kriegskosten u. a.) und Verluste der Württemberger im Weltkrieg 1914–1918. Stuttgart 1936, S. 51.

[33] Hinz: *Kriegsgefangene*, in: EEW S. 641–646, hier S. 645 und dies.: *Zwangsarbeit*, ebd. S. 978–980, hier S. 978. Die Autorin hat Oltmer und die Studie von Katja Mitze (vgl. nachfolgend) nicht berücksichtigt. Neuere Forschungen zur Gefangenschaft in Osteuropa sind ihr unbekannt. Leider geben andere Lemmata der EEW, z. B. *Hindenburg-Programm* (ebd. S. 557 f.), ebenfalls keinen Aufschluß. Begriffe wie *Kriegswirtschaft* und *Kriegsindustrie* fehlen.

[34] Vgl. ebd. ihre Beiträge *Brändström, Elsa* (S. 391) und *Internierung* (S. 582–584). Das trifft dort auch für Beiträge zu, die für die Gefangenenthematik bedeutsam sind: *Deportation* (Alan Kramer), *Desertion* (Christoph Jahr), *Elsaß-Lothringen* (Daniel Mollenhauer), *Epidemien* (Wolfgang U. Eckart), *Invalidität* (ders.), *Kriegsgreuel* (A. Kramer), *Militärge-*

Eine kurze Betrachtung des Arbeitseinsatzes russischer Gefangener in Deutschland kommt auf sehr schmaler Datenbasis zu einer deutlichen Aussage. Vor dem Hintergrund der Tatsache, daß Angehörige der Zarenarmee dort etwa zwei Drittel aller Gefangenen ausmachten, veranschlagt die Autorin den Beginn des allgemeinen Arbeitseinsatzes auf nicht später als Frühling 1915![35] Zu dieser Zeit wurde auch bereits die berufliche Vorbildung der Gefangenen zum Zweck einer effizienten Arbeitsverwendung berücksichtigt. Durch einen ganzjährigen Arbeitseinsatz gemäß saisonalen Tätigkeiten sollte die Arbeitskraft der Gefangenen möglichst effizient genutzt werden, oft zum gesundheitlichen Schaden der Gefangenen. Was die russischen Gefangenen von ihren Mitgefangenen der West-Entente dabei aber wesentlich unterschied, war die zunehmend rücksichtslosere Verwendung der Russen: während sich Großbritannien und Frankreich für die gesundheitliche Schonung ihrer gefangenen Landsleute in Deutschland mit völkerrechtlichen Vereinbarungen erfolgreich einsetzten, war die russische Regierung wenig am Schicksal ihrer Untertanen interessiert. Zudem wurde spätestens mit der Februarrevolution 1917 die Aufmerksamkeit der russischen Staatsführung durch innere Vorgänge stark absorbiert. Andererseits galten die kriegsgefangenen Russen auch als weniger widerspenstig und arbeitswilliger als Briten und Franzosen. Gegen ausreichende Verpflegung, und hier spielte die Quantität eine größere Rolle als die Qualität, war ihnen fast jede Arbeit zuzumuten. Auch der niedrigere Bildungsgrad des russischen Bauernsoldaten machte ihn leichter „handhabbar": für besonders schwere oder gar völkerrechtswidrige Arbeiten, etwa im Schanzenbau des Frontbereichs, empfahl er sich daher aus Sicht der Kriegsministerien in Berlin und Wien besonders. Allein in der oberschlesischen Montanindustrie sollen im letzten Kriegsjahr 170.000 russische Gefangene eingesetzt worden sein, von insgesamt 56.680 Gefangenen in derselben Branche im Ruhrgebiet waren annähernd die Hälfte (26.254) Russen.[36]

Die Lagergeschichte von Soltau (Niedersachsen) deutet interessanterweise außerdem darauf hin, daß die von der Heimkehr lange zurückgehaltenen Russen in Deutschland sogar nach Kriegsende, nämlich bis Herbst 1920 im Arbeitsein-

---

richtsbarkeit (Ch. Jahr), *Nationalitätenfrage* (Hans Hecker), *Ostfront* (Norman Stone), *Sanitätswesen* (Christoph Gradmann), *Streitkräfte (Österreich-Ungarn)* von M. Rauchensteiner und *Streitkräfte (Rußland)* von Bettina Brand und Dittmar Dahlmann.

[35] Lencen: Ispol'zovanie truda russkich voennoplennych S. 130 ff. mit dem Hinweis, daß das entsprechende deutsche Regelwerk etwa zur selben Zeit in Kraft trat. Bereits im Frühjahr 1916 konnte die Nachfrage nach Kriegsgefangenen für Arbeiten in Deutschland nicht mehr erfüllt werden.

[36] Ebd. S. 136. Wichtigster Schluß der Autorin ist die größere Schutzlosigkeit und hemmungslosere Ausbeutung der Russen. Vgl. Otte: Das Lager Soltau. Das Kriegsgefangenen- und Interniertenlager des Ersten Weltkriegs S. 159–190, der das allgemeine Bild bestätigt, insbesondere die Ausbeutung der Russen (ebd. S. 190).

satz standen, obwohl sich zu jener Zeit schon die Arbeitslosigkeit der von der Front zurückgekehrten deutschen Soldaten voll auswirkte. Nach dem Anfang März 1918 unterzeichneten Frieden von Brest-Litowsk wurde ihre baldige Repatriierung vorgesehen. Im wesentlichen blieb sie aber aus, da die militärische Führung Deutschlands (die dritte Oberste Heeresleitung unter Hindenburg und Ludendorff) sich mit Rücksicht auf den enormen Arbeitskräftebedarf für die Kriegswirtschaft auf einen für die deutsche Seite günstigeren „Kopf-um-Kopf"-Austausch mit Sowjetrußland verlegte. Tendenziell scheint sich immerhin die Lage der Russen in Deutschland etwas verbessert zu haben: es wurde vorgesehen, daß sie wie eigene Heeresangehörige behandelt und etwas besser bezahlt werden sollten! Freiheits- und andere Beschränkungen bestanden weiterhin.[37]

Die für den Bundesstaat Bayern anhand des Gefangenenlagers Ingolstadt von Katja Mitze vorgelegten Daten zum Arbeitseinsatz scheinen hingegen nicht charakteristisch zu sein. Sie deutet für den kleinräumigen Bereich mit etwa 6.500 Internierten eine Arbeitsverwendung von Entente-Gefangenen an, wie sie zumindest in der wegen ihrer Gradmesser-Funktion wichtigen Frühphase (Kriegsjahr 1915) in frappierender Weise der wenig effizienten Gefangenen-Nutzung in Rußland gleicht:[38] der erste ausgreifende Arbeitseinsatz begann nicht vor Sommer 1915 (September: bis 75% aller Gefangenen, danach immer noch ein Drittel), dann erst wieder seit dem Frühjahrsanbau 1916 mit zunächst 50% aller Gefangenen bei bis zu 85% zunehmender Steigerung in jenem Jahr.[39] Im Zuge des Ende 1916 beschlossenen Hindenburg-Programms für die Heimatfront wurden auch die Gefangenen in Deutschland bis zur Grenze des Möglichen mobilisiert, ein Zustand, der bis Herbst 1918 andauerte.

Für Österreich-Ungarn liegt neuerdings eine ausgreifende Untersuchung zu diesem Fragenkomplex vor.[40] Obwohl die österreichische Forschung seit Jahrzehnten – und damit viel früher und zahlreicher als die Forschung für Deutschland! – immer wieder Monographien zu einzelnen Lagern hervorgebracht hat,[41] handelt es sich um die erste und bislang einzige Studie, die speziell die Gefan-

---

[37] Ebd. S. 276 und 259 f.

[38] Vgl. Kapitel B.3.1. und D.2.4.

[39] Katja Mitze: Das Kriegsgefangenenlager Ingolstadt während des Ersten Weltkriegs S. 275 ff. Ebd. eine hohe Rate arbeitender Gefangener in Deutschland für August 1916, nämlich 86%, von denen genau 2/3 in der Landwirtschaft und 1/4 in der Industrie eingesetzt waren. Diese Raten decken sich zu jener Zeit etwa mit jenen in Rußland, das aber nie mehr als 75% aller Gefangenen zur Arbeit herangezogen zu haben scheint! Vgl. unten und Anhang.

[40] Verena Moritz: Zwischen allen Fronten. Die russischen Kriegsgefangenen in Österreich im Spannungsfeld von Nutzen und Bedrohung (1914–1921). Unveröffentlichte Dissertation Wien 2001. Vgl. Kapitel C.

[41] Vgl. Kapitel C. und Franz Wiesenhofer: Gefangen unter Habsburgs Krone. K.u.k. Kriegsgefangenenlager im Erlauftal.

genen in der Habsburgermonarchie betrachtet.[42] Demgegenüber fanden die Folgen der massenhaften Heimkehr österreichisch-ungarischer Kriegsgefangener aus Rußland seit Anfang 1918 gerade bei der österreichischen militärgeschichtlichen Forschung frühe und genaue Beachtung. Denn dort wirkten sie sich zwischen Hunger und Kriegsmüdigkeit des Hinterlands auf die Innenpolitik und die Kriegswirtschaft direkt aus.

Insbesondere die österreichischen Militärhistoriker Richard G. Plaschka und Manfried Rauchensteiner haben solche Rückwirkungen in ihren Arbeiten beschrieben. Das gilt auch für das Problem der massenhaften Desertion bzw. des Übergangs zum (russischen) Feind, was sich auf die Kampfkraft der k.u.k. Truppen vor allem an der Ostfront direkt auswirkte und die Habsburgermonarchie politisch und militärisch zunehmend der deutschen Führung unterwarf. Verbunden damit sind weitere Phänomene, die die österreichische Kriegführung viel stärker bestimmten und einschränkten als die Deutschlands oder Frankreichs (z. B. großer Personalmangel und innenpolitische Folgen der Heimkehr Zehntausender aus russischer Gefangenschaft im Frühjahr 1918).[43]

Rußland nutzte hingegen zu einer Zeit, als in Deutschland und im Habsburgerstaat die Entente-Gefangenen bereits als wertvolle Personalreserve erkannt worden waren, im Sommer 1915 (und bis Frühjahr 1916!), erst etwa 50% seiner einen Million Kriegsgefangenen zu Arbeiten, die bis zum Frühjahr 1916 oft keine kriegswichtige Bedeutung hatten:[44] mit spürbaren Folgen für die Betroffenen, wie im Folgenden deutlich wird. Nur in dem Jahr zwischen den Sommeroffensiven 1916 und 1917 läßt sich ein intensiver und auch relativ effektiver Gefangeneneinsatz in der russischen Kriegswirtschaft klar erkennen, der aber deutlich weniger als 80% aller zu jener Zeit in russischem Gewahrsam befindlichen Gefangenen erfaßte, nämlich etwa 1,5 Millionen von rund 2 Millionen.[45] Möglicherweise waren es aber sogar noch weniger.

[42] Vgl. Kapitel C. Zum Zweiten Weltkrieg liegt eine Studie für Österreich vor, die auf Erfahrungen aus dem k.u.k. Gefangenenwesen 1914–1918 verweist. Vgl. Hubert Speckner: In der Gewalt des Feindes. Kriegsgefangenenlager in der "Ostmark" 1939 bis 1945. Wien 2003, S. 19 und 34. Beginn und Intensität des Arbeitseinsatzes der maximal 208.000 Gefangenen in beiden österreichischen Wehrkreisen, wo von 1940 bis 1945 stets weniger als 10% aller Gefangenen im deutschen Gewahrsam interniert waren, sind deutlich herausgearbeitet (S. 176–188): von Sommer 1941 bis Sommer 1944 arbeiteten rund 90% der dortigen Gefangenen, danach sank die Rate auf 80%, die bis Kriegsende wohl gehalten wurde.

[43] Plaschka: Avantgarde des Widerstands; Rauchensteiner: Der Tod des Doppeladlers *passim* und ders.: *Streitkräfte (Österreich-Ungarn)*, in: EEW S. 896–900. Vgl. unten. In der Tradition der österreichischen Forschung zur "inneren Front" stehen auch Leidinger/Moritz: Gefangenschaft, Revolution, Heimkehr S. 453–486.

[44] Ju. A. Ivanov: Voennoplennye Pervoj mirovoj v rossijskoj provincii [Die Kriegsgefangenen des Ersten Weltkrieges in der russischen Provinz], in: Otečestvennye archivy, 2000, S. 100–104.

[45] Diese komplexe Formulierung ist hier nötig, da von insgesamt 2,4 Millionen Mittelmächte-Soldaten in russischer Hand über 300.000 in den beiden ersten Kriegswintern an Seu-

24

Der allgemeine Arbeitseinsatz der Gefangenen kam vor allem in den europäischen Militärbezirken Rußlands rasch wieder zum Erliegen, als nach der gescheiterten Sommeroffensive 1917 Hunderttausende russischer Soldaten die Front verließen und in Erwartung einer allgemeinen Aufteilung des Großgrundbesitzes in das Hinterland strömten, dessen Infrastruktur nach drei schweren, von militärischen Rückschlägen geprägten Kriegsjahren zusammenbrach. Zwei Faktoren führten in der zweiten Jahreshälfte 1917 vor allem im Süden des europäischen Rußlands rasch zur massenhaften „Entlassung" von etwa 600.000 Kriegsgefangenen: die russischen Deserteure forderten die Arbeitsplätze der Gefangenen für sich und machten diese arbeitslos. Mit der sichtbaren Tendenz Rußlands im Herbst 1917, aus dem Krieg allmählich auszuscheren, mit dem rasant zunehmenden Chaos und Zusammenbruch der Transportmittel schlossen dann auch immer mehr Industriebetriebe, die keine Beschäftigungsmöglichkeit mehr bieten konnten.[46] Ein Jahr vor dem Kriegsende an den anderen Fronten bekamen die Gefangenen im europäischen Teil Rußlands als erste den negativen Effekt des Kriegsendes in Gestalt der Arbeitslosigkeit zu spüren, ohne daß sie repatriiert wurden.

Besonders kraß verlief dieser Prozeß auf dem Gebiet der Ukraine. Die durch die Beraubung eines kleinen Verdienstes oftmals ins Elend gestürzten Gefangenen wurden von der marxistisch-leninistischen Internationalisten-Forschung nie thematisiert, obwohl diese ideologisch bedingte Geschichtsinterpretation stets die klassenkämpferische Solidarität aller Unterdrückten einschließlich der kapitalistisch ausgebeuteten Kriegsgefangenen behauptete. Auf dem Gebiet der heutigen Ukraine befanden sich nicht nur die russische Rüstungsschmiede und wichtige Anbaugebiete, sondern zur Arbeitsleistung auch rund ein Drittel aller zu jener Zeit in Rußland befindlichen Mittelmächte-Gefangenen!
In Rußland wurde die Nützlichkeit der Kriegsgefangenen für die eigene Kriegswirtschaft erst spät erkannt. Hier soll interessieren, ob die jüngere Forschung die Folgen daraus erkannt und außerdem gefragt hat, ob die Arbeitsverwendung der Gefangenen wirklich eine Verbesserung ihres Loses brachte, wie dies vorhanden zunächst vermutet werden darf, da eine Gewahrsamsmacht ihre Gefangenen schonen wird, wenn sie ihrer Arbeitskraft bedarf.

---

chen starben. Das heißt durch eine hohe Sterberate in der Zeit bis Frühling 1916 *und andere Abgänge* bedingt, befanden sich *zu keiner Zeit während des Krieges* mehr als 2 Millionen Kriegsgefangene in Rußland! Durch Abgänge (Flucht, Austausch und Befreiung seit 1915) konnte die Zahl der Gefangenen nicht so anwachsen, wie das die Regel bei den meisten anderen Gewahrsamsmächten war (Serbien scheidet aus bestimmten Gründen aus, ebenso Rumänien). Vgl. Anhang.

[46] Vgl. Nachtigal: Rußland und seine österreichisch-ungarischen Kriegsgefangenen S. 171 ff. und 214 ff.

B.3.2.   Kriegsgefangene und Völkerrecht: Verstöße

Zumindest in Deutschland scheint es frühzeitig ein besonderes Anliegen gewesen zu sein, mit einem ausdrücklichen Verbot der Mißhandlung von Kriegsgefangenen den Feindmächten keinen Vorwand für eine schlechte Behandlung der deutschen Landsleute im Gewahrsam der Entente zu bieten.[47] Wenn Mißhandlungen von Kriegsgefangenen zumindest beim Arbeitseinsatz, also meist außerhalb der militärischen Kontrolle des Gewahrsamstaats, auch in Deutschland vorgekommen sind, so ist gerade bei diesem Kriterium die völlig unterschiedliche psychologische Situation bei den sich gegenüberstehenden Feinden zu bedenken, die das Verhalten der Bevölkerung im Hinterland und des bewachenden Etappenmilitärs wesentlich mitbestimmten: die deutschen Truppen hatten den Feind im Westen innerhalb kurzer Zeit überrannt und hielten dessen Randgebiete über Jahre besetzt. Neben dem psychischen Trauma, unschuldig in kriegerische Vorgänge verwickelt und vom Feind besetzt zu sein – ganz zu schweigen von der Verletzung der belgischen Neutralität durch Deutschland, kam für die Länder der West-Entente die militärische Demütigung[48] hinzu. Beide Faktoren schieden für Deutschland als Gewahrsamsmacht von Gefangenen der West-Entente vollständig aus: nur zeitweise waren Teile des Reichslandes Elsaß-Lothringen in den Krieg einbezogen. An der Ostfront, wo mit dem „Russeneinfall" in Ostpreußen und der Verschleppung von wenigen zehntausend Zivilisten, darunter Frauen, Kinder und Alte, zunächst eine vergleichbare Situation entstanden war, folgte im Herbst und Winter 1914/15 mit der Vernichtung und Vertreibung ganzer russischer Armeen auch eine Art moralische Genugtuung.

Diese Umstände dürften mitbewirkt haben, daß in Deutschland der Kriegsgefangene des Gegners weder amtlich noch in der öffentlichen Meinung als Feind gesehen wurde: vielmehr handelte es sich um einen „außer Gefecht" gesetzten Militärangehörigen einer feindlichen Armee, für dessen Gesundheit und Leben man sich verantwortlich fühlte.[49] In Deutschland war die Beschimpfung, die

---

[47] Hankel: Die Leipziger Prozesse S. 326 ff., 335 ff., 366 ff. („Biwak", "Silo"). Mitze: Das Kriegsgefangenenlager Ingolstadt S. 238. Das Verbot trug ausdrücklich einer möglichen Reziprozität Rechnung.

[48] Die Demütigung der Entente war verschiedener Art: das Unvermögen der West-Entente, allein der deutschen Kriegsmacht beizukommen trotz numerischer Überlegenheit; höhere Verluste bei Ausbleiben jeglicher Erfolge; fast in jedem Kriegsjahr Ausfall eines Verbündeten (1915 Serbien/Montenegro und britische Niederlage an den Dardanellen, 1916 Rumänien, Ende 1917 Rußland und gleichzeitig Caporetto/Karfreit bei zunächst großer Wirkung der deutschen U-Bootwaffe), usw.

[49] Hingegen die deutsche Wahrnehmung des gefangenen Russen, die von Geringschätzung und sogar Mitleid, nicht von Haß geprägt war! Vgl. Hinz: Die deutschen "Barbaren" sind doch die besseren Menschen. Eine solch imagologische Perspektive für das Vielvölkerreich der Habsburger fehlt noch (wichtige Umstände: Mißerfolg an fast allen Fronten, Besetzung Galiziens). Bekannt ist, daß gefangene Italiener klagten, die Österreicher

Herabwürdigung oder gar Mißhandlung des feindstaatlichen Gefangenen nicht nur verboten, sondern – wo die Einhaltung des Verbots nicht gewährleistet werden konnte – aus politischen Gründen höchst unerwünscht, weil man sich frühzeitig der reziproken Folgen für die eigenen Landsleute im Gewahrsam des Feindes bewußt war. In der deutschen Presse, etwa in satirischen Zeitschriften, kam es aber doch zu einer zumindest unterschwelligen Diskriminierung bestimmter Ethnien unter den Entente-Gefangenen, vor allem der Osteuropäer. Allerdings scheint sie keine Auswirkung auf die Behandlung der Gefangenen selbst gehabt zu haben! Erst als 1916/17 die deutschen Bewacher der russischen Gefangenen immer deutlicher erkannten, daß sich deren Heimatstaat am Wohlergehen seiner Landsleute zunehmend desinteressiert zeigte, scheinen auch Rücksichtslosigkeit und Sorglosigkeit gegenüber den Russen zugenommen zu haben.

Für Rußland als Gewahrsamsmacht von Gefangenen ist die bewußte Schlechterbehandlung entweder von bestimmten ethnischen Gruppen oder sogar pauschal nach schweren Niederlagen gegen die Mittelmächte nicht nur in zahlreichen, durchaus glaubwürdigen Erlebnisberichten veranschaulicht, sondern konkret belegbar mit Befehlen der Militärverwaltung aus den Jahren 1914 bis 1917, die klar gegen die HLKO verstießen. Sie hatten seit dem russischen Rückzug aus Polen im Sommer 1915 für die Betroffenen mitunter schwere gesundheitsschädigende oder gar Todesfolgen.[50]

Als völkerrechtlich relevante Gefangenen-Mißhandlung zitiert Sergeev die Erinnerungen eines russischen Gefangenen, der die Verweigerung des Pardons gegenüber gefangenen Kosaken anführt bzw. deren besonders harte Behandlung in Gefangenschaft.[51] Die Kosaken waren vor allem bei der Zivilbevölkerung, die als Grenzbewohner unter militärischen Auseinandersetzungen oder feindlicher Besatzung litten, wegen ihres Gebarens jenseits von Völkerrecht und Humanität sehr gefürchtet, worauf die Bemerkungen Sergeevs abzielen. Im amtlichen Aktenmaterial der beiden Mittelmächte gibt es aber keinerlei Hinweise auf eine Sonderbehandlung kriegsgefangener Kosaken, sei es bei der Gefangennahme an der Front oder in den Lagern des Hinterlands. Die bislang un-

---

kämpften an der einzigen nationalen Front Altösterreichs im Vergleich mit den Deutschen besonders grausam. Antislawische Ressentiments mochten in Ungarn eine Rolle spielen.

[50] Vgl. Nachtigal: Seuchen unter militärischer Aufsicht: Das Lager Tockoe als Beispiel für die Behandlung der Kriegsgefangenen 1915/16? und unten.

[51] Sergeev: Kriegsgefangenschaft aus russischer Sicht. Russische Kriegsgefangene in Deutschland und im Habsburger Reich 1914–1918, in: Forum für osteuropäische Ideen- und Geistesgeschichte 1,2, 1997, S. 113–134, hier S. 123 nach S. Melent'ev: Žizn' i bor'ba. Vospominanija krest'janina-revoljucionera [Leben und Kampf. Erinnerungen eines Bauern und Revolutionärs]. Moskau o. J., S. 52. In Michail Scholochows Der stille Don wird ein Kosak eingeführt, der in deutsche Gefangenschaft gerät und von seiner Familie als umgekommen angesehen wird, bis er nach Kriegsende wieder aus der Gefangenschaft zurückkehrt.

bewiesene Behauptung bedürfte einer Klärung, denn es scheint sich um eine Legende zu handeln. (An der Ostfront des Ersten Weltkrieges war insbesondere bei den österreichischen Fronttruppen der Ruf „Kosaken kommen" Auslöser für panikhaftes Verhalten).[52] Es kann dabei auch angenommen werden, daß die Gefangennahme von Kosaken sich direkt an der Front „erledigte", wie es Ferguson für die Gegner an der Westfront als dort häufig vorkommendes, eindeutig völkerrechtswidriges Phänomen der „Gefangenen-Tötung" festgestellt hat.[53] Diese Tötung Wehrloser noch auf dem Schlachtfeld, mitunter in der „Hitze des Gefechts", ist nach dem Krieg zum Anklagepunkt von seiten der West-Entente bei den Leipziger Prozessen erhoben worden. In den Anklagen vor allem Frankreichs wegen verschiedener Kriegsverbrechen des deutschen Militärs beim Reichsgericht in Leipzig war die Sowjetregierung als Ankläger der russische Seite nicht vertreten, so daß Kriegsverbrechen und Völkerrechtsverstöße auf beiden Seiten der Ostfront nicht zur Sprache kamen. Diesem Umstand ist zu verdanken, daß wichtige Phänomene der gegenseitigen Gefangenschaft an der Ostfront für den Ersten Weltkrieg wenig bekannt oder gar unbeachtet geblieben sind.[54] Gefangenen-Tötung an der Ostfront war kein Thema, obwohl sie auch dort mit Sicherheit vorgekommen ist.[55]

Ein gewichtiges Kriterium der Gefangenenbehandlung bilden Verstöße gegen das Völkerrecht. Diese können sehr unterschiedlicher Art sein und sollen hier infolge des Ausschlusses der völkerrechtlichen Problematik nicht *in extenso* untersucht werden, insbesondere nicht bei dem Akt der Gefangennahme, da sich völkerrechtswidriges Verhalten gerade dort kaum sachlich rekonstruieren

---

[52] Horne/Kramer: German Atrocities, 1914. A History of Denial S. 78 ff. vergleichen das Verhalten der Kosaken mit dem der deutschen Soldaten in Belgien 1914.

[53] Ferguson: Der falsche Krieg S. 336–370. Als Fall des Völkerrechts geschildert bei Hankel: Die Leipziger Prozesse S. 123 ff. und: Erschießung von Kriegsgefangenen, in: Kriegsverbrechen in Europa und im Nahen Osten im 20. Jahrhundert (Hgg. Franz W. Seidler/Alfred M. de Zayas). Hamburg 2002, S. 25–28. Für die Ostfront läßt sich kein Beleg für die Tötung eingebrachter Gefangener etwa in Erlebnisberichten finden! Hingegen hat Hans Hautmann die von der österreichischen Führung befohlene Entrechtung feindlicher Gefangener und beabsichtigte Brutalisierung der Kriegführung auf dem Balkan untersucht: Die österreichisch-ungarische Armee auf dem Balkan, in: ebd. S. 36–41. Vgl. auch Horne/Kramer: German Atrocities S. 84 ff. zum Balkanschauplatz.

[54] Darauf habe ich schon beim Arbeitseinsatz der Gefangenen an der Murmanbahn verwiesen in Nachtigal: Die Murmanbahn. Die Verkehrsanbindung eines kriegswichtigen Hafens und das Arbeitspotential der Kriegsgefangenen. Grunbach 2001, S. 10 f.

[55] Zu einem Fall im speziellen Umfeld des beginnenden Bürgerkriegs in Rußland Nachtigal: Krasnyj Desant: Das Gefecht an der Mius-Bucht. Allerdings handelt es sich dort um Verweigerung des Gefangenen-Status', die Opfer wurden als Partisanen angesehen, die nicht nach völkerrechtlichen Regeln kämpften.

ließ und läßt.[56] Zu den gängigen Völkerrechtsverletzungen im Ersten Weltkrieg gehörte der Arbeitseinsatz im Frontbereich und bei schwerster, mitunter gesundheitsschädigender Arbeit.[57] Diese Form scheint bei fast allen kriegführenden Mächten vorgekommen sein, so etwa im rückwärtigen Frontbereich der deutschen Armeen in Belgien, Nordfrankreich, Polen und Litauen (Ober Ost). Für Österreich-Ungarn sind russische Fortifikationsarbeiter an der Italienfront, in Galizien, in den südslawischen Landesteilen und im besetzten Serbien belegt, deren Versorgung und Behandlung besonders schlecht war, offensichtlich weil dort wie in der westlichen Kriegszone Rußlands keine neutralen bzw. zivilen Kontrollorgane Mißbräuche abzustellen vermochten.[58] Inzwischen konnte gezeigt werden, daß in der russischen und österreichischen Armee bei Arbeitsverweigerungen von Gefangenen „Rädelsführer" erschossen und die übrigen dezimiert[59] oder physisch bestraft wurden.[60]

Die Selektierung von kriegsgefangenen Angehörigen einer feindlichen Armee zu bestimmten Zwecken wurde von einigen Kriegsmächten in unterschiedlichem Grade vorgenommen. Rußland scheint bei seinen österreichischen Gefangenen dabei am weitesten gegangen zu sein. Die mit ethnischer oder konfessioneller Sortierung faktisch einhergehende Propaganda unter Gefangenen war

---

[56] Das ist eines der wichtigen Ergebnisse der Völkerrechtsstudie von Hankel: Die Leipziger Prozesse. Deutsche Kriegsverbrechen und ihre strafrechtliche Verfolgung. Ebd. S. 92 ff. und 172 ff. zur Schuld- bzw. Straffähigkeit von Kriegsgefangenen. Zu Verurteilungen kam es interessanterweise deshalb nicht, weil die Sorge vor Gegenmaßnahmen einen reziproken Schutzmechanismus auslöste. Vgl. auch Christiane Nill-Theobald: "Defences" bei Kriegsverbrechen am Beispiel Deutschlands und der USA. Diss. Freiburg/Breisgau 1998, S. 39 ff., 67 ff. und 82 ff. Zu einem nicht ausgeführten Todesurteil gegen Kriegsgefangene in Rußland vgl. Nachtigal: Rußland und seine österreichisch-ungarischen Gefangenen S. 115 f. Hankel: ebd. S. 100 ff. und 321 ff. zur Gefangenenmißhandlung und -tötung sowie Ferguson: Der falsche Krieg S. 335–379 mit Beispielen von Sonderfällen: "Scheinkapitulation" und Gründe gegen Gefangennahme (Mißtrauen, Sorge vor Rache, Eifersucht), die psychologisch bedingt waren. Weder die zitierten Fälle noch seine Interpretation treffen für die Ostfront in besonderem Maße zu, an der andere Verhaltensmuster herrschten. Hankel: Die Leipziger Prozesse S. 186 ff. zur Erschießung Verwundeter und Horne/Kramer: German Atrocities S. S. 194 ff. und 345 ff. zu Gefangenen-Erschießung.

[57] Hinz: *Kriegsgefangene*, in: EEW S. 642 ist in dieser Frage unergiebig, vor allem fehlt ein Praxisvergleich der Gewahrsamsmächte. Otte: Lager Soltau S. 189 f.

[58] Moritz: Zwischen allen Fronten *passim*. Für die Doppelmonarchie muß bedacht werden, daß dort seit 1916/17 die eklatante Mangelversorgung auch Zivilbevölkerung und Soldaten der k.u.k. Armee betraf, was sich schließlich in einer offenbar harten Behandlung der feindstaatlichen Gefangenen niederschlug. Diese waren physisch geschwächt und verweigerten daher schwere Arbeiten.

[59] Der Begriff bezeichnet tatsächlich die Tötung jeden zehnten Mannes (engl. auch: *summary execution*) als disziplinarische Maßnahme, ist also willkürlich und hat nicht die Bestrafung eines bestimmten Delinquenten zur Absicht.

[60] Moritz: Zwischen allen Fronten S. 122 und Nachtigal: Rußland und seine österreichisch-ungarischen Kriegsgefangenen S. 121 und 184.

bei allen größeren Gewahrsamsmächten des Ersten Weltkrieges verbreitet. Aufgrund der Erfahrung von 1914 bis 1918 scheint sie aber gerade bei den gegenseitigen Gefangenen der Westfront im Zweiten Weltkrieg unterblieben zu sein: neben dem geringen Erfolg war man sich nun auch der praktischen Folgen bewußt. Die Verbringung von Gefangenen in andere Erdteile betraf im Großen Krieg – mit Ausnahme der Kolonialtruppen der West-Entente – nur Angehörige der Mittelmächte; an der Ostfront ereilte sie vor allem ethnisch Deutsche und Magyaren, die in Russisch-Asien interniert wurden. Die von den Betroffenen zuweilen als inhumaner Völkerrechtsbruch angesehene russische Praxis geschah allerdings zu einer Zeit, als Sibirien und Zentralasien auch im russischen Bewußtsein noch nicht gleichrangige Teile der gesamtrussischen Heimat waren: noch zu Beginn des 20. Jahrhunderts waren dies Gebiete der inneren Kolonisation des Zarenstaats, zwischen Rußland und Sibirien bzw. dem zentralasiatischen Turkestan wurde durchaus unterschieden.

Schon im Ersten Weltkrieg war in der HLKO die Überstellung von Kriegsgefangenen an verbündete Mächte nicht vorgesehen, wurde aber auch bei den sich an der Ostfront gegenüberstehenden Gegnern praktiziert.[61] Deren Armeen waren entweder multiethnisch, oder es dienten in ihnen nationale Minderheiten, wie in der deutschen Armee Polen, Dänen (Nordschleswiger)[62] und Elsaß-Lothringer.[63] Insbesondere Schicksal und Verhalten der reichsdeutschen Elsässer in russischer Gefangenschaft bedürfen noch genauerer Forschung, für die nach Möglichkeit auch russisches Quellenmaterial herangezogen werden sollte.[64]

Dieser Aspekt der Gefangenenforschung ist – mit Ausnahme moslemischer Entente-Gefangener – erst in letzter Zeit vermehrt beachtet worden, bedarf aber weiterer völkerrechtsgeschichtlicher Behandlung.[65] Zwischen den Mittelmächten kam es überdies zu Verschiebungen von Entente-Gefangenen: so überstellte die deutsche Regierung einige tausend Franzosen an Österreich-Ungarn als

---

[61] Italien übergab Frankreich rund 16.000 seiner österreichischen Gefangenen. Vgl. Gérard Canine: L'utilisation des prisonniers de guerre comme main-d'œuvre 1914–1916, in: Les fronts invisibles. Nourrir – fournir – soigner. Actes du colloque internationale sur la logistique des armées au combat pendant la première guerre mondiale (Hrsg. Gérard Canine). Nancy 1984, S. 247 – 261, hier S. 250.

[62] Vgl. Coryne Hall: Little Mother of Russia. A Biography of the Empress Marie Feodorovna, London 2001, S. 261. Die Mutter des Zaren, die eine dänische Prinzessin war, interessierte sich für die reichsdeutschen Dänen.

[63] Bei Elsaß-Lothringern wären nur französische Bürger des deutschen Staates als ethnische Minderheit anzusehen, während deutschsprachige Elsässer als politisch-soziale Minderheit zu charakterisieren wären.

[64] Ansätze dazu bisher nur bei Wurzer: Die Kriegsgefangenen der Mittelmächte in Rußland S. 139 ff. Vgl. Annette Becker: Oubliés de la Grande Guerre. Humanitaire et culture S. 326 ff. zu kriegsgefangenen deutschen Elsässern in Frankreich. Zu preußischen Polen und Nordschleswigern besteht kaum russisches Aktenmaterial.

[65] Mark Cornwall: The Undermining of Austria-Hungary. The Battle for Hearts and Minds. London 2000 *passim*. Vgl. Kapitel C. und D.

Objekt für Repressalien gegen Frankreich, da die Doppelmonarchie aufgrund einer fehlenden gemeinsamen Front fast keine französischen Gefangenen hatte. Nach dem militärischen Erfolg der Mittelmächte an der Südtirolfront im Herbst 1917 überließ Österreich etwa die Hälfte aller eingebrachten italienischen Gefangenen dem deutschen Verbündeten, der diese als Arbeitskräfte begehrte.[66] Serbien überstellte seine österreichischen Gefangenen, die den Rückzug nach dem serbischen Zusammenbruch überlebt hatten, im Frühjahr 1916 an den italienischen Verbündeten.[67] Bedenklich ist die Überstellung von moslemischen Kolonialsoldaten der West-Entente und der russischen Armee an das Osmanische Reich durch Deutschland und Österreich-Ungarn, da sie dort für den Kampfeinsatz vorgesehen wurden. Im Zusammenhang der vor allem deutschen Dschihad-Propaganda und Mohammedaner-Politik unter den Gefangenen wird das im folgenden anhand der jüngeren Forschung ausgeleuchtet.[68]

Außer der unterschiedlichen Nationalitätenpolitik gegen Gefangene – mit dieser ging in Rußland die verbündeten Staaten zugestandene [Zwangs-]Rekrutierung von Gefangenen für kämpfende Armeen und Überstellung an andere kriegführende Mächte einher – haben das zarische Rußland und sein legaler Nachfolger, die Provisorische Regierung bis November 1917, auch in anderer Hinsicht massiv gegen geltendes Kriegsvölkerrecht verstoßen: durch den unmenschlichen Arbeitseinsatz Gefangener im rückwärtigen Frontgebiet und in unwirtlichen, menschenfeindlichen Gebieten (an Bahnbauten, im Uralgebirge). Insbesondere dort wurde der oftmals qualvolle Tod von Gefangenen an den Folgen von Unterernährung und Mangelversorgung billigend hingenommen.[69] Sowohl der intensive, oftmals unmenschliche Arbeitseinsatz als auch die Rekrutierung für kämpfende Truppen waren in Rußland mit einer selektiven Nationalitätenpolitik eng verbunden. Nationalitätenpolitik gegenüber feindstaatlichen Gefangenen und mitunter deren Überstellung an Verbündete stellen im allgemeinen Phänomen der Kriegspropaganda einen Problemkomplex dar.

---

[66] Moritz: Zwischen allen Fronten S. 195 ff. zur zwiespältigen Haltung der k.u.k. Führung, die nach dem Sieg im Herbst 1917 die eingebrachten 290.000 Gefangenen zwar nicht gerne mit dem deutschen Verbündeten teilte, aber schon vorher große Versorgungsprobleme bei der Verpflegung der Gefangenen im Lande hatte.

[67] Cornwall: The Undermining of Austria-Hungary S. 115.

[68] Wolfdieter Bihl: Die Kaukasus-Politik der Mittelmächte, Teil 1. Ihre Basis in der Orientpolitik und ihre Aktionen 1914–1917. Wien 1975 hat als erster die Maßnahmen der Mittelmächte gegenüber den Entente-Muslimen sowie Ukrainern und Kaukasiern der Zarenarmee erforscht. Vgl. ders.: Die Kaukasus-Politik der Mittelmächte, Teil II. Die Zeit der versuchten kaukasischen Staatlichkeit (1917–1918). Wien 1992.

[69] Vgl. Kapitel D. zu Rußland als Gewahrsamsmacht.

B.3.3. Nationale und religiöse Propaganda unter Kriegsgefangenen bei den Mittelmächten

B.3.3.1. Muslimische Gefangene

Die Sonderbehandlung und Propaganda unter kriegsgefangenen Muslimen in Deutschland, für die schon 1914 zwei große Lager auf Heeresgebiet südlich von Berlin eingerichtet wurden, ist in den vergangenen zehn Jahren von der Islamwissenschaft ausgiebig erforscht worden.[70] Es ist nicht verfehlt, den Berliner Orientalisten Gerhard Höpp als Begründer einer Schule anzusprechen, die erst nach der Vereinigung beider deutscher Staaten Zugang zum Lagergelände und zu den Überrestquellen hatte: das Gebiet der beiden Lager auf einem Truppenübungsplatz zwischen Zossen und Wünsdorf war in der Wehrmachtszeit militärischer Sperrbezirk und Sitz des Oberkommandos des Heeres. Als Sperrgebiet wurde es von den Sowjetstreitkräften, die dort das Hauptquartier ihrer Westgruppe in der DDR einrichteten, nahtlos bis 1994 übernommen. Höpp hat in mehreren Aufsätzen und einer reich illustrierten Monographie die Frage muslimischer Überläufer und Kriegsgefangener anhand des Zossener „Halbmondlagers" für die Muslime der West-Entente und eines „Weinberglagers" in Wünsdorf für die Muslime der russischen Armee erschöpfend untersucht.[71] Weitere Forscher sind ihm mit interessanten Teilaspekten darin gefolgt.[72] Insgesamt können 700.000 bis 800.000 muslimische Soldaten allein der West-Entente auf dem europäischen Kriegsschauplatz eingesetzt gewesen sein. Fast eine Million Muslime der russischen Massenarmee leisteten an der Ostfront und in der russischen Etappe im Weltkrieg Militärdienst. Eine Angabe, wieviele Muslime schließlich sich in deutscher und österreichischer Gefangenschaft befanden, scheint nicht möglich.[73] Seit Ende 1914 wurden in Zossen und

---

[70] Schon Herbert L. Müller hat in seiner Freiburger Dissertation die religiöse Propaganda unter kriegsgefangenen Muslimen berührt: Islam, ǧihād ("Heiliger Krieg") und Deutsches Reich. Ein Nachspiel zur wilhelminischen Weltpolitik im Maghreb 1914–1918. Frankfurt/Main 1991, S. 218 ff. (u.a. zu Lagerzeitschriften).

[71] Gerhard Höpp: Die Privilegien der Verlierer. Über Status und Schicksal muslimischer Kriegsgefangener und Deserteure in Deutschland während des Ersten Weltkrieges und der Zwischenkriegszeit, in: Fremde Erfahrungen. Asiaten und Afrikaner in Deutschland, Österreich und in der Schweiz bis 1945 (Hrsg. G. Höpp). Berlin 1996, S. 185–210. Ders.: Muslime in der Mark. Als Kriegsgefangene und Internierte in Wünsdorf und Zossen, 1914–1924. Berlin 1997.

[72] So Steffi Chotiwari-Jünger: Abschied vom "Heiligenland". Ein georgischer Schriftsteller als Kriegsgefangener und Gefangenenbetreuer in deutschen Lagern während des Ersten Weltkrieges, in: Fremdeinsätze. Afrikaner und Asiaten in europäischen Kriegen, 1914–1945 (Hgg. G. Höpp, Brigitte Reinwald). Berlin 2000, S. 119–128. Iskander Giljazov: Die Muslime Rußlands in Deutschland während der Weltkriege als Subjekte und Objekte der Großmachtpolitik, in: ebd. S. 143–148.

[73] Höpp: Muslime in der Mark S. 23 f.

Wünsdorf muslimische Mannschaften einer bevorzugenden Sonderbehandlung zugeführt, mit bis zu 4.000 Muslimen im Halbmondlager und 12.000 in Wünsdorf. Höpp deutet das Motivationsproblem der Entente und vermutlich eine höhere Desertionsneigung ihrer moslemischen Soldaten an, wie sie auch für die Vielvölkerheere an der Ostfront typisch war.[74] Durch geschicktes Entgegenkommen vor allem in religiös-kulturellen Fragen konnten England und Frankreich die Loyalität der Kolonialsoldaten zu ihren Entente-Mutterländern heben und ihre Desertionsneigung verringern. In Deutschland nahm sich in den folgenden Jahren die zivile „Nachrichtenstelle für den Orient" der kriegsgefangenen Muslime an und koordinierte sowohl die Behandlung und Propaganda als auch etwaige Überstellungen von Muslimen ins Osmanische Reich.[75]

Die begünstigende Sonderbehandlung solcher Gefangener bestand im wesentlichen in der Berücksichtigung religiöser Vorschriften, die die Ernährungsweise, Kleidung, Religionsausübung, Bestattungsritus und Arbeitsbedingungen, also grundsätzliche Bereiche des täglichen Lebens betrafen. In den Lagern wurde ähnlich wie bei den Ukrainern aus Rußland Propaganda mit Unterricht, Aufklärung und kulturellen Veranstaltungen verbunden. Zum Arbeitseinsatz außerhalb der Lager kam es zumindest bis 1917 in keinem systematischen, intensiven Ausmaß:[76] dafür spricht außer der allgemeinen Schonung der zu Werbenden der Wunsch, Kontakte mit der deutschen Zivilbevölkerung möglichst zu vermeiden, der man gleichzeitig das völkerrechtlich Verwerfliche des Einsatzes von Kolonialtruppen von seiten der Entente demonstrierte, was zu einem regelrechten Propagandakrieg mit England und Frankreich führte.
Die deutsche Führung geriet hier mit ihrer Propaganda in eine zwiespältige Situation, die Höpp nicht ganz zu Unrecht scheinheilig nennt: gegenüber den kriegsgefangenen Muslimen und solchen, die man an den Fronten zum Überlaufen verleiten wollte, wurde die Karte des Verbündeten des Sultan-Kalifen und Freundes der durch Kolonialmächte unterdrückten Muslime ausgespielt. Zur politischen Mobilisierung der eigenen Heimatfront, zur moralischen Inkriminierung Frankreichs und Englands wurde hingegen das Verwerfliche hervor-

---

[74] Höpp: Frontenwechsel. Muslimische Deserteure im Ersten und Zweiten Weltkrieg und in der Zwischenkriegszeit, in: Fremdeinsätze. Afrikaner und Asiaten in europäischen Kriegen, S. 129–141. Dieser Aspekt müßte mit anderen Guppen tendenziell "illoyaler" Gefangener verglichen werden, z. B. mit Ukrainern. Vgl. hierzu Christian Koller: "Von Wilden aller Rassen niedergemetzelt". Die Diskussion um die Verwendung von Kolonialtruppen in Europa zwischen Rassismus, Kolonial- und Militärpolitik S. 93 f. und 125 ff.

[75] Höpp: Die Privilegien der Verlierer. Über Status und Schicksal S. 187 f. Ebd. zu den unterschiedlichen Haltungen der betroffenen Regierungen Berlins, Wiens und Konstantinopels zur Mohammedaner-Propaganda und -Politik. Vor allem Österreich, das im Juni 1915 ein Sonderlager für russische Muslime im böhmischen Eger errichtete, zeigte Bedenken, die nicht nur vordergründig völkerrechtlicher Natur waren.

[76] Nach Höpp: Muslime in der Mark S. 45 änderte sich dies erst 1917.

gehoben,[77] Kämpfer fremder Rassen am europäischen Kriegsschauplatz zur Niederringung der Mittelmächte einzusetzen. Nicht so sehr der Transfer von Kämpfern fremder Kontinente nach Europa war aber interessanterweise dabei Stein des Anstoßes, sondern das Propaganda-Argument beider Seiten, im Krieg die europäische Kultur vor dem jeweiligen Gegner schützen zu müssen. Deutschland und Österreich-Ungarn empfanden sich als Verteidiger alteuropäischer Kultur *par excellence* und waren von Frankreichs Einsatz außereuropäischer Rassen „zur Rettung der europäischen Kultur" brüskiert. Die West-Entente hatte sich demgegenüber die Niederringung des „preußischen Militarismus" und der „deutscher Barbarei" auf die Fahnen geschrieben – allerdings auch der Zarenstaat! Die Vernichtung Österreich-Ungarns als „Völkerkerker" wurde hingegen erst spät alliiertes Kriegsziel.

Allerdings scheinen weder Deutschland noch die Doppelmonarchie jemals ernsthaft die Aufstellung muslimischer Kampfeinheiten aus Gefangenen in ihrem Machtbereich erwogen zu haben. Auch Österreich, das immerhin muslimische Bosniakenregimenter und Feldimame kannte, zeigte größte Zurückhaltung bei der Sonderbehandlung gefangener Muslime – dort hauptsächlich Soldaten der russischen Armee – und Umsicht bei ihrer Nutzung für Mittelmächte-Kriegsziele.[78] Diese Faktoren relativieren Höpps Argument, Deutschland, das nun einmal nicht die Möglichkeit hatte, seine Kolonialsoldaten auf den europäischen Schauplatz zu bringen, habe eine scheinheilige Politik betrieben: für die militärische Führung Deutschlands stand es im Ersten Weltkrieg eher aus grundsätzlicher Überzeugung außer Frage, muslimische Soldaten unter ihre Kämpfer an den europäischen Fronten einzureihen.

Erst im Zweiten Weltkrieg, und da zunächst nur weit vom Reichsgebiet entfernt, bewies die deutsche Militärelite an der Ostfront größere „Flexibilität", obwohl die nationalsozialistische Führung eine doktrinär-ideologisch gesteigerte Auffassung von „Wehrwürdigkeit" hatte. Weithin unbeachtet ist in diesem Zusammenhang der sehr späte Zeitpunkt geblieben, an dem die Nazi-Führung und insbesondere Heinrich Himmler die Formierung der „Russischen Befreiungsarmee" (Rossijskaja Osvoboditel'naja Armija, auch „Wlassow-Armee") im Herbst 1944 forcierten, nachdem die Wehrmacht schon 1941 auf das große militärische Potential gefangener Rotarmisten gegenüber Hitler verwiesen hatte, die sie in jenem Jahr an der Ostfront in Millionenhöhe eingebracht hatte. In der Frontpraxis der Heeresgruppen an der Ostfront spielte sich unauffällig als Selbstläufer die breite Verwendung sowjetischer Kriegsgefan-

---

[77] Vgl. Koller: "Von Wilden aller Rassen niedergemetzelt" S. 103–124 und 182 f.

[78] Vgl. Höpp: Muslime in der Mark S. 79 und 105. Die k.u.k. Führung hatte schon 1915 Kenntnis über russische Propaganda unter österreichischen Slawen in Rußland, denn sie drängte Deutschland, die freiwilligen "Dschihadisten" der Entente nur an Schauplätzen einzusetzen, wo sie nicht gegen ihre Mutterländer kämpften. Vgl. Kapitel D.

34

gener als „Hilfswillige" ein, die im rückwärtigen Armeebereich z. B. gegen Partisanen auch im Kampf verwendet wurden. Bis zu einer Million ehemaliger sowjetischer Kriegsgefangener sollen auf der Seite der Achsenmächte im Krieg gedient oder sogar gekämpft haben.[79]

Die gefangenen Muslime in Deutschland blieben von dem Propagandakrieg mit der West-Entente, der mehr oder weniger über ihre Köpfe hinweg geführt wurde, im wesentlichen unberührt. Sie waren zunächst umworbene Nutznießer. Daß es nicht zum extensiven Arbeitseinsatz kam, war auch in der Verringerung der Sonderlager seit 1916 begründet. Jedenfalls wurden in den ersten Kriegsjahren die Muslime allgemein entgegenkommend und menschlich behandelt, ihre Gesundheit wurde geschont und sie wurden sogar bevorzugt behandelt. Von deutscher Seite war der Aufwand zur politischen Gewinnung dieser Muslime beträchtlich. Er umfaßte 1915 nicht nur den Bau einer bis 1930 bestehenden und als solche benutzten Moschee bei Zossen,[80] sondern zahlreiche Besuche hochrangiger türkischer, arabischer, indischer und islamischer Beamte, Geistlicher, Politiker und Gelehrter sowie Zeitschriften für die Insassen in verschiedenen Sprachen des Orients.[81]

Angesichts solchen Aufwandes vor allem für die Muslime der West-Entente, der ab 1916 allmählich verringert wurde, als etwa 2.200 Gefangene an die Türkei überstellt und weitere Tausend Muslime in das klimatisch günstigere Besatzungsgebiet in Rumänien zum Arbeitseinsatz[82] verlegt wurden, drängt sich die Frage nach dem militärischen oder politischen Nutzen dieses Unterfangens in den Vordergrund. Behandlung und Verhalten der Muslime glichen dem der ebenfalls intensiv umworbenen Ukrainer der russischen Armee: der eifrigen Kultur-, Aufklärungs- und Bildungsarbeit unter den oft analphabeten Schütz-

---

[79] Joachim Hoffmann: Deutsche und Kalmyken 1942–1945. Freiburg (4. Aufl.) 1986; ders.: Die Ostlegionen 1941–1943. Freiburg (3. Aufl.) 1986 und ders.: Kaukasien 1942/43. Das deutsche Heer und die Orientvölker der Sowjetunion. Freiburg 1991. Vgl. auch ders.: Die Tragödie der "Russischen Befreiungsarmee" 1944/45: Wlassow gegen Stalin. München 2003, S. 38 ff. und 115 ff. zur Motivation der Russen, die nicht alle Sowjetbürger waren.

[80] Höpp: Die Wünsdorfer Moschee: eine Episode islamischen Lebens in Deutschland, 1915–1930, in: Die Welt des Islams 36, 1996, S. 204–218.

[81] Höpp: Muslime in der Mark S. 55 f. zu Exkursionen der Muslime nach Berlin und in die Lagerumgebung. Ebd. S. 101–112 und 187–193 das aufwendige Zeitungswesen für Muslime und Hindus, das auch nach der Einschränkung der Dschihad-Propaganda 1917 nicht eingestellt wurde!

[82] Höpp: Muslime in der Mark S. 50 ff. Die Überführung vor allem der Inder dorthin war durch die hohe Erkrankungs- und Sterblichkeitsrate unter diesen in Zossen von über 10% (Reichsdurchschnitt war etwa 5,1%) wohl begründet! Ebd. S. 82 scheinen die Muslime auch beim Arbeitseinsatz zwei arbeitsfreie Wochentage, Freitag und Sonntag, genossen zu haben, was als Privileg anzusehen ist, da sechs- und sogar siebentägige Arbeitswochen – bei mitunter zehn bis 14 Arbeitsstunden am Tag! – bei den Gewahrsamsmächten der Ostfront für die Gefangenen nicht unüblich waren!

lingen entsprach deren große Zurückhaltung, wenn es um die Überstellung an die osmanische Armee oder gar um den Kampfeinsatz ging. Daß ihre Verwendung gegen Entente-Kriegsziele nach dem Ausbleiben eines allgemeinen Aufstandes in den islamisch-hinduistisch geprägten Kolonien der Entente politisch scheiterte, führt Höpp auf den Hunger bei den Mittelmächten und schlechte Behandlung der an die osmanische Armee Überstellten zurück, weniger auf Gegenpropaganda christlicher und jüdischer Russophiler.[83] Höher ist wohl allerdings der allgemeine Wunsch aller Deserteure zu veranschlagen, nicht mehr kämpfen und sich der Todesgefahr aussetzen zu müssen: das sprach gegen den neuerlichen Kriegsdienst an der Front und findet Entsprechungen bei den meisten Überläufern an der Ostfront![84]

Die Verwendung von Muslimen aus Rußland gegen den osteuropäischen Gegner erfuhr nach der Februarrevolution 1917 insofern eine wichtige Einschränkung, als sich die Mittelmächte angesichts des in Rußland zunehmenden, offensichtlichen Chaos' jeglicher „störender" Initiativen enthielten, um die innerrussischen Destabilisierungsfaktoren selbst wirken zu lassen: die einzige, aber weltgeschichtlich schließlich folgenschwerste Initiative war die Einschleusung einer kleinen, radikalen Gruppe von Umstürzlern unter Lenin nach Rußland auf Wunsch der deutschen militärischen Führung.

Die Publikationen der fleißigen Berliner Orientalisten übersehen hier, daß die gefangenen Muslime der russischen Armee gegenüber denen der West-Entente von der deutschen Führung eigentlich immer nachrangig berücksichtigt wurden! Das äußerte sich nicht nur mit dem Bau der Moschee im kleineren Halbmondlager, wo Muslime der englischen und französischen Armee interniert waren, während die Muslime aus Rußland erst zum Winter 1915/16 ein schlichtes Provisorium für ihre Gebete nutzen konnten. Es scheint auch am früheren und intensiveren Arbeitseinsatz der Muslime der Zarenarmee ablesbar zu sein, die in Deutschland zwischen 20.000 und 30.000 Menschen, vielleicht sogar sehr viel mehr ausgemacht haben mögen. Nur die Hälfte von ihnen – etwa zehn- bis dreizehntausend – waren dem Wünsdorfer Lager zugeteilt.[85]

Wenngleich Höpp der deutschen Mohammedaner-Politik unter den Gefangenen ein summarisches Scheitern attestiert, vor allem gegenüber den von Anfang an zu weit gespannten Erwartungen (Revolutionierung und Auslösung von Aufständen im Rücken der Entente), so ist doch als bedeutsamer, wenn auch

---

[83] Höpp: Muslime in der Mark S. 69–112 und ders.: Muslimische Deserteure im Ersten und Zweiten Weltkrieg S. 131 f.

[84] Ulrich Bröckling/Michael Sikora (Hgg.): Armeen und ihre Deserteure. Vernachlässigte Kapitel einer Militärgeschichte der Neuzeit. Göttingen 1998. Für die Ostfront im Ersten Weltkrieg besteht weiter Forschungsbedarf. Vgl. Nachtigal: Rußland und seine österreichisch-ungarischen Kriegsgefangenen S. 38 ff.

[85] Höpp: Muslime in der Mark S. 51 ff., 121 und 139 f. Das Mohammedanerlager in der Doppelmonarchie befand sich im böhmischen Eger (tschechisch Cheb). Vgl. Moritz: Zwischen allen Fronten S. 128–130.

schließlich nicht kriegsentscheidender Effekt zugunsten der Mittelmächte die beträchtliche, deutscherseits beabsichtigte Verunsicherung der West-Entente über die Loyalität ihrer muslimischen Truppenkontingente festzustellen, wie die Autoren betonen: England und Frankreich führten einheitliche muslimische Truppeneinheiten an die Front, während die Muslime der russischen Armee mit Soldaten anderer Nationalitäten und Konfessionen in den Kampfverbänden vermischt waren, so daß sich das Loyalitätsproblem dort nicht so sehr in konfessioneller – übrigens auch kaum in nationaler – Hinsicht stellte. Schließlich ist bei der russischen Führung, die über die personell größte aller am Krieg beteiligten Armeen verfügte, weder eine besonders wirksame Prophylaxe gegen die in der russischen Armee stark verbreitete Desertion noch eine besondere Fürsorge für die eigenen Kriegsgefangenen im Gewahrsam der Mittelmächte zu erkennen! Beides könnte aber miteinander zusammenhängen.[86]

Eine weitere Darstellung zu kriegsgefangenen Muslimen in Deutschland, die vom Berliner Museum für Völkerkunde in Auftrag gegeben wurde, ist mehr am Anschauungsmaterial interessiert, das mit zahlreichen Fotografien und einigen Zeichnungen im Museum vorliegt.[87] Die Bilder entstanden aus zwei Motiven heraus: aus dem Interesse am Exotischen bei den Gefangenen und aus Propagandagründen, denn die Möglichkeit, Muslime der Entente-Armeen für Zwecke zumindest des Osmanischen Reiches „umzudrehen", schien vergleichsweise leicht, nachdem der türkische Sultan im November 1914 den Dschihad, den Heiligen Krieg für alle Mohammedaner ausgerufen hatte.[88]
Die als handliches Konzentrat der vorgenannten Berliner Untersuchungen anzusehende Studie beruht weithin auf Bildmaterial eines Fotografen und im Lagerkommando eingesetzten Reserveoffiziers aus den Lagern Zossen und Wünsdorf. Den in beiden Lagern zwischen 1915 und 1918 zusammen bis zu 16.000 Mann zählenden Entente-Gefangenen wurden noch im Herbst 1914 verschiedene Privilegien eingeräumt, die über die besondere Berücksichtigung religiöser Bedürfnisse hinausgingen. Der frühe Zeitpunkt erklärt sich daraus, daß England und Frankreich gleich bei Kriegsbeginn Kolonialtruppen an der Westfront einsetzten. Die bevorzugte Behandlung diente drei konkreten Kriegszielen

---

[86] Joshua A. Sanborn: Drafting the Russian Nation. Military Conscription, Total War, and Mass Politics, 1905–1925 hat neuerdings beide Fragen anhand amtlichen russischen Quellenmaterials untersucht. Ebd. S. 72 ff. zur russischen Entscheidung, ethnische Truppenformationen im Weltkrieg sogar aufzulösen. Vgl. unten zur Desertion.

[87] Vgl. Muslime in Brandenburg – Kriegsgefangen im 1. Weltkrieg. Ansichten und Absichten (Hrsg. Margot Kahleyss). Berlin 1998. Das Werk ist ein kommentiertes Fotoalbum mit einer detaillierten Einführung (S. 12–66). Die Herausgeberin hat später ein Konzentrat daraus erstellt. Vgl. Kahleyss: Muslimische Kriegsgefangene in Deutschland im Ersten Weltkrieg – Ansichten und Absichten, in: Fremdeinsätze. Afrikaner und Asiaten in europäischen Kriegen S. 79–119 mit aus dem Album zahlreich übernommenen Fotos.

[88] Koller: "Von Wilden aller Rassen niedergemetzelt" S. 125 ff.

der Mittelmächte: erstens der Anwerbung der Muslime für den Heiligen Krieg, das heißt für die türkische Armee und gegen das Kolonial-Mutterland; zweitens der Vertiefung des deutschen – politischen und wirtschaftlichen – Einflusses in den Herkunftsgebieten durch positive Bindungen in der Zeit nach dem Krieg und drittens der Verunsicherung Englands und Frankreichs, was die Loyalität ihrer moslemischen Kolonialvölker betraf.

Da man bald den geringen Erfolg dieses mit großem Aufwand betriebenen Unterfangens einsehen mußte, wurde der Höhepunkt der deutschen Mohammedaner-Politik schon 1915 erreicht. Daß diese Politik sich über das Kriegsjahr 1916 zunehmend abflachte und 1917 weitgehend eingestellt wurde, hatte gute Gründe: britischerseits ließ sich der aufkeimende panarabische Nationalismus leicht gegen das Osmanische Reich mobilisieren („Lawrence von Arabien"). Innerhalb der Lager ließ sich aber durch die nationale Verschiedenheit nicht leicht eine einheitliche Linie verfolgen, ganz abgesehen von dem Kunstfehler, daß zunächst auch christliche Georgier und Armenier dort mit interniert waren, von denen gerade die letzteren keine freundschaftlichen Gefühle zum Islam hegen konnten. Zwischen indischen Hindus, Sikhs und Moslems bestanden mehr Gegensätze untereinander als Gemeinsamkeiten gegenüber dem kolonialen Mutterstaat.[89] Noch 1915 wurden Armenier und Georgier in das niederschlesische Lager Sagan überführt und die Propaganda gegen sie eingestellt, da man die Erfolglosigkeit einsah.

Mit dem noch auf zahlreichen Fotos erkennbaren anthropologischen Interesse an den verschiedenen Rassen in den deutschen und österreichischen Lagern ging vor allem in Karikaturen der deutschen Presse eine unterschwellige, meist aber sogar offene Verunglimpfung und Diskriminierung der Exoten einher: die Medien machten sich über den niedrigen Kulturstand der außereuropäischen Gefangenen lustig und kritisierten den Rückgriff der West-Entente auf ihre Kolonialtruppen als schier unerschöpfliche Personalreserve durchaus polemisch („Völkerzirkus", „Menagerie"), ohne daran selbst etwas zu ändern. Bemerkenswert ist aber, daß Deutschland und Österreich-Ungarn ihre Nationalitätenpolitik gegenüber den Entente-Gefangenen vergleichsweise diskret, ja rücksichtsvoll handhaben, da nichts davon an die Außenwelt dringen sollte: die seit 1915 erstellten mehrsprachigen Zeitschriften für die moslemischen bzw. Hindu-Gefangenen wurden verheimlicht, und selbst foto- und phonographische Aufzeichnungen wurden heimlich aufgenommen. Folgt man den zu wissenschaftlichen und Propagandazwecken erstellten Fotografien, so ergibt sich ein durchweg positiver Eindruck von Lagerinfrastruktur, kultureller und religiöser

---

[89] Muslime in Brandenburg S. 18 ff. So kam es nirgends zu islamisch begründeten Aufständen gegen Frankreich und England aufgrund der Mittelmächte-Politik. Ein Aufstand der einheimischen Stämme in Russisch-Zentralasien im Sommer 1916 hatte einen innerrussischen Hintergrund, der keinen Zusammenhang mit der Weltkriegspropaganda aufweist.

Betreuung sowie Rücksichtnahme auf besondere, religiös begründete Bedürfnisse.[90] Die politische Zurückhaltung, die die Umworbenen jedoch über die meiste Zeit bekundeten, scheint wiederum dafür zu sprechen, daß auf Zwangsmaßnahmen gegen die Entente-Gefangenen verzichtet wurde.

B.3.3.2. Ukrainer und Polen

Eine „Nationalitätenpolitik" der Mittelmächte gegenüber gefangenen Ukrainern der Zarenarmee aufzuzeigen, die in Deutschland und Österreich-Ungarn[91] zwischen 300.000 und 500.000 Menschen ausmachten, hat Claus Remer in seiner noch in der DDR entstandenen Habilitationsschrift unternommen, in der er, ausgehend von der marxistischen Doktrin bezüglich der imperialistischen deutschen Kriegsziele im Osten, vor allem Deutschlands Interesse an der Ukraine bis Anfang 1918 untersucht.[92] Das hier interessierende Kapitel zur „Revolutionierungspolitik" in den Ukrainerlagern Rastatt, Wetzlar, Salzwedel, Hannoversch Münden und Freistadt/Oberösterreich ist ein gehaltvoller Beitrag aus der bislang vorliegenden Forschung, der die Sonderbehandlung einer feindstaatlichen Ethnie unter militärisch-politischer Zielsetzung hauptsächlich in Deutschland aufzeigt.[93]

Als besonderen Faktor hebt Remer die Tätigkeit der ukrainischen Nationalbewegung seit dem letzten Drittel des 19. Jahrhunderts hervor, die sich in der rußländischen Ukraine wie in den österreichisch-ungarischen Teilen der heutigen Westukraine (Ostgalizien, Bukowina und Karpato-Ukraine) unter verschiedenen Bedingungen entwickelte, aber einen gemeinsamen Nationalstaat anstrebte und im bürgerlichen Rechtsstaat der Habsburger große Freiräume zur politischen Umsetzung ihrer Ziele genoß, nicht zuletzt, weil sie als Gegengewicht zu den Polen der Doppelmonarchie von der politischen Zentrale in Wien gefördert wurde. So bestand aufgrund der größeren Freiheit in Zisleithanien in mancher Hinsicht eine ukrainische Irredenta in Rußland, deren „Befreiung vom

---

[90] Ebd. S. 55 ff. Der für verstorbene Muslime genutzte Friedhof bei Wünsdorf bestand bis zum Ende des Zweiten Weltkriegs und verfiel erst in der sowjetischen Besatzungszeit (ebd. S. 46 ff.).

[91] Nicht vorgelegen hat mir die unveröffentlichte Dissertation von Elisabeth Olenčuk: Die Ukrainer in der Wiener Politik und Publizistik 1914–1918. Ein Beitrag zur Geschichte der österreichischen Ukrainer (Ruthenen) aus den letzten Jahren der Österreichisch-ungarischen Monarchie. Diss. Wien 1998.

[92] Claus Remer: Die Ukraine im Blickfeld deutscher Interessen. Ende des 19. Jahrhunderts bis 1917/18. Frankfurt/Main 1997. "Dialektisch" scheitert der Autor, weil er von einer marxistisch begründeten These ausgehend meist das Gegenteil konstatiert. Vgl. dazu meine Rezension in Österreichische Osthefte 42,2, 2000, S. 269 ff.

[93] Remer: Die Ukraine S. 245–280. Hier sei auch auf einen kürzeren Beitrag Remers verwiesen, der mir nicht vorlag: Das Ukrainerlager Wetzlar-Büblingshausen (1915–1918) – ein besonderes Lager?, in: Mitteilungen des Wetzlarer Geschichtsvereins 37, 1994.

russischen Joch" seit 1914 von den österreichischen Ukrainern zunehmend der Berliner Regierung angetragen, ja, aufgedrängt wurde. Daß die österreichischen Ruthenen und (Ost-)Galizien schon zu Ende des 19. Jahrhunderts in den Gesichtskreis Berlins und vor allem der deutschen Wirtschaft gerückt waren, zeigt Remer als wichtige historische Konstante auf, die sich schließlich auf die rußländischen Ukrainer auswirkte. Daran konnte man deutscherseits nach Kriegsbeginn anknüpfen, während sich Österreich von einer aktiven ukrainischen Politik vor allem aus zwei Gründen zurückzog: militärische Mißerfolge in der Frühphase des Krieges am nordöstlichen Schauplatz mit der Folge einer harten Behandlung der als Verräter verdächtigten galizischen und insbesondere ruthenischen Bevölkerung durch den k.u.k. Staatsapparat – hier spielte in der Vorkriegszeit religiöse Propaganda über die Grenzen hinweg eine Rolle, während die russischen Besatzer dort durch ein streng russifizierendes Regime im Halbjahr bis Mai 1915 die einheimische Landesbevölkerung abschreckten.

Ein weiterer Grund liegt in der politischen Zurückhaltung Wiens, wenn es um komplexe Vorgänge zwischen Polen und Ukrainern im schwierigen nordöstlichen Grenzland ging,[94] während das davon nicht betroffene Deutschland unbefangener, aber auch vor dem Hintergrund seiner Polenpolitik in den preußischen Ostprovinzen eindeutiger gegen nationale Anliegen der Polen agierte. Die österreichische, zum Teil aus Galizien geflüchtete ukrainische Intelligenz – hier wird immer wieder der *Bund zur Befreiung der Ukraine* als treibende Kraft genannt – wandte sich, von der Wiener Schaukelpolitik zusehends enttäuscht, nach Berlin und fand dort, unterstützt von baltendeutschen Intellektuellen und Osteuropa-Experten, Verständnis und Interesse. Was Remer hier schließlich als Fazit präsentiert, ist entgegen seinen weitreichenden Behauptungen aber erstaunlich dürftig: im September 1915 untersagte das k.u.k. Armee-Oberkommando einstweilen die Aufstellung von ukrainischen Legionen, und in Deutschland kam es zunächst nur zu publizistisch-propagandistischen Aktivitäten.[95] Diese Verfahrensweise gleicht der österreichischen Politik gegen die moslemischen Kriegsgefangenen in der Monarchie: in bezug auf die russischen Gefangenen hielt sich Wien stark zurück, ganz offensichtlich mit Rücksicht auf die große Zahl eigener Gefangener im russischen Gewahrsam, unter denen sich

[94] Die österreichische Zurückhaltung vor dem Hintergrund der bis Sommer 1918 versuchten "austropolnischen" Lösungen bei Moritz: Zwischen allen Fronten S. 130–137.

[95] Remer: Die Ukraine S. 249 ff. An Wiens andauernder Passivität wird deutlich, daß zwischen Polen und Ukrainern, ohne daß eine auch nur historische Staatsgrenze zwischen ihnen bestand, schon die ethnische Abgrenzung äußerst umstritten war. Am Beispiel der Wiener Polen- bzw. Ukrainepolitik wird deutlich, daß Wien zum Ausharren beim Status quo verurteilt war. Das brachte es im Laufe des Krieges außenpolitisch, seit 1916 auch innenpolitisch immer stärker in Abhängigkeit von der dynamischeren und ungebundeneren Politik Berlins, bis es durch die Sixtus-Affäre in noch größere Abhängigkeit geriet.

zahlreiche Slawen, aber auch Rumänen und Italiener befanden, die in Wien als potentiell illoyal angesehen wurden.

Seit Anfang 1915 führte jedoch das Deutsche Reich die Ukrainer ebenso wie Muslime, Georgier, Armenier und Polen in Sonderlagern einer besseren Behandlung zu. In speziell abgehaltenen Propaganda- und Aufklärungskursen durch ukrainische Landsleute wurde neben politischem Unterricht vor allem die Alphabetisierung vorangetrieben – die Masse der zarischen Bauernsoldaten konnte kaum lesen oder schreiben, so daß sie auch bürgerlichem Nationalismus verständnislos gegenüberstanden:[96] das mit dem Auswärtigen Amt zusammenarbeitende preußische Kriegsministerium betrachtete das älteste Ukrainerlager Rastatt, später auch Wetzlar und Salzwedel, vor allem als „Aufklärungslager", für die das preußische Kriegsministerium-Unterkunftsdepartement im Mai 1916 „Richtlinien für die Aufklärung [...]" erließ, was erstaunlich spät ist. Doch wie schwierig die „aufklärerische" Ukrainer-Propaganda im weiteren verlief, zeigt der Autor *en detail* auf.[97] Sie wurde mit Hilfe namhafter ukrainischer Gelehrter sogar im deutsch besetzten polnisch-ukrainischen Besatzungsgebiet (Pinsk am Pripjet) mit dem Ziel einer Ukrainisierung der national indifferenten ostslawischen Bevölkerung vor Ort betrieben.

Im Hinblick auf die allgemeine Tendenz im Verhalten der Ukrainer schreibt er der deutschen Ukraine-Propaganda bis Anfang 1918 geringen Erfolg zu: Die Gefangenen enthielten sich lange eines aktiven Engagements mit Rücksicht auf praktische Konsequenzen, die sie bei der Heimkehr befürchteten. Die Aufstellung einer Kampfeinheit kam in jenen Kriegsjahren bis zur Februarrevolution, in denen Bildungsarbeit in den Lagern geleistet wurde, nicht in Frage. Dort durchliefen die Ukrainer auch einen Meinungsbildungsprozeß, in dessen Verlauf sie mit demokratischen Formen und humanitären Normen vertraut gemacht wurden. Daß die Mittelmächte bzw. die deutsche Gewahrsamsmacht hinsichtlich der Ukrainer aus Russland sehr subtil bei ihrer Beeinflussung im nationalen Sinne und insgesamt zurückhaltend verfuhren, ist wiederum am deutschen Bemühen erkennbar, diese vor allem begünstigende „Sonderbehandlung" vor der Entente bzw. Rußland geheim zu halten.

Kriegsgefangene Ukrainer wurden auch nicht, wie das bei sichtlich privilegierten gefangenen Nationalitäten unter den Österreichern in Rußland der Fall war, zu Lagerverwaltern und Bedrückern nichtprivilegierter Mitgefangener anderer Nationalitäten. Daraus kann man wohl ableiten, daß es hier eben nicht zu Pressionen gegenüber feindstaatlichen Gefangenen – oder auch unter diesen selbst – kam, da sich Zwangsmaßnahmen gewöhnlich nicht lange geheimhalten lassen. Bescheinigt Remer daher der deutschen Ukrainer-Propaganda richtigerweise

---

[96] Nachtigal: Rudolf J. Kreutz, Bruno Brehm, Jaroslav Hašek: drei Kriegsgefangene in Rußland (Anm. 99).

[97] Remer: Die Ukraine S. 263 ff. Ebd. S. 270–272 zur ukrainischen Meinungsbildung im Lager Wetzlar.

sehr geringen Erfolg, so änderten sich die Bedingungen stufenweise nach der Februar- und vor allem nach der Oktoberrevolution, als die Ukraine verstärkt versuchte, sich vom russischen Staat abzulösen. Beim Einmarsch der deutschen und etwas später der österreichischen Truppen in die seit Februar 1918 mit den Mittelmächten verbündete Ukraine kam es zur Aufstellung von ukrainischen Einheiten aus ehemaligen russischen Gefangenen, die aber über das Jahr 1918 hinaus keine große Bedeutung erlangten.[98] Auch österreichische Gefangene in der Ukraine, meist Ruthenen, bildeten eine ukrainische Legion. In Wien zeigte man die Bereitschaft, auf die – zwangsweise – Repatriierung solcher Gefangenen zu verzichten, die in der Ukraine bleiben wollten.

Die Führung Österreich-Ungarns verhielt sich jedoch auch nach dem Einmarsch der Mittelmächte-Truppen in die Ukraine äußerst zurückhaltend mit Rücksicht auf den polnisch-ukrainischen Gegensatz, wenngleich zwischen März und Juli 1918 einige Tausend Freiwillige der ukrainischen Legion in das wolhynische Volodymyr-Volyns'k überstellt wurden.[99] Sowohl bei der Ukraine- wie auch bei der Polen-Propaganda, die sich gegenseitig regelrecht ausschließen mußten und für die Donaumonarchie mit ihrem unbewältigten Nationalitätenproblem ein heißes, zweischneidiges Eisen darstellten, verhielt sich Wien äußerst zurückhaltend, um während der Kriegszeit die Loyalität der beiden gegnerischen Nationalitäten Galiziens zu Österreich nicht zu erschüttern. Wenn es also Maßnahmen gab, die direkt auf die Gewinnung eines dieser beiden Völker zielten, so gingen sie vor allem von Berlin aus und richteten sich vorrangig auf die Ukrainer, mit deren Siedlungsgebiet es keine gemeinsame Grenze und daher auch keine Konfliktzone gab.

Auch Rußland bemühte sich frühzeitig, die Polen insbesondere der Habsburgermonarchie für sich zu gewinnen. Schon vor dem Einmarsch in Galizien erging im August 1914 ein Manifest des russischen Oberbefehlshabers und Onkels des Zaren, Großfürst Nikolaj Nikolajewitsch. Darin versprach er den Polen eine Kulturautonomie im staatlichen Rahmen des Russischen Reiches. Doch die riskanten Folgen, die das Liebäugeln mit zu „befreienden" Brudervölkern mit sich bringen würde, wurden von der autokratisch-konservativen Regierung und der militärischen Führung erkannt, die sich dann mit Ansprüchen anderer Randvölker, darunter sogar überwiegend nichtslawische, konfrontiert sahen.

---

[98] Vgl. hierzu Einträge der Encyclopedia of Ukraine (Hrsg. V. Kubijovič/D. H. Struk). Toronto 1988–1993, die die Gründung einer "ukrainischen Legion" aus Kriegsgefangenen betreffen: *Sich Riflemen* [Sitsch-Schützen] (Bd. 4, 1993 S. 702 ff.), *Konovalets*, Yevhen (Bd. 2, 1988 S. 599 f.) und *Melnyk*, Andrij (Bd. 3, 1993 S. 373 f.). Remer: Die Ukraine ebd. und S. 281 ff. zum exilukrainischen "Bund zur Befreiung der Ukraine" in den Lagern.

[99] Vgl. Olenčuk: Die Ukrainer in der Wiener Politik und Publizistik 1914–1918. Ein Beitrag zur Geschichte der österreichischen Ukrainer (Ruthenen) S. 129 ff. nach Leidinger/Moritz: Gefangenschaft, Revolution, Heimkehr S. 342 ff. und 211–216 und Moritz: Zwischen allen Fronten S. 130–137.

Russische Avancen gegenüber den österreichischen Polen und Ukrainern unterblieben daher folgerichtig bis in die Zeit der Provisorischen Regierung.[100]

B.3.3.3. Propaganda als „Aufklärung" durch Druckmedien: die Lagerpresse

Daß sonstige deutsche Versuche scheiterten, Propaganda unter Entente-Gefangene zu tragen, und sei es nur als Anstoß zum kritischen Vergleich, zeigt Mitze anhand von Ingolstadt auf. Infolge der starken kulturellen Unterschiede unter den Entente-Angehörigen mußte die deutsche Führung, die sich im Ersten Weltkrieg einer überzogenen Greuelpropaganda, wie sie die West-Entente, aber auch Rußland betrieb, im wesentlichen enthielt,[101] auf subtilere Weise versuchen, unter den feindstaatlichen Gefangenen um Verständnis für die eigenen Anliegen zu werben. Seit Dezember 1915 erschienen in Deutschland, ab Juli 1916 auch in Österreich, in Regie der Militärverwaltungen Lagerzeitschriften in russischer Sprache. Bei den französischen Gefangenen scheiterte das Unterfangen, mit französischsprachigen Druckmedien Einfluß auf die Meinungsbildung zu gewinnen, weil sie „unbelehrbar und nicht objektiv" waren, während Russen und Rumänen infolge des verbreiteten Analphabetismus nicht erreicht werden konnten.[102] Auch Mitze hebt hervor, daß die Lagerzeitungen in Deutschland mitunter in einer Absicht herausgegeben wurden, die nicht direkt mit der Kriegspropaganda zusammenhing: nämlich im Wunsch nach „Erreichung besserer Beziehungen nach Beendigung des Krieges". Da diese Zielsetzung schon in der Behandlung gefangener Muslime aufschien, handelt es sich um eine bemerkenswerte Qualität der deutschen Propaganda im Gesamtrahmen der deutschen Kriegszielpolitik. Da der deutsche Imperialismus im Weltkrieg vor allem auf Ost- und Südosteuropa gerichtet war, betraf diese Maßnahme vor allem Gefangene aus jenen Ländern.

Das Pressewesen der Entente-Gefangenen in Deutschland ist in einer Leipziger Dissertation untersucht worden, die 1940 gedruckt wurde, aber auch in der neuesten Literatur zu den Gefangenen des Ersten Weltkrieges unbeachtet geblieben

---

[100] Sanborn: Drafting the Russian Nation S. 74 ff. und Nachtigal: Rußland und seine österreichisch-ungarischen Kriegsgefangenen S. 221 f. und 291.

[101] Das trifft zumindest gegenüber Rußland zu, das nicht als existentieller Feind galt. Vgl. David Welch: Germany, Propaganda and Total War, 1914–1918. The Sins of Omission. New Brunswick/NJ 2000 spricht eher von verpaßten Gelegenheiten.

[102] Mitze: Das Kriegsgefangenenlager Ingolstadt S. 190 f. Ebd. S. 227 f. die deutsche Haltung zu gefangenen Dolmetschern, die als Rußlanddeutsche oder Juden Aversionen gegen Rußland hatten und nicht objektiv in solchen Belangen waren, aber zur Besserung der Lage der Gefangenen wirken sollten! Außerdem waren sie auf den eigenen Vorteil bedacht. Auch von solchen "Verbündeten" in den Lagern hatte also Deutschland als Gewahrsamsmacht und Kriegspartei nicht viel.

ist.[103] Interessanterweise bewiesen die Gefangenen Frankreichs und Belgiens die größte Initiative, wenn es um die Erstellung von Lagerzeitungen ging: mindestens sieben „geheime", das heißt ohne Zensur, Billigung oder Kenntnis der deutschen Lagerführungen, bestanden teilweise über mehrere Monate, davon einige schon 1914! Zusammen mit anderen Zeitungen, die mit Billigung bzw. Unterstützung durch die Lagerleitungen erschienen, war die französischsprachige Zeitungswelt im deutschen Gewahrsam am vielfältigsten.[104]

Der Autor unterscheidet Zeitungen und Zeitschriften, die *von* Gefangenen mit Billigung oder Hilfe deutscher Stellen gemacht wurden, solche, die von deutscher Seite geleitet, deren Inhalt aber wesentlich von Gefangenen gestaltet wurde, und solche, die ausschließlich von deutscher Seite *für* die Gefangenen gemacht wurden. Diese verfolgten am direktesten eine Propaganda-Absicht. Zu dieser Kategorie gehörte der seit Dezember 1915 erscheinende *Russkij Vestnik* (Russischer Bote), der mit 150.000 bis 200.000 Exemplaren das auflagenstärkste Printmedium zur Information und Meinungsbildung der Entente-Gefangenen in Deutschland war, während die von den Gefangenen selbst hergestellten Lagerzeitungen selten über eine dreistellige Auflagenziffer kamen.[105] Gleichzeitig bestand diese Zeitung, von der seit 1917 parallel eine *Frontausgabe* zur Beeinflussung der russischen Soldaten jenseits der Front erstellt wurde, nach der Novemberrevolution von 1918 unter einem anderen Namen weiter. Allerdings handelte es sich nicht um ein primitives Propagandablatt, sondern um von den Gefangenen durchaus geschätzte Informationslektüre, in der auch Meldungen russischer Zeitungen abgedruckt wurden: das bot sich im Revolutionsjahr 1917 für die deutsche Seite an, da sich Rußland selber mit einem zweimaligen Wechsel von Regierung und Herrschaftsform sowie den Hinterlandswirren in der kurzen Zeit der Provisorischen Regierung destabilisierte.[106]

Im Zuge einer Repressalie gegen die angeblich harte Behandlung deutscher Gefangener in Frankreich setzte das preußische Kriegsministerium im April 1917 für vier Monate die französischen Lagerzeitungen aus. Auch Kulturveranstaltungen in den Lagern wurden für diese Zeit eingestellt. Welchen Stellenwert zu dieser Zeit hingegen die osteuropäischen Gefangenen in den deutschen Plänen hatten, erhellt der Umstand, daß nicht nur deren Lagerzeitungen während der

---

[103] Rudolf Häußler: Das Nachrichten- und Pressewesen der feindlichen Kriegsgefangenen in Deutschland 1914–1918. Berlin 1940.

[104] Ebd. S. 25 ff. Briten erwiesen sich hingegen als "Zeitungsmuffel". Auch polnische und italienische Gefangenenzeitungen sind vertreten! Russische Zeitungen von Gefangenen entstanden nur in Offizierslagern. Vgl. nachfolgend.

[105] Ebd. S. 113 ff. eine kurze Geschichte des *Russkij Vestnik*. Die k.u.k. Heeresverwaltung begründete nach deutschem Vorbild im Juli 1916 die ähnlich ausgerichtete *Nedelja* (Die Woche). Vgl. Moritz: Zwischen allen Fronten S. 139 ff.

[106] Ebd. S. 175 ff. (zur Rückwirkung der Februarrevolution auf die gefangenen Russen in Österreich-Ungarn) und S. 211 ff. (ebenso nach der Oktoberrevolution).

Einschränkungen für die Franzosen weiter ungehindert erschienen, sondern auch noch zusätzliche neu gegründet wurden![107]

Wie verschieden Propaganda unter Gefangenen betrieben wurde, zeigt auch der Umstand, daß in Rußland Lagerzeitungen ausschließlich durch Kriegsgefangene selbst, und zwar überwiegend in den großen Lagern Russisch-Asiens entstanden. Sie hatten eine ganz andere Funktion und Zielsetzung, entbehrten daher der staatlichen Propagandaabsicht, die überhaupt nur schwach gegen slawische Angehörige der Habsburgermonarchie gerichtet war. Allerdings konnten gefangene Offiziere in Rußland russische, polnische sowie – mit entsprechender Verspätung – westliche Zeitungen aus neutralen oder Entente-Staaten beziehen, besonders seit 1916. Für die in Rußland schon vor dem Krieg lebenden Tschechen (und Slowaken) standen zwei tschechische Zeitungen zur Verfügung, die auch von gefangenen Mannschaften und Offizieren tschechischer und slowakischer Nationalität bezogen wurden.[108]
Evgenij Sergeev ist hingegen bei den russischen Gefangenen im Mittelmächte-Gewahrsam der älteren Literatur, überwiegend den Erlebnisberichten Betroffener gefolgt und vermeint eine intensive Gehirnwäsche der gefangenen Russen in Deutschland und Österreich-Ungarn mit Hilfe der Printmedien feststellen zu können. Daß es dazu bei Angehörigen eines vormodernen Staatswesens keiner großen Anstrengung bedurfte, belegen die Bedingungen in der russischen Armee: fast die Hälfte der Russen konnte nicht lesen und schreiben; als man sie in den Krieg schickte, wurde ihnen gesagt, sie kämpften in einem heldenhaften Kampf des Slawentums gegen die Bedrohung durch die Germanen und auch gegen die „deutsche Übermacht" in ihrem eigenen Land.[109] Als Kriegsgefangene wurden sie dann von ihrem Heimatstaat weitgehend im Stich gelassen. Angesichts dessen, so meint Sergeev, sei es in den Lagern der Mittelmächten nicht schwer gefallen, den Russen die Vorzüge der deutschen Ordnung und Kultur nahezubringen. Die in deutscher Gefangenschaft schließlich erlebte Realität, die von der überzogenen, auf die Unaufgeklärtheit und Leichtgläubigkeit des

---

[107] Häußler: Das Nachrichten- und Pressewesen S. 45 und 67 ff. Häußler betont S. 86, daß von gefangenen Russen kaum Zeitungen gegründet wurden. Vgl. ebd. S. 96 (*Novosti Dnja* im Lager Neiße) und 99 (*V Zamke* in Reisen bei Lissa). Zu den Repressalien vgl. Odon Abbal: La captivité durant la Grande Guerre. Les représsailles de 1917, in: Les Cahiers de Montpellier, Histoire et Défense 33, 1996, S. 73–86.

[108] Vgl. Nachtigal: Rudolf J. Kreutz, Bruno Brehm und Jaroslav Hašek: drei Kriegsgefangene (ebd. Anm. 71).

[109] Dazu neuerdings Eric Lohr: Nationalizing the Russian Empire. The Campaign against Enemy Aliens during World War I. Cambridge/Mass. 2003. Vgl. auch Hubertus F. Jahn: Patriotic Culture in Russia During World War I. Ithaca 1995 und Joshua A.: Drafting the Russian Nation. Military Conscription, Total War, and Mass Politics, 1905–1925. De Kalb/Ill. 2003.

russischen Bauernsoldaten rechnenden nationalistischen Propaganda in Rußland so ganz abwich, mochte ein übriges tun.[110] Wenn diese Umstände bei den Mittelmächten auch nicht mit der Absicht genutzt wurden, Kampfeinheiten aus den gefangenen Russen gegen die Heimat zu rekrutieren, so wurde diese Situation gemeinsam mit exilrussischen Revolutionären (Bolschewiki und Sozialrevolutionäre) doch benutzt, um die Loyalität der Gefangenen bewußt auszuhöhlen und damit den politisch anfälligen Zarenstaat zu destabilisieren.[111] „Kultur" wurde für die Russen zu einem Schimpfwort. Bei dieser bloß referierenden Feststellung bleibt nur anzumerken, daß hier die Voraussetzungen zur Beeinflussung durch die Mittelmächte-Propaganda tendenziell am günstigsten waren. Sergeev mißt ihr jedenfalls deutlich größere Folgen bei und führt sogar einen uns heutige Zeitgenossen anrührenden Manipulationsversuch ins Feld, der einer schleichenden Beeinflussung in deutschen Gefangenenlagern diente: „Speziell ausgesuchte [orthodoxe? R. N.] Geistliche riefen zum Frieden auf und erbaten Gottes Segen nicht nur für Nikolaj II., sondern auch für die Herrscher der Zentralmächte. Die Geburtstagsfeiern der Kaiser Rußlands, Deutschlands und Österreich-Ungarns verliefen ebenso."[112]

In offensichtlicher und schließlich unmenschlicher Weise hat Rußland jedoch das kriegsvölkerrechtliche Verbot der Propaganda gegen Kriegsgefangene zwischen 1915 und 1918 verletzt. Mit klassenkämpferischer Agitation unter den Kriegsgefangenen in Rußland hat dann die sowjetische Regierung unter Lenin an die zarische Politik und der Provisorischen Regierung angeknüpft. Der britische Österreich-Historiker Mark Cornwall hat in einer ausgreifenden Studie zum Propaganda-Krieg, den die Doppelmonarchie mit ihren feindlichen Nachbarn im Weltkrieg führte, deutlich gemacht, daß Rußland schon 1914 in Slawen-Manifesten, die bis nach Böhmen gelangten, Soldaten und Zivilisten des Habsburgerstaats zum Landesverrat aufrief, dabei aber im wesentlichen er-

---

[110] Die hauptsächlich auf Innenwirkung abzielende Kriegspropaganda Rußlands ist immer noch wenig erforscht. Das Bild von den Mittelmächte-Gefangenen in russischen Medien böte dafür einen tauglichen Ansatz. Vgl. Nikolaj Plotnikov/Modest Kolerov: "Den inneren Deutschen besiegen". Nationalliberale Kriegsphilosophie in Rußland 1914–1917 und Tatjana Filippowa: Von der Witzfigur zum Unmenschen – Die Deutschen in den Kriegsausgaben von "Nowyj Satirikon" und "Krokodil", dort auch zum Bild der deutschen Gefangenen in Rußland.

[111] Sergeev: Kriegsgefangenschaft und Mentalitäten. Zur Haltungsänderung russischer Offiziere und Mannschaftsangehöriger in der österreichisch-ungarischen und deutschen Gefangenschaft und ders.: Kriegsgefangenschaft aus russischer Sicht. Russische Kriegsgefangene in Deutschland und im Habsburgerreich, S. 114 ff. und 131. Ebd. S. 125 nennt er als Erzeugnisse eines in Deutschland produzierenden russischen Verlags *Rodnaja reč'* [Muttersprache] politisch harmlose Klassiker der russischen Literatur und Geschichtsschreibung. Dort erschienen auch Essays zur deutschen Wirtschaft, Industrie u. a., Themen also, die eher als aufklärerisch denn agitativ angesprochen werden müssen.

[112] Ebd. S. 127 nach einem Erlebnisbericht zur Gefangenschaft in Deutschland, der 1916 in Moskau publiziert wurde. Nach dem Tod Franz Josephs I. wurden gefangenen k.u.k. Offizieren in Rußland teilweise Kondolenzbezeigungen und Trauergottesdienste untersagt.

folglos blieb.[113] Österreich-Ungarn hielt sich insgesamt bei solchen Maßnahmen zurück, schwenkte aber nach dem Sturz des Zarentums im späteren Frühjahr 1917 auf die Linie der Deutschen ein, die nun eine aktive Agitation an der Front betrieben. Die russischen Gefangenen-Zeitungen, die in Deutschland und Österreich hergestellt wurden, fanden auch bei den russischen Fronttruppen Verbreitung. Während es den Mittelmächten offenbar gerade 1917 gelang, größere Gruppen russischer Soldaten zum Frontübergang zu verleiten, nutzte die russische Armee an der österreichischen Front schon früher österreichische Überläufer meist tschechischer Nationalität, um österreichische Truppenteile mit hohem tschechischen Anteil zum Übergang zu bewegen. Allerdings gelang dies auch fast nur bei dieser Nationalität.

B.3.4. Gesundheit, Ernährung, Hunger, Tod: die lebensentscheidende Versorgungsfrage

Die Frage der Gesunderhaltung und Schonung des gefangenen Feindes führt zu einem weiteren wichtigen Kriterium in der Behandlung von Kriegsgefangenen, nämlich deren Unterernährung bzw. Hunger und ihre Unterversorgung. Hier bestanden während des Ersten Weltkrieges durch die britische Handelsblockade gänzlich unterschiedliche Verhältnisse bei den Mittelmächten und in Rußland.[114] Schon vor dem Weltkrieg waren Deutschland und, in geringerem Maße, Österreich-Ungarn getreideimportierende Länder. Beide können seit Ende des 19. Jahrhunderts wegen des Industrialisierungsprozesses nicht mehr vorrangig als Agrarstaaten angesprochen werden, wie das noch für die frühe Sowjetunion zutrifft.

Rußland als größter Getreideexporteur, der in der zweiten Hälfte des 19. Jahrhunderts auf dem Weltmarkt zunehmend mit amerikanischen Produzenten in Konkurrenz trat, verlor mit dem Kriegsbeginn zwar alle seine gewinnträchtigen westlichen Absatzmärkte, konnte aber mit einem erhöhten Bedarf im eigenen Land infolge der Umstellung auf Kriegswirtschaft diesen Verlust wettmachen: die russische Armee, die Millionen von Bauern und Landarbeitern rekrutierte, trat plötzlich als wichtigster Abnehmer auf den Plan. Hier muß angemerkt werden, daß die Versorgung für einen Großteil der männlichen Bevölkerung Rußlands in der Armee besser war als zuhause!

---

[113] Cornwall: The Undermining of Austria-Hungary S. 40 ff. Vgl. auch *passim* die altösterreichische Nationalitätenproblematik, die sich in Gefangenschaft über die Fronten fortsetzte: Frankreich und Italien stellten aus slawischen Gefangenen der k.u.k. Armee "Freiwilligenlegionen" auf, die teilweise – wie auch gefangene Österreicher italienischer Nationalität – aus Rußland überstellt wurden.

[114] Vgl. Gustavo Corni: *Ernährung*, in: EEW S. 461–464, der die Ernährungssituation in den kriegführenden Ländern vergleicht. Ebd. Hinz: *Kriegsgefangene* S. 645, erkennt die Ernährungsfrage als besonders wichtig für die Gefangenen, irrt aber, wenn sie die Ernährungslage in Rußland und Deutschland auf eine Stufe stellt.

Ein bei Kriegsbeginn sofort erlassenes Verbot der Alkoholerzeugung, das bis zum Kriegsende Bestand hatte, sorgte in Rußland zusätzlich für Getreideüberschuß. Als hunderttausende Kriegsgefangene im Land eintrafen, stieg der Bedarf an Brotgetreide weiter rasch an. Eine nicht nur menschliche, sondern für die russischen Kriegsanstrengungen direkt wirtschaftliche Katastrophe brachte der Verlust ganz Russisch-Polens sowie von Teilen Litauens und Kurlands durch die Sommeroffensive 1915: nicht nur fielen wichtige Getreide- und Industrieproduktionsstätten aus, deren Aufgaben nun die südlichen Gebiete des europäischen Rußlands, teilweise auch Sibirien übernehmen mußten; zusätzlich waren fortan – und zum Teil bis 1920/21 – Millionen russischer Staatsbürger als Kriegsflüchtlinge zu unterhalten, ohne daß diese wesentlich zu den russischen Kriegsanstrengungen beitragen konnten, etwa als Arbeitskräfte in der Kriegswirtschaft: Rußland hatte mehr als seine Gegner vermutlich Millionen „unnützer Esser" zu unterhalten, was aber nur in bestimmten Gebieten zu Organisationsproblemen führte. Solche Gebiete befanden sich überwiegend im europäischen Teil Rußlands, vor allem in der nördlichen Hälfte. Dort trat als Folge der Versorgungsschwierigkeiten Hunger auf.

Trotzdem gab es in Rußland zumindest bis 1916 keinen grundsätzlichen Nahrungsmittel*mangel*. Der Hunger, der im Winter 1916/17 zu Engpässen vor allem in den Großstädten und im März 1917 in Petrograd zur Revolution führte, war vor allem durch den Zusammenbruch der seit 1915 überstrapazierten Eisenbahn bedingt: in den Städten nördlich der Schwarzerdegebiete hungerte und fror man, weil Steinkohle nicht aus dem Donezbecken und Getreide nicht aus dem Schwarzerdegürtel abtransportiert werden konnten.[115] Anders stellte sich die Situation in den weniger dicht bevölkerten Teilen des inneren Rußlands dar, vor allem aber in Sibirien: bis zum Bürgerkrieg 1918 war die Versorgungslage dort entschieden besser, während in Rußlands zentralasiatischem Militärbezirk Turkestan die zum Teil zugeführte Nahrung seit Ende 1917 knapp wurde, als sich nicht einmal mehr 50.000 Kriegsgefangene dort befanden. Gerade in Zentralasien führte der Hunger in den Gefangenenlagern, aber auch Zwangsrekrutierungen der Roten Armee 1918 zu einer direkten Involvierung der Gefangenen in die Bürgerkriegskämpfe, hauptsächlich auf Seiten der Bolschewiki.

Warum war dann Hunger bei den Gefangenen in Rußland meist schon in der Frühphase des Krieges eine regelmäßige, wohlbekannte Erscheinung? Der Hinweis auf „Organsationsmängel" in der Etappe genügt hier nicht, da auch das Hinterland mit Brot und Mehl zunächst gut versorgt war. Folgt man zahlreichen

---

[115] Lohr: Nationalizing the Russian Empire S. 112 ff. betont, daß es aufgrund der Liquidation des deutschen Bodenbesitzes schon 1916 zu Nahrungsengpässen in Rußland kam. Die Getreideproduktion der deutschen Kolonisten machte einen hohen Anteil der gesamtrussischen Agrarerzeugnisse aus. Da die Kolonisten seit 1915 durch staatliche Enteignung bedroht waren, unterließen viele von ihnen 1916 den Getreideanbau.

Erlebnisberichten, so kam hier ein Faktor zur Geltung, der erst von Stalins GULag-System hauptsächlich durch die Werke Alexander Solschenizyns bekannt ist: Unterschlagungen der verantwortlichen russischen Bewacher und Vorgesetzten zur eigenen Bereicherung auf Kosten Wehrloser. Die Bewacher begannen sofort hinter der Front, auf dem teilweise mehrwöchigen Transport in Güterwaggons, insbesondere den gefangenen Mannschaften ihr Verpflegungsgeld oder die Brotausgabe vorzuenthalten,[116] obwohl die Verpflegung der Gefangenen durch ministerielle Richtlinien genau und ausreichend geregelt war. Daß sie in Rußland für die gefangenen Mitteleuropäer in der Regel sehr einseitig blieb – Brot, Buchweizengrütze (russ. kascha) und Wassersuppen mit Kraut- und Fisch-, seltener Fleischeinlagen –, soll hier nicht weiter interessieren. Hier scheint es sich um ein Strukturmerkmal der russischen Geschichte zu handeln, das für den größten Teil des 20. Jahrhunderts charakteristische Bedeutung in einem Land annahm, das durch ein ausgeprägtes, Millionen Menschen umfassendes Straf- und Haftsystem bekannt wurde.[117]

Die Virulenz dieses vermeintlichen Organisationsdefizits über die hier betrachtete Zeit hinaus spricht in beklemmender Weise eher für die chronische Abwesenheit staatlichen (und institutionellen) Fürsorge- und Wohlfahrtsdenkens als für ein zeitweise weitreichendes, kriegsbedingtes Kontrolldefizit. Der Grund dafür scheint tiefer in der russischen Geschichte zu suchen: in einer nicht stattgefundenen Reformation und einer oberflächlich bleibenden Aufklärung der Gesellschaft, die der orthodoxen Staatskirche, der lange der Fürsorgegedanke fremd geblieben ist, ihre Rolle bis weit in das 20. Jahrhundert zu bewahren ermöglichte.

Im Jahre 1915 traten erste Verknappungen in Rußland vor allem bei der Fleischversorgung auf. Die Folge für die Kriegsgefangenen war der Ersatz durch fleischlose Nahrung und Fisch, aber auch eine Verringerung des grundsätzlich großzügigen Brotquantums. Schlimmere Folgen aber hatte der im Frühling 1915 erlassene Befehl zum Entzug der Teeration für die Gefangenen. Vielleicht veranlaßte die wärmere Jahreszeit diese Einsparung, vielleicht spielte auch der russische Rückzug aus Polen seit Anfang Mai eine Rolle, wie die Gefangenen selbst meinten. Zur massenhaften Katastrophe wurde diese unüberlegte Maßnahme aber vor allem durch die – oftmals endemische – Virulenz von Seuchen in weiten Teilen Rußlands: denn die ohnehin durch ihre gezwungen beengte Lebensweise der bakteriellen und Virusinfektion besonders ausgesetz-

---

[116] Gerade bei der Evakuation, auf der teilweise mehrwöchigen Fahrt ins Hinterland kamen Unterschlagungen vor, da ein Transport- oder Etappenkommandant immer nur für einen Abschnitt zuständig war und am Ziel mit den Verpflegungsgeldern der Gefangenen verschwand, die mitunter auf spätere Auszahlung vertröstet wurden oder von ihrem Anspruch auf Kostgelder nichts wußten. Doch nicht nur die Verpflegung war Objekt der Bereicherung. Auch Kleidung, Schuhe und andere Liebesgaben wurden unterschlagen.

[117] Vgl. etwa die Beiträge in Klaus D. Müller/K. Nikischkin/G. Wagenlehner (Hgg.): Die Trägödie der Gefangenschaft in Deutschland und der Sowjetunion. Köln 1998.

ten Kriegsgefangenen waren nun mitunter auf unabgekochtes Wasser angewiesen. Doch schon unabhängig von zeitweiligen Nahrungsverkürzungen, von denen auch die russischen Frontarmeen gelegentlich betroffen waren, bestand bei der russischen Gefangenenverpflegung der bedeutsame Mißstand, daß bei der Fleischration auch Häute, Sehnen und Knochen, ja, sogar Hufe mitverarbeitet werden durften, so daß von etwa 100 Gramm Fleisch pro Mann und Tag tatsächlich nur 16 bis 25 Gramm übrig blieben.[118]

Immerhin ist festzustellen, daß die Brotrationen, wenn sie richtig an die Gefangenen ausgegeben wurden, bis Ende 1917 in Rußland in der Regel größer waren als bei den Mittelmächten: mit der Folge, daß das Brot von den Gefangenen häufig nicht als Nahrungsmittel verwendet wurde! Die Mittelmächte verlegten sich bei den ersten Folgen der Blockade seit 1915 auf die Brotreduzierung für die Gefangenen bei gleichzeitigem Angebot von Ersatznahrungsmitteln, deren Kalorien so berechnet wurden, daß ungefähr die Kalorienzahl gehalten werden konnte. Eigenbewirtschaftung der Lager war ein weiterer Ausweg, der zunehmend intensiv genutzt wurde: bei den Mittelmächten auffallenderweise in Regie der Gewahrsamsmacht, in Rußland dagegen in Selbstverwaltung der Gefangenen in den großen Lagern, das heißt in Russisch-Asien.[119]

Obwohl sich die Mittelmächte um die Gesunderhaltung der Entente-Gefangenen bemühten und diese zeitweise größere Rationen als die eigene arbeitende Zivilbevölkerung erhielten, wurde die Verpflegungssituation seit 1916 immer schwieriger. Schon 1915 führte sie hinsichtlich der russischen Gefangenen wegen des verbreiteten Hungers zu Vorwürfen des Heimatstaates mit diplomatischen Folgen.[120] Während zwischen den Ländern der West-Entente und den Mittelmächten durch das Internationale Rote Kreuz Lebensmittel über die neutralen Niederlande und die Schweiz in die deutschen und österreichischen Lager gebracht wurden,[121] waren in diesen Lagern fast alle ost-, südosteuropäischen (serbische, rumänische) und viele italienische Gefangenen von der Mangelversorgung betroffen.

---

[118] Wurzer: Die Kriegsgefangenen der Mittelmächte in Rußland S. 63–71. Die Gefangenenverpflegung in Rußland läßt Wurzer zufolge keine Systemhaftigkeit erkennen. In Sibirien waren die Lebensmittelpreise jedoch deutlich niedriger.

[119] Mitze: Das Kriegsgefangenenlager Ingolstadt S. 129–154 aufschlußreich, doch ohne Berücksichtigung der Gefangenen von der Ostfront (ebd. S. 145 f. und 153 f.). Bei Rumänen und Italienern führte Deutschland deren schlechten Ernährungs- und Gesundheitszustand bei der Gefangennahme als Grund für höhere Sterblichkeit an.

[120] Nachtigal: Rußland und seine österreichisch-ungarischen Kriegsgefangenen S. 119 f. und zu einem Projekt der Masseneinfuhr von Buchweizen für die russischen Gefangenen in Deutschland im Mai 1916.

[121] Daß im Verlauf der letzten Kriegsjahre auch Lebensmittelpakete für Gefangene der West-Entente auf dem Postweg in die Lager leergeplündert wurden, betraf wohl kaum die osteuropäischen Gefangenen, die selten Pakete aus der Heimat erhielten. Mitze: Das Kriegsgefangenenlager Ingolstadt S. 207 f.

Unterernährung oder ihre direkten gesundheitlichen sowie indirekten, meist psychischen Folgen waren die häufigste Todesursache unter den verstorbenen Gefangenen bei den Mittelmächten: Russen führten aufgrund ihrer großen Masse mit jeweils fünfstelligen Ziffern, prozentual gefolgt von Rumänen und Serben.[122] Wäre es in den späteren Kriegsjahren hier zu einer pragmatischen Übereinkunft zwischen Rußland und den Mittelmächten gekommen, so hätte sich die absolute Sterberate bei den Entente-Gefangenen sicher erheblich, für Österreich-Ungarn und Deutschland jeweils deutlich unter 100.000 während des Krieges bringen lassen.[123] Ansätze dazu wurden unternommen, erstarben jedoch vor allem am Desinteresse der russischen Regierung: nach entsprechenden Verhandlungen sollten die russischen Gefangenen im Lager Ingolstadt ab Mai 1916 durch das in der Schweiz ansässige *Bureau de secours aux prisonniers de guerre* Liebesgaben erhalten. Spätestens nach der Februarrevolution scheint das Projekt aber wieder eingestellt worden zu sein.[124] Welche Wirksamkeit es in den wenigen Monaten dazwischen in Deutschland entfalten konnte, müßte noch geklärt werden.

In der Doppelmonarchie führte die rasante Verschärfung der Versorgungslage zu schweren sozialen Unruhen. Im Vergleich mit Deutschland, wo die Kriegswirtschaft zunehmend zentralisiert wurde, rächte sich im Habsburgerstaat der innere Gegensatz zwischen Zis- und Transleithanien bei der Ernährung: der staatliche Dualismus zwischen Wien und Budapest verhinderte eine effiziente, für das gesamte Reichsgebiet in gleichem Maße geltende Organisation.[125] In der Folge hungerte seit dem Winter 1916/17 nicht nur die Zivilbevölkerung, sondern auch die Kriegsgefangenen, unter denen die Sterblichkeit seit Anfang 1917 anstieg.

---

[122] Becker: Oubliés de la Grande Guerre S. 98 ff. weist Hunger und Krankheiten auch der westlichen Gefangenen in Deutschland vorrangigen Stellenwert zu. Ebd. S. 102 der Verweis auf eine 50%ige Sterberate kriegsgefangener rumänischer Schanzarbeiter im Elsaß nach Jean Nouzille: Le Calvaire des prisonniers de guerre roumains en Alsace-Lorraine, 1917–1918. Bukarest 1997.

[123] Mitze: Das Kriegsgefangenenlager Ingolstadt S. 257 ff. Die Gesamtzahl der in Bayern internierten Gefangenen ist ihr unbekannt. Vermutlich lag sie bei insgesamt 140.000. In Bayern sollen 7.610 Gefangene gestorben sein. Bei den von ihr angenommenen 97.304 Gefangenen kommt sie auf eine hohe Sterberate – über dem Reichsdurchschnitt! – von 7,82%. Legt man hingegen 140.000 Internierte zugrunde, ergäbe sich – für das Agrarland Bayern viel wahrscheinlicher – 5,44%. Hankel: Die Leipziger Prozesse S. 323 geht bei Deutschland von 2,5 Millionen Entente-Kriegsgefangenen und 135.500 Sterbefällen unter ihnen aus, was einer Sterberate von 5,1% entspricht.

[124] Mitze: Das Kriegsgefangenenlager Ingolstadt S. 145 f. Ebd. S. 234 f. berichtet sie eine weitere pragmatische Regelung mit Frankreich, die allerdings keine Analogie zu den Gefangenen Ost- und Südosteuropas hatte: Franzosen konnten ihre Löhnung, die sie in Gefangenschaft nicht verbrauchten, über den *Service des fonds des prisonniers* ihren Angehörigen in der Heimat überweisen.

[125] Moritz: Zwischen allen Fronten S. 181 ff. mit den Auswirkungen auf die Gefangenen.

Die politisch-militärische Entwicklung im Osten Europas zwischen Ende 1915 und Ende 1917 sprach gegen eine einvernehmliche humanitäre Lösung zur ausreichenden Versorgung der gegenseitigen Gefangenen: Serbien, Rumänien und schließlich das Rückgrat der zweiten Front im Rücken der Mittelmächte, Rußland, schieden nacheinander aus dem Krieg aus. Eine Institution des Heimatstaates, die die Interessen der gefangenen Landsleute weiterhin wahrnahm, und sei es durch Greuelpropaganda, gab es nicht! In beklemmender Weise wiederholte sich dieses Phänomen in deutscher Gefangenschaft während des Zweiten Weltkrieges, und zwar unter ideologischen Vorzeichen in größerer Potenz: die Gefangenen der West-Alliierten erhielten Lebensmittelpakete aus der Heimat, während insbesondere die gefangenen Rotarmisten dem Hungertod bewußt preisgegeben wurden – vom sowjetischen Heimatstaat gleichermaßen wie vom nationalsozialistischen Gewahrsamsstaat!

Eine Untersuchung darüber, wie dabei von der Erfahrung des Ersten Weltkrieges gelernt wurde, würde hier wohl manche erschreckende Kontinuitäten oder sogar geplante Verschärfungen aufdecken. Hinweise auf Selbsthilfe aus der Gemeinschaft der Entente-Gefangenen, wie dies bei österreichischen und reichsdeutschen Gefangenen in Sibirien während des Ersten Weltkriegs belegt ist, gibt es hingegen nicht. Auch im Zweiten Weltkrieg blieben die aus der Heimat gut versorgten Gefangenen der West-Alliierten stumme Zeugen des massenhaften Leidens und Sterbens der Rotarmisten, deren offensichtliches Elend im gemeinsamen Lager oft nur durch Stacheldraht vom Unterkunftsbereich der Gefangenen der West-Alliierten getrennt war.[126]

B.3.5. Schutzmechanismen für die Gefangenen

Eine bedeutende Schutzfunktion, die die Menschenverluste unter den Entente-Gefangenen bei den Mittelmächten verringern half, war der Umstand, daß sie vom Gewahrsamsstaat frühzeitig als „nützlich" für die eigenen Belange im Krieg wahrgenommen wurden. Deutlich wurde das bereits bei den religiösen und nationalen Randgruppen der Gefangenen, die man in Deutschland und in Österreich mit politischer Rücksicht auf die eigenen Kriegsziele pfleglich behandelte. Zu einem frühen Zeitpunkt nützlich waren aber auch Millionen russischer Mannschaftsgefangener, die meist viel problemloser als renitente Franzosen oder anspruchsvolle, die Arbeit verweigernde britische Berufssoldaten bei den verschiedensten, auch schwersten Arbeiten eingesetzt werden konnten. Nützlichkeit spielte auch bei den Gefangenen in Rußland schließlich eine Rolle, aber völkerrechtlich eine sehr ambivalente: für den Arbeitseinsatz ver-

---

[126] Für den Ersten Weltkrieg liegen Hinweise vor, daß gefangene Briten und Franzosen hungrige Russen in deutschen Lagern gegen ihre eigenen Brotrationen als Burschen beschäftigten, bis das deutsche Kommando diese innere Lagerhierarchie untersagte.

gleichsweise spät, für die russische Nationalitätenpolitik gegenüber der österreichischen Vielvölkerarmee eine höchst bedenkliche.[127] Der Mangel an Arbeitskräften in der russischen Kriegsindustrie verhinderte Ende 1916 sogar, daß weitere „irredente" Kriegsgefangene der k.u.k. Armee an verbündete Entente-Mächte wie Italien, Frankreich und Serbien überstellt wurden. Hier wurde die Nützlichkeit der kriegsgefangenen Arbeiter wichtiger Schutzfaktor, der die Betroffenen vor der kriegsvölkerrechtlich verbotenen Überstellung an kämpfende Mächte, gegebenenfalls sogar vor neuerlichem Kampfeinsatz bewahrte.[128] Andererseits lag dem italienischen Außenminister Sidney Sonnino nicht das humanitäre Kriegsvölkerrecht am Herzen, als er sich in Verhandlungen mit der tschechoslowakischen Auslandsaktion und vor allem mit jugoslawischen Emigranten, die aus ihren konnationalen österreichischen Gefangenen bei den Entente-Mächten Freiwilligenlegionen rekrutieren wollten, auf das Verbot der Überstellung von Gefangenen berief und die HLKO beschwor. Diese kam ihm vielmehr gelegen, um machtpolitisch die italienischen Kriegsziele gegen die zukünftigen slawischen Nachbarn zu sichern.

Nützlichkeit in Form einer breiten Verwendungsfähigkeit Kriegsgefangener ist pragmatischer Ausdruck eines Schutzmechanismus'. Einen weiteren Schutzmechanismus bietet die *Reziprozität*, auf die insbesondere Rüdiger Overmans verwiesen hat:[129] die Sorge eines Nehmestaats um seine eigenen Staatsangehörigen im Gewahrsam einer Feindmacht sollte ihn vor zu großer Rücksichtslosigkeit gegenüber dem gefangenen Feind abhalten.[130] In der politisch aufgepeitschten Atmosphäre des Ersten Weltkrieges, der auch der erste ausgreifende Propagandakrieg der Moderne war, kam es daher zu gelegentlichen Verzerrungen. Trotzdem ist für die Gegner an der Westfront und der italienisch-österreichischen Front das allgemeine Funktionieren der Reziprozität festzustellen, nicht hingegen an der Ostfront, wo Rußland als Gewahrsamsmacht aus dem allgemeinen Verhaltensmuster ausscherte, da man sich dort lange einer schweren Selbsttäuschung in Sachen der gegenseitigen Gefangenen-Behandlung hingab. In Rußland kam schließlich mit dem allgemeinen Arbeitseinsatz der Ge-

---

[127] "Nützlichkeit" von Kriegsgefangenen als wichtiges Behandlungskriterium hat bisher nur ein Forscher hervorgehoben. Vgl. Ferguson: Der falsche Krieg S. 353 f.: Gefangene als Informationsquelle, Arbeitskraft, Geisel und Propagandainstrument, das Kameraden zum Überlaufen animiert.

[128] Zum "Schacher" mit Kriegsgefangenen vgl. Cornwall: The Undermining of Austria-Hungary S. 112 ff. mit Bezug auf Rußland-Italien und Frankreich und deren österreichische Gefangene. Vgl. auch Anm. 61 und Kap. D.2.1 und D.2.4.

[129] Overmans: "In der Hand des Feindes". Geschichtsschreibung zur Kriegsgefangenschaft von der Antike bis zum Zweiten Weltkrieg, in: In der Hand des Feindes. Kriegsgefangenschaft von der Antike bis zum Zweiten Weltkrieg (Hrsg. R. Overmans) S. 1–39, hier S. 27 f.

[130] Vgl. Nachtigal: Rußland und seine österreichisch-ungarischen Kriegsgefangenen S. 93.

fangenen ein anderer Faktor, wenn auch spät erst, zur Geltung, der die Bedrohung von Leben und Gesundheit für viele verringerte. Er funktionierte allerdings nicht im Sinne der Reziprozität.

Als die Mittelmächte seit 1915 immer deutlicher zur Kenntnis nahmen, daß sich Reziprozität im Verhältnis zu Rußland als Schutzfunktion nicht auswirkte und die Sorge um das Leben der Landsleute zunahm, bediente man sich ersatzweise anderer Möglichkeiten, die von 1916 bis 1918 sorgfältig ausgebaut wurden. Zunächst kamen vor allem enge dynastische Beziehungen zwischen deutschen Fürstenhäusern, den dänischen und schwedischen Königshäusern sowie den Romanows zum Tragen: der russische Staat erlaubte Fürsorge für die gefangenen Landsleute, teilweise sogar Kontrolle des russischen Militärapparats im Hinterland, der die Gefangenen verwalten und betreuen sollte, in einem Ausmaß, das für andere Gewahrsamsmächte und Kriege undenkbar blieb.[131] Über diskrete Kanäle, die meist durch die russischen Besuchsschwestern bei den Mittelmächten geöffnet wurden, zu denen auch nach den offiziellen Inspektionsreisen Kontakt gehalten wurde, wurden Angehörige der Zarenfamilie und, wie inzwischen aufgezeigt werden konnte, ein hochrangiger Funktionär der russischen Hygiene- und Gesundheitsverwaltung eingeschaltet, der deutschstämmige Prinz Alexander von Oldenburg.[132]

Völkerrechtlicher Ausdruck dieses besonderen Verhältnisses zwischen Rußland, Deutschland und Österreich-Ungarn, das sich seit Herbst 1915 in Schwesternreisen und zahlreichen neutralen Fürsorge-Missionen auswirkte, die weitreichende Möglichkeiten nutzten, waren humanitäre Sondervereinbarungen zwischen diesen Staaten, die zwischen 1915 und 1917 zustande kamen. So führte dieses eindrucksvolle Vertragsverhältnis zwischen September 1915 und Anfang 1918 etwa zu einem großzügigen Gefangenenaustausch, der schließlich nicht nur Invaliden umfaßte.[133] Neutrale Rotkreuz-Delegationen und die Missionen von Besuchsschwestern wurden 1916/17 Österreich-Ungarns wichtigstes völkerrechtliches Instrument für die Gefangenen in Rußland.

[131] Ausführlich hierzu Nachtigal: Rußland und seine österreichisch-ungarischen Kriegsgefangenen S. 103–151 und ders.: Die dänisch-österreichisch-ungarischen Rotkreuzdelegierten in Rußland 1915–1918. Demgegenüber Leidinger/Moritz: Gefangenschaft, Revolution, Heimkehr S. 177 ff., die den Schwesternreisen in Rußland keine besondere Wirkung zuschreiben und Gegensätze zwischen den Schwestern der Monarchie und Deutschlands betonen.

[132] Nachtigal: Hygienmaßnahmen und Seuchenbekämpfung als Probleme der russischen Staatsverwaltung 1914 bis 1917: Prinz Alexander von Oldenburg und die Kriegsgefangenen der Mittelmächte, in: Medizinhistorisches Journal 39,2-3, 2004, S. 135–163.

[133] Vor diesem Hintergrund und in Anbetracht schwerer Völkerrechtsverstöße bei Rußland von kriegsvölkerrechtlicher Konformität zu sprechen, erscheint mir unpassend: nur durch außerordentliche Kunstgriffe gelang den Mittelmächten, den Landsleuten in Rußland über Umwege Hilfe zu bringen. Vgl. Overmans: "Hunnen" und "Untermenschen" S. 348 ff. "Konform" war die Gefangenenbehandlung in Rußland allenfalls im Vergleich mit den eigenen Soldaten.

Der Umstand, daß sich das Dänische Rote Kreuz besonders früh, etwa seit Ende 1915, und dann in bestimmten Bereichen auf der organisatorischen Ebene intensiv für die Gefangenen in Rußland einsetzte, zahlte sich auch nach dem Sturz der Romanows aus: anders als Schweden galten die Dänen in Rußland nicht als germanophil und den Mittelmächten politisch so nahestehend. Auch wenn die österreichischen Behörden mit Dänemark als offizieller Schutzmacht der Doppelmonarchie seit April 1917 nicht immer zufrieden waren, weil sie das Gegenbeispiel großer Effizienz der schwedischen Schutzmachtdelegierten für die Reichsdeutschen in Rußland zum Vergleich vor Augen hatten: die Dänen konnten noch lange, bis in den russischen Bürgerkrieg hinein, für die Gefangenen in Russisch-Asien tätig sein.[134] Die Tätigkeit der Rotkreuz-Organisation der beiden neutralen Länder für die gegenseitigen Gefangenen in Rußland wie bei den Mittelmächten begann unter den Auspizien der Reziprozität, zahlte sich aber vor allem seit 1916 für die Mittelmächte-Angehörigen in Rußland aus.

C. Österreich-Ungarn und Deutschland als Gewahrsamsmächte

Für die Gefangenschaft bei den Mittelmächten liegen hauptsächlich Lagergeschichten vor, die naturgemäß kaum ein verbindliches Gesamtbild des Gefangenenwesens in der Doppelmonarchie und in Deutschland wiedergeben können. Bei der Geschichte der Gefangenenlager im niederösterreichischen Erlauftal von Franz Wiesenhofer[135] handelt es sich sich um eine umfangreiche und anschauliche populärwissenschaftliche Darstellung, die größere Zusammenhänge oder Strukturen kaum berührt. Das Lagerleben der Gefangenen wird aber in seiner sozialen, kulturellen, wirtschaftlichen und medizinischen Entwicklung breit erfaßt und ist mit zahlreichem, ausgezeichnetem Fotomaterial veranschaulicht, dessen Propaganda-Absicht offensichtlich ist. Die Darlegung der umfassenden Lagerorganisation im weitesten Sinne ist damit als größte Stärke der Untersuchung anzusehen. Motivauswahl und große Anzahl der Bilder gemahnen allerdings unübersehbar an Propaganda-Zwecke der Gewahrsamsmacht. Auf den Bildern und zwischen den Zeilen ist auch zu erkennen, daß Russen die Hauptgruppe der dort internierten Gefangenen ausmachten.

---

[134] Ensen: Missija Datskogo Krasnogo kresta v Rossii. 1918–1919 gody [Die Mission des Dänischen Roten Kreuzes in Rußland 1918/19], in: Voprosy istorii 1, 1997, S. 27–41. Ders.: Gumanitarnaja pomošč' i politika: missija Datskogo Krasnogo Kresta v Sovetskoj Rossii. 1918–1919 [Humanitäre Hilfe und Politik: die dänische Rotkreuz-Mission in Sowjetrußland 1918–1919], in: Pervaja Mirovaja vojna. Prolog XX veka (Hrsg. V. L. Mal'kov). Moskau 1998, S. 515–536.

[135] Wiesenhofer: Gefangen unter Habsburg Krone. K.u.k. Kriegsgefangenenlager im Erlauftal. Purgstall 1997 ist als zweite Auflage im Eigenverlag gekennzeichnet. Eine erste Auflage ließ sich nicht finden.

In derselben aufwendigen Art, doch mit etwas weniger Bildmaterial, hat Rudolf Koch seine 1981 erstmalig publizierte, aufschlußreiche Wiener Dissertation zum Gefangenenlager Sigmundsherberg (Niederösterreich) in überarbeiteter Fassung neu herausgegeben.[136] Bei dem im Sommer 1915 errichteten Lager an der Franz-Joseph-Bahn zwischen Wien und dem südböhmischen Budweis handelt es sich um eines der größten in der k.u.k. Monarchie, das zeitweise rund 40.000 Gefangene aufnehmen sollte. Diese Zahl wurde jedoch vermutlich nie erreicht, da hier umgehend das System von Stammlagern zur Anwendung kam, wie es für die Mittelmächte im Laufe des Krieges und dann, im Zweiten Weltkrieg, im deutschen Machtbereich überhaupt typisch war: der größte Teil der Insassen blieb zwar dem Stammlager registrativ zugeteilt – in Sigmundsherberg schließlich in sechsstelliger Ziffer! –, hielt sich aber zum Arbeitseinsatz teilweise in ganz anderen Gebieten der Monarchie auf. So erwähnt Koch sogar eine Arbeitsgruppe Sigmundsherberger Gefangener, die 1916 im nordlothringischen Eisenerzabbau bei Longwy und Briey eingesetzt waren, das heißt im deutschen Besatzungsgebiet Nordfrankreichs.[137]

Von besonderem Wert sind Kochs Angaben zur relativ hohen Sterblichkeit unter den Gefangenen, die zunächst kaum durch Kriegsseuchen hervorgerufen war. Symptomatisch scheint hier der Hinweis der Lagerleitung, die hohe Sterblichkeit gerade seit 1916, als hauptsächlich Italiener sich dort aufhielten, sei auf Spätfolgen von Frontverwundungen und den allgemein schlechten Gesundheitszustand der neu eingebrachten Gefangenen zurückzuführen.[138] Schlechten Ernährungs- und Gesundheitszustand bereits bei der Gefangennahme machten deutsche Militärärzte nach dem Weltkrieg für die überdurchschnittlich hohe Sterberate unter Rumänen und Serben, bedingt auch unter Russen verantwortlich: gemeinsam mit den Italienern wurden diese Nationalitäten in der Gefangenschaft bei den hungernden Mittelmächten kaum von ihren Heimatländern unterstützt.

Bemerkenswert an beiden Arbeiten sind noch die Daten zum Ende der Lager und der Repatriierung ihrer Insassen. Da im Herbst 1918 die Habsburgermonarchie in wenigen Tagen zerfiel und sich auf ihrem Territorium neue Staatsgrenzen bildeten, bestand keine zentrale Territorialverwaltung, meist auch keine Amtsautorität mehr. In Sigmundsherberg „übernahmen" die italienischen

---

[136] Rudolf Koch: Im Hinterhof des Krieges. Das Kriegsgefangenenlager Sigmundsherberg. Horn 2002 in erster Auflage ist der Dissertation Kochs entlehnt: Das Kriegsgefangenenlager Sigmundsherberg 1915–1919. Wien 1981. Diese ist wissenschaftlicher Methodik verpflichtet und bietet außerdem eine gute allgemeine Übersicht zur Gefangenschaft. Die Fassung von 2002 stellt wie Wiesenhofers Arbeit die Lagerinfrastruktur in den Mittelpunkt der Betrachtung.

[137] Ebd. S. 261–275, hier S. 273. Typischerweise waren rund 60% der Lagerinsassen der Landwirtschaft zugeteilt.

[138] Ebd. S. 239–259. Folgt man dem Autor (ebd. S. 39–62), so war Sigmundsherberg seit 1916 ein Italienerlager.

Gefangenen das Lager. Ihre neue Bewegungsfreiheit konnten sie allerdings nicht zur raschen Heimkehr nutzen, da dies die Transporte der heimkehrenden k.u.k. Truppen verhinderten. Die russischen Kriegsgefangenen in Deutschland blieben in den Lagern meist gut bewacht, wenn auch für sie die Bewegungsfreiheit nach dem Waffenstillstand zunahm. In den darauffolgenden Monaten schob die deutsche Regierung noch einige Hunderttausend von ihnen in Richtung Osten ab, aus triftigen Gründen aber entgegen dem ausdrücklichen Wunsches der West-Entente, die im russischen Bürgerkrieg intervenierte.[139]

Hier soll eine unveröffentlichte Wiener Dissertation vorgestellt werden, da sie die einzige neuere Untersuchung des Kriegsgefangenenwesens in Österreich-Ungarn auf breiter Quellenbasis bietet.[140] Zwei wichtige Vorzüge der Arbeit berechtigen zu einer Ausnahme bei den hier ausgewählten Publikationen. Verena Moritz, die schon früher für eine Examensarbeit in russischen Archiven zu den kriegsgefangenen Österreichern in Rußland recherchiert hat, berücksichtigt in ihrer Doktorarbeit in überzeugender Weise das Reziprozitätsverhältnis der Gefangenschaft, so daß neben den Gefangenen in der Doppelmonarchie, die zu zwei Dritteln der Zarenarmee angehörten, immer wieder der Blick auf die Situation der Mittelmächte-Soldaten in Rußland und auf die Politik der russischen Regierung(en) gerichtet wird. Auch die Situation im verbündeten Deutschen Reich und seine Kriegsgefangenen-Politik wird beachtet. Dabei wird ein Phänomen deutlich, das auch für den rein militärischen Bereich der Bündniskriegführung und die Kriegswirtschaft insgesamt bekannt ist: in Angelegenheiten der Propaganda unter den feindstaatlichen Gefangenen und bei anderen Anliegen kam es im k.u.k. Gefangenenwesen im Laufe des Krieges zu Angleichungen bzw. Anpassungen an das deutsche System, das oftmals eine Vorreiterrolle übernahm, nicht zuletzt, weil Deutschland frühzeitig die meisten gegnerischen Kriegsgefangenen aufnahm.[141]

[139] Nachtigal: Die Repatriierung der Mittelmächte-Kriegsgefangenen aus dem revolutionären Rußland: Heimkehr zwischen Agitation, Bürgerkrieg und Intervention 1918 bis 1922, in: Kriegsgefangene im Europa des Ersten Weltkrieges (Hrsg. Jochen Oltmer).

[140] Moritz: Zwischen allen Fronten. Die russischen Kriegsgefangenen in Österreich im Spannungsfeld von Nutzen und Bedrohung (1914–1921). Diss. Wien 2001 (386 S.). Teile daraus sind in die unter Kapitel D.2.5. besprochene Gemeinschaftspublikation von H. Leidinger/V. Moritz: Gefangenschaft, Revolution, Heimkehr. Die Bedeutung der Kriegsgefangenenproblematik für die Geschichte des Kommunismus in Mittel- und Osteuropa 1917–1920. Wien 2003 eingearbeitet (S. 153–233 und 453–505).

[141] Moritz: Zwischen allen Fronten S. 128 ff. Obwohl sich Berlin und Wien in gemeinsamen Aktionen hinsichtlich der Landsleute in Rußland abstimmten, so bei Hilfsmaßnahmen und Schwesternreisen, scherte Österreich-Ungarn im Herbst 1916 aus, als Berlin sich zu Repressalien gegen Rußland entschloß. Vgl. unten Kapitel D.3. Die k.u.k. Kriegsgefangenenfunktionäre gaben nach Kriegsende ihre Politik als "Reziprozitätstaktik" aus und betonten, auf Repressalien grundsätzlich verzichtet zu haben (ebd. S. 35 f. und 51).

Der zweite Vorzug besteht in der gründlichen Auswertung vor allem der österreichischen Akten, die zahl- und aufschlußreiches statistisches Material enthalten. Da auch die österreichischen Lagergeschichten sowie weitere unveröffentlichte Examensarbeiten zur Geschichte Österreich(-Ungarns) im Weltkrieg ausgewertet sind, ergibt sich eine gute Übersicht.

So vermag die Autorin den Aufbau des Lagersystems in der Doppelmonarchie nachzuzeichnen, der ähnlich wie in Deutschland verlief: Zunächst 37, schließlich etwa 40 Stammlager betreuten all jene Gefangenen, die nicht im Etappenraum der Armee im Felde eingesetzt waren. Die Stammlager befanden sich mit gelegentlicher Ausnahme nur in deutschsprachigen und magyarischen Teilen der Monarchie. Auch war die dauerhafte Internierung in slawischen Gebieten oder in Nähe zu Grenzen neutraler Staaten (bis August 1916 etwa Rumänien) die Ausnahme. Allerdings wurden Gefangene frühzeitig im rückwärtigen Frontgebiet zu Schanzarbeiten eingesetzt. In der Spätphase des Krieges verrichteten schließlich über 300.000 Gefangene, die meisten davon Angehörige der russischen Armee (Januar 1918 über 240.000 Russen), schwere Arbeiten im rückwärtigen Frontbereich der k.u.k. Armee, wo die Lebensbedingungen für sie besonders schwierig waren: auch dies ein Bild, das der Situation in Rußland stark ähnelt.[142] Erschöpfung und Auszehrung gerade der kriegsgefangenen Schanzarbeiter veranlaßten die militärische Führung 1917 zu einem Austausch mit vermeintlich leistungsfähigeren Gefangenen aus dem Hinterland. Doch scheint die im Spätsommer 1917 verspätet begonnene Aktion längst nicht das Resultat erzielt zu haben, das angestrebt wurde: zu gering war auch im Hinterland das dafür „brauchbare Menschenmaterial".[143]

Während die strukturbedingte Arbeitslosigkeit bei Kriegsbeginn in manchen Teilen der Monarchie über den Sommer 1915 hinausreichte und den sofortigen Arbeitseinsatz der Gefangenen verzögerte, leerten sich wie in Deutschland auch hier die Lager im Laufe jenes Jahres. Die russischen Besuchsschwestern trafen im Herbst nur noch wenige Gefangene dort an.[144] Wie ein Leitfaden durchziehen dann Hunger und Erschöpfung die Gefangenschaft in österreichischem

---

[142] Ebd. S. 68 ff., 187 und 195. Zwei kurze Beiträge dazu bei Sergeev: Russian Prisoners of World War I at the Austro-Italian Front in 1915–1917, in: WWI and the XX Century. Acts of the International Conference of Historians Moscow, 24–26 May, 1994. Moskau 1995, S. 187–190 und S. Vinogradov: Russian Prisoners of War in the Yugoslavian Regions of Austria-Hungary, Serbia and Montenegro, 1914–1918, in: ebd. S. 190–193. Beide Autoren behaupten, daß Gefangene in der Monarchie bei Arbeiten zu 30% in den Frontetappen für militärische Zwecke verwendet wurden.

[143] Moritz: Zwischen allen Fronten S. 171 ff. und 193 ff. Das dürftige Ergebnis wird nicht recht deutlich.

[144] Ebd. S. 100–121. Die Arbeitsmarktlage hat vergleichend bearbeitet Jochen Oltmer: Zwangsmigration und Zwangsarbeit – Ausländische Arbeitskräfte und bäuerliche Ökonomie im Ersten Weltkrieg, in: Tel Aviver Jahrbuch für deutsche Geschichte 27, 1998, S. 135–168, hier S. 137 ff. Neuerdings auch Klaus J. Bade/J. Oltmer: Normalfall Migration. Bonn 2004, S. 18–26.

Gewahrsam seit 1916. Daß Mißhandlungen und schwere physische Strafen der Gefangenen darüber hinaus an der Tagesordnung waren, wird mehr als deutlich. Vergleichbar mit Rußland und anders als in Deutschland kämpfte vor diesem Hintergrund der militärische Apparat der Monarchie seit 1917 zunehmend mit Arbeitsverweigerung und Disziplinlosigkeit gerade der russischen Gefangenen, die seit den Revolutionen in ihrer Heimat und besonders seit dem Waffenstillstand von Dezember 1917 sich von einem Frieden im Osten die baldige Heimkehr erhofften. Die schon 1917 hohe Fluchtneigung der Kriegsgefangenen in Österreich-Ungarn, dessen Militär weder die genaue Anzahl der fremden Schützlinge noch die Zahl der geflüchteten und untergetauchten zu benennen vermochte, führte dazu, daß Kriegsgefangene seit den Unruhen zu Beginn des Jahres 1918 (der „Jännerstreik") zum Sicherheitsrisiko wurden.[145]

Die als österreichische Gefangenenpolitik ausgegebene Losung der „Reziprozität" gerade gegenüber der osteuropäischen Großmacht und ihren gefangenen Landsleuten in Österreich kam, analysiert man die Daten der Autorin richtig, bei den „Unregelmäßigkeiten" und Ungleichheiten im russisch-österreichischen Wechselverhältnis dem k.u.k. Kriegsministerium nicht ungelegen: man protestierte nicht gegen die offensichtlich völkerrechtswidrige russische Nationalitätenpolitik unter den österreichischen Slawen in Rußland, kochte dafür aber sein eigenes Süppchen mit russischen Polen, Ukrainern und Mohammedanern, wenngleich auf viel niedrigerer Flamme als der deutsche Verbündete. Hier wandte sich interessanterweise die Reziprozität bzw. das *tu-quoque*-Prinzip mitunter gegen die Interessen der gefangenen Schützlinge![146]

Das Bild einer schon im Jahre 1917 überstrapazierten, erschöpften weil ausgehungerten Kriegsgesellschaft vermag Moritz anschaulich nachzuzeichnen.[147] Seit dem Winter jenes Jahres herrschte der Hunger in allen Gebieten und Schichten des Kaiserstaates. Tuberkulose als Krankheitsbild der Mangelernährung rückte als Todesursache an die erste Stelle, vor allem unter den ost- und südosteuropäischen Kriegsgefangenen, die keine Unterstützung aus der Heimat

---

[145] Moritz: Zwischen allen Fronten S. 190 ff. Neben der Wiedereinführung physischer Strafen wurde als Gegenmaßnahme ein Austausch der erschöpften Gefangenen, zusätzliche Rasttage bzw. Arbeitspausen u. a. vorgesehen.

[146] Ebd. S. 48 ff. und 65. Das zuweilen fadenscheinig wirkende Argument mochte auch verschleiern, daß Wien mit Rücksicht auf die in russischer Gefangenschaft fortbestehende Nationalitätenproblematik weniger Handlungsfreiheit besaß und für Gegenrepressalien anfälliger war als Rußland oder Deutschland. Allerdings nahm das Kriegsministerium 1916 auch wahr, daß durch Rußlands Desinteresse an den gefangenen Landsleuten das Reziprozitätsprinzip außer Kraft gesetzt wurde (ebd. S. 143). Vgl. nachfolgend in Deutschland.

[147] Nach Moritz: Zwischen allen Fronten S. 121 reagierte 1916 die Militärführung auf zunehmende Disziplinlosigkeit der gefangenen Arbeiter infolge der Mangelversorgung mit zusätzlichen *Arbeitspausen*.

erhielten.[148] Obwohl bis nach Kriegsende ein riesiger Verwaltungsapparat sowohl die ausländischen Gefangenen im Lande wie die eigenen Landsleute in Rußland emsig weiterverwaltete, wird eine zunehmende Haltungsänderung der österreichischen Kriegsgesellschaft gegenüber den vor allem osteuropäischen Gefangenen deutlich, die immer mehr als „überflüssige Esser", als Nahrungskonkurrenten empfunden wurden. Das scheint mit der zunehmenden Brutalität und Härte des Krieges auch für das Hinterland zu einer Abstumpfung und Verhärtung allgemein der menschlichen Beziehungen geführt zu haben, wie sie aus dem Mikrokosmos des Gefangenenlagers ebenfalls bekannt ist.[149]

Der Dauerhunger des Hinterlands und der eigenen Soldaten scheint die harte und dann auch unmenschliche Behandlung der Gefangenen mitbedingt zu haben, unter denen die Sterberate seit 1917 wieder anstieg.[150] Es wäre hier angebracht, auf die Menschenverluste Deutschlands und Österreich-Ungarns durch die Hungerblockade der westlichen Entente hinzuweisen, die erst 1919 aufgehoben wurde.

Die Autorin kommt bei den späten Kriegsjahren hinsichtlich der Kriegsgefangenen auf eine Ambivalenz zu sprechen, die sich interessanterweise für Deutschland nicht so deutlich abzeichnet. Als seit Frühjahr 1917 ein großangelegter systematischer Austausch der ausgezehrten kriegsgefangenen Arbeiter bei den österreichischen Frontarmeen angestrebt wurde, stellte sich heraus, daß auch die Gefangenen im Hinterland nicht viel mehr zu bieten hatten, weil sie in gleichem Maße erschöpft waren. In der Folge schwankte vor allem das Hinterland zwischen extensiver Ausnutzung des kriegsgefangenen Arbeitspotentials und dem Abschub der „überflüssigen Esser", als welche die Gefangenen dann in zweiter Linie wahrgenommen wurden.[151] Das Anfang 1917 neu geschaffene Amt eines „Chefs des Ersatzwesens" änderte daran nichts wesentlich, obwohl der geplante Austausch schließlich verspätet und in geringerem Umfang bis 1918 umgesetzt wurde.

Bei guter Kenntnis der Verhältnisse im russischen Hinterland ergibt sich für Österreich-Ungarn ein Bild, das der Lage der Mittelmächte-Gefangenen in

---

[148] Ebd. S. 198 das von Wien im Sommer 1917 an Petrograd herangetragene Projekt, aus Rußland Brotgetreide für die gefangenen Russen in Österreich-Ungarn einzuführen.

[149] Ebd. S. 163 und 206 ff.

[150] Das unterscheidet die Situation im deutsch beherrschten Mitteleuropa während des Zweiten Weltkrieges, wo durch Reservenbildung vor Kriegsbeginn die Ersatz- und Autarkiewirtschaft gemeinsam mit einer frühzeitigen Nahrungsmittelrationierung nach den Erfahrungen aus dem Ersten Weltkrieg perfektioniert wurde.

[151] Moritz: Zwischen allen Fronten S. 171 ff., 193 ff. und 238 ff. Auch der Titel der Arbeit drückt das bereits aus. Gerade die gefangenen Russen wurden 1918 zunehmend als politische Bedrohung, als "bolschewistisch verseucht" empfunden. In Deutschland scheint dieses Bild erst bei Kriegsende Konturen angenommen zu haben. Vgl. Michael Scherrmann: Feindbilder in der württembergischen Publizistik 1918–1933: Rußland, Bolschewismus und KPD im rechtsliberalen "Schwäbischen Merkur", S. 392 ff.

Rußland, teilweise aber auch in Deutschland, erstaunlich ähnelt: die Doppelmonarchie schleppte sich mit den Merkmalen von Chaos, Zusammenbruch der Infrastruktur und allmähliche Auflösung des Gefangenenwesens fast zwei Jahre bis zum Kriegsende durch, allerdings unter dem leitmotivischen, alle Anstrengungen und Erfolge behindernden Hunger. Wie in Rußland 1916/17 verhinderte zwar der extensive Arbeitseinsatz der Gefangenen weitere Vorstöße bei Propaganda und politischer Instrumentalisierung der Gefangenen gegen den Heimatstaat. Doch mehr als in Rußland oder in Deutschland wurden die Gefangenen zunehmend als Last empfunden, obwohl man dem deutschen Verbündeten diese auch nicht als Arbeitskräfte abgeben wollte.

Außer zur Frage des Arbeitseinsatzes von Entente-Gefangenen und zur Mohammedaner-Propaganda im Deutschen Reich liegen bislang nur fünf neuere Untersuchungen zur Kriegsgefangenschaft in Deutschland während des Ersten Weltkrieges vor. Zwei davon wurden im Zusammenhang mit der Propaganda unter Kriegsgefangenen schon besprochen.[152] Daß eine im Titel auf ein Gefangenenlager in Bayern beschränkte Dissertation durchaus allgemeinere Aussagekraft hat, ist der soliden Arbeitsweise der Autorin zu danken.[153] Sie verfügt über eine breite Basis von Archivquellen und publizierter Literatur, die sie ausgiebig nutzt. Katja Mitze skizziert den Forschungsstand von 1998 mit einer Übersicht zur Entwicklung des Kriegsgefangenenrechts und beginnt ihre eigentliche Studie danach mit der Gefangennahme an der Front und dem Transport ins Hinterland. Das sich anschließende Hauptkapitel mit dem Titelthema hat das Lager Ingolstadt zum Gegenstand. In der bayerischen Landesfestung befanden sich zeitweise bis zu 10.000 Entente-Gefangene – überwiegend Franzosen –, so daß es als eines der größten Lager Bayerns gelten kann, das als deutscher Bundesstaat im Großen Krieg vermutlich 140.000 Entente-Gefangene und damit etwa 5% aller Gefangenen in Deutschland in Gewahrsam hielt: eine erstaunlich niedrige Quote für den Flächenstaat, in dem die Landwirtschaft doch eine große Rolle spielte.

---

[152] Vgl. Kapitel B.3.3.

[153] Mitze: Das Kriegsgefangenenlager Ingolstadt. Das als Manuskript im Jahre 2000 erschienene Werk ist ohne Layout. Die Lektüre der kleinen Schrift unlektorierten Textes, mit zusammengeschobenen Wörtern und zahlreichen Druck- und Tippfehlern ist mühsam. Die Karten-, teilweise auch Fotoabbildungen haben infolge starker Verkleinerung keinen Informationswert. Schon 1999 erschien der vom Stadtmuseum Ingolstadt veröffentlichte Katalog *Ingolstadt im Ersten Weltkrieg – das Kriegsgefangenenlager. Entdeckung eines Stückes europäischer Geschichte* (= Dokumentation zur Zeitgeschichte, Bd. 4). Ingolstadt 1999. Darin S. 7–167 eine überarbeitete Fassung der Dissertation von Mitze: Das Kriegsgefangenenlager Ingolstadt, die weitgehend mit dem Dissertationsdruck von 2000 identisch ist, doch nur 114 kurze Fußnoten, gekürztes Literaturverzeichnis, aber zusätzlich einige Bilder und Karikaturen enthält. Die Karten sind deutlicher, doch gibt es insgesamt weniger Abbildungen als in der Druckfassung.

Die auf 200 Seiten ausgebreiteten Informationen zu Lagerstruktur und Lageralltag bieten neben zahlreichen interessanten Details vor allem Aufschluß darüber, wie in Deutschland eine Vereinheitlichung in der Behandlung aller feindstaatlichen Gefangenen angestrebt wurde, die nicht nur verschiedenen Armeen,
sondern unter den gefangenen Soldaten einer Armee oft noch verschiedenen
Ethnien oder Konfessionen angehörten (Kolonialtruppen!): Wie Rußland hatte
Deutschland hier die größte Mannigfaltigkeit in seinen Lagern aufzuweisen, die
allerdings nur bei den Mittelmächten wesentliche Anstöße zu anthropologischen und rassenkundlichen Studien gab.[154] Daß eine Vereinheitlichung in allen
deutschen Bundesstaaten nicht völlig erreicht wurde, ist beispielsweise daran
abzulesen, daß den Gefangenen in Bayern – trotz der Hungerblockade der Entente! – zeitweilig etwa 1 Liter Bier am Tag zustand, da das Getränk dort bis
heute als Nahrungsmittel gilt.[155]

Hingegen werden gesamtdeutsche Organisationsstrukturen für die ausländischen Gefangenen so deutlich, daß der Rahmen eines gesamtstaatlichen Gefangenenwesens Konturen annimmt. Es ist Mitzes Arbeit in den Kriegsarchiven
der Kontingentarmeen Sachsens, Bayerns und Württembergs zu danken, daß
Strukturen der deutschen Gefangenenpolitik erkennbar werden, denn die Akten
der dafür verantwortlichen Zentralbehörde in Deutschland, des preußischen
Kriegsministeriums, sind beim Brand des Reichsarchivs Potsdam im Jahre
1945 wie zahlreiche andere preußische Bestände verlorengegangen. In Dres-
den, München und Stuttgart finden sich aber die Richtlinien, die die Kriegsge-
fangenenabteilung des Unterkunftsdepartements im preußischen Kriegsministerium zwischen 1914 und 1918 für die Betreuung und Versorgung der Entente-
Gefangenen im Reich erließ. Ein kleiner Stab koordinierte in Zusammenarbeit
mit gesellschaftlichen Organisationen, allen voran den örtlichen Rot-Kreuz-
Vereinen, die Fürsorge-Tätigkeit für die eigenen Gefangenen und bestimmte
die Politik, die in der Behandlung der feindstaatlichen Gefangenen zu verfolgen
war. In einem herausragenden Fall hat das Ministerium mit einer Verfügung zu
Repressalien gegen gefangene russische Offiziere in Deutschland die außenpo-
litischen Folgen seiner Tätigkeit unterschätzt und eine gefährliche diplomatische Verwicklung hervorgerufen.[156] In Sachen der deutschen Gefangenen in
Rußland nutzte das Deutsche Reich die wertvolle Stellung und das politische
Wohlwollen des neutralen Schweden.

---

[154] Für das anthropologische Interesse in österreichischen Lagern vgl. Moritz: Zwischen allen Fronten S. 166 ff.

[155] Bierausschank an Kriegsgefangene ist auch für andere deutsche Lager belegt, sogar für
das Hungerjahr 1917. Vgl. Peter: Das "Russenlager" in Guben S. 31. Für Österreich vgl.
Moritz: Zwischen allen Fronten S. 153.

[156] Vgl. unten zur Repressalienproblematik wegen der Gefangenen an der Murmanbahn Kapitel D.3.

Die besondere Stellung des preußischen Kriegsministeriums, das nicht nur in Fragen der Gefangenen – auch der eigenen im feindlichen Gewahrsam! – die Funktion eines im Kaiserreich nicht vorhandenen Reichskriegsministeriums erfüllte, ist vielen Autoren unbekannt.[157] So kann die Funktion des preußischen Kriegsministeriums in Belangen der feindstaatlichen Gefangenen in Deutschland mit der Tätigkeit der EU-Kommission in Brüssel durchaus verglichen werden. Spielraum blieb in den deutschen Einzelstaaten, die nach der föderalistischen Reichsverfassung Bismarcks innerlich dezentral organisiert waren, genügend. Die Mißachtung dieses bedeutsamen Umstands hat in Mitzes Studie allerdings zur Folge, daß wichtige Hintergründe ungenannt bleiben, Ungereimtheiten nicht erklärt werden können.[158] Am deutlichsten wird dies bei ihrem Kapitel zum Arbeitseinsatz der Gefangenen. Hier bleibt sie hinter Jochen Oltmers Erkenntnissen zurück, dessen Arbeit ihr unbekannt ist.

Mitzes Lagergeschichte weist in der Behandlung der Gefangenen kaum Besonderheiten und nichts Spektakuläres auf, obwohl einzelne Festungswerke Ingolstadts als Sonder- bzw. Straflager für Kriegsgefangene dienten. Eine gewisse Berühmtheit hat das Lager durch die Internierung zweier Offiziere und später historischer Persönlichkeiten erlangt, von denen einem schließlich doch die erfolgreiche Flucht aus Deutschland gelang. Hauptmann Charles de Gaulle war im Ingolstädter Vorwerk Fort IX interniert, heute Kaserne Oberstimm, wo der Autor dieses Forschungsberichts seinen Wehrdienst abgeleistet hat. Im Sommer 1917 gelang dem russischen Leutnant und späteren Marschall der Sowjetunion Michail Tuchatschewski die Flucht aus ebendiesem Straflager.[159]

Das leitet zu dem Themenpunkt der Strafen bzw. der völkerrechtlich vereinbarten Rechtsunterstellung der Gefangenen über. Mitze bietet auch hier das anschaulichste Material für die deutsche Gewahrsamsmacht anhand der Insassen des Straflagers Fort IX, wo Entente-Offiziere unter verschärftem Regime gehal-

---

[157] Vgl. hierzu Nachtigal: Rußland und seine österreichisch-ungarischen Kriegsgefangenen S. 101 f. und 95. Bei Mitze: Das Kriegsgefangenenlager Ingolstadt S. 81 ff. oberflächlich tangiert. Ebd. S. 83 datiert sie die Schaffung von "Inspektionen der Kriegsgefangenenlager" in Deutschland bereits auf Ende Oktober 1914, ein wichtiges Instrument zur Vereinheitlichung und zur Kontrolle der örtlichen Gefangenenbehandlung. Vgl. hingegen Abbal: Soldats oubliés, der kaum etwas zu deutschen Organisationsstrukturen sagen kann.

[158] So bleibt Mitze: Das Kriegsgefangenenlager Ingolstadt S. 201 f. unbekannt, weshalb die Gefangenenkorrespondenz mit Rußland Anfang 1918 zusammenbrach, eine reziproke Erscheinung infolge des Bürgerkriegs in Finnland, über das die gegenseitige Gefangenenpost durch das Dänische Rote Kreuz geführt wurde. Die Sonderbehandlung der Russen (und Ukrainer) im Jahre 1918 und deren Abzug aus Ingolstadt (S. 74, 279) versucht sie gar nicht erst zu erklären.

[159] In Mitze: Das Kriegsgefangenenlager Ingolstadt S. 121 ff., 335 f. und S. 486 f. werden Beiträge von Gerd Treffer zum Lager Ingolstadt und seinen Insassen genannt. Ebd. S. 237 zum renitenten Verhalten der französischen Offiziere gegenüber den Bewachern, das aus der Absicht herrührte, auch in Gefangenschaft dem Feind nach Kräften zu schaden. Zu Tuchatschewski und de Gaulle vgl. Gerd Treffer: Die ehrenwerten Ausbrecher. Regensburg 1990.

ten wurden, die mehrere Fluchtversuche unternommen hatten oder besonders renitent waren. Falls die quellenmäßig gut belegten Verhältnisse in Ingolstadt auf andere Lager im Reich übertragbar sind, erstaunen hier vor allem die geringen Disziplinarmittel, die den deutschen Bewachern gegenüber gefangenen Offizieren zur Verfügung standen: gegen Offiziere hatten deutsche Offiziere Disziplinargewalt nur ab dem Dienstgrad Hauptmann aufwärts: „niedrigere Ränge besaßen keinerlei Strafbefugnis, auch wenn sie [...] als Teilkommandant [Kommandant eines Teillagers, R.N.], Bataillons- oder Kompanieführer fungierten, sondern hatten sich erforderlichenfalls an den Lagerkommandanten zu wenden". Gegen Mannschaften und Unteroffiziere konnten zwar Arreststrafen nach Maßgabe des Militärstrafgesetzbuches (MStGB) bis zu 14 Tagen verhängt werden, doch verwarf der am längsten als Lagerkommandant in Ingolstadt dienende Stabsoffizier die – nach der HLKO völkerrechtlich verbindliche! – Anwendung des MStGB für Kriegsgefangene, da aufgrund dieser Bestimmung die Strafbefugnis der niederen deutschen Vorgesetzten der Gefangenen fast Null war. Eigentlich ein verblüffendes Ergebnis, das aufgrund seiner archivalischen Untermauerung und seiner Konkretheit überrascht.

Der in Fragen der allgemeinen Lebensweise eines Gefangenen kaum einschränkende, in Verpflegungsbelangen sogar vorteilhafte Einzelarrest war bei den gefangenen Offizieren so begehrt, daß die Arrestlokale „oft für Monate im voraus vorgemerkt waren" und „einige Offiziere bis zum Antritt der zudiktierten Strafe schon wieder weitere auf dem Kerbholz hatten".[160] Als weitergehende, weil dann spürbare Strafe kamen typische „Retorsionsmaßnahmen" wie Korrespondenzverbot, Essensentzug und sogar Geldstrafen zur Anwendung, während eine bei den Mittelmächten militärstrafrechtlich vorgesehene physische Strafe offenbar gleichzeitig in Deutschland und Österreich-Ungarn zum Jahresende 1916 abgeschafft wurde: das „Anbinden" an einen Pfahl für eine bestimmte Zeit. Klaus Otte beschreibt diese Strafe als die am meisten von den Gefangenen gefürchtete und als besonders unmenschlich.[161]

In Österreich-Ungarn wurde „Anbinden", „In-Spangen-Schließen" und „Sandsack-Halten" bald nach der Thronbesteigung Kaiser Karls I. aufgehoben, so daß es auch nicht mehr bei Kriegsgefangenen zur Anwendung kam. Die Abschaffung dieser Strafe geschah nach Klagen Frankreichs[162] und Rußlands, wo in

---

[160] Zitate bei Mitze: Das Kriegsgefangenenlager Ingolstadt S. 249 f. Vgl. S. 247–256.

[161] Anschaulich und ausführlich Otte: Lager Soltau S. 210 ff. Ebd. S. 213 betont er, daß die Strafe zuerst für die Russen am 23. Dezember 1916 abgeschafft wurde, eine Woche später für alle anderen Gefangenen. Ebd. die brutale Mißhandlung eines Russen nach einem Fluchtversuch Anfang 1917.

[162] Becker: Oubliés de la Grande Guerre S. 118 f. berichtet, daß "Anbinden" bei den Gefangenen zu einem christlichen Symbol der Kreuzigung überhöht und damit propagandistisch gegen Deutschland gewendet wurde: "L'homme attaché au poteau prend une allure christique. Si les soldats imitaient le Christ sur les champs de bataille, cette peine du pilori permettait aux prisonniers crucivés de reprendre leur place parmi les leurs. Les Alle-

den emotional aufgeheizten Medien propagandistisch der Eindruck vermittelt wurde, schwere körperliche Strafen im Sinne systematischer Mißhandlung gehöre zur üblichen Gefangenenbehandlung bei den Mittelmächten.[163] In Österreich, wo die Zivilbevölkerung seit 1914 mit Notverordnungen und Außerkraftsetzung der bürgerlichen Rechte während der Kriegszeit regiert wurde, verschärfte sich die innere Lage im Hunger-Kriegsjahr 1917 so stark, daß die militärische Führung seit den Unruhen im Januar 1918 zur Disziplinierung der Militärangehörigen auf die genannten physischen Strafen – auch für die Kriegsgefangenen im Lande – zurückgriff. Infolge der schwierigen Situation für die Zivilbevölkerung scheint in der Doppelmonarchie die Hemmschwelle für solche Maßnahmen auch im Sinne einer harten Behandlung unwilliger Gefangener niedrig gelegen zu haben.

Nach Gerd Hankel durfte in Deutschland gegenüber den Kriegsgefangenen durchaus physische Gewalt angewendet werden, allerdings war dies vor dem Hintergrund des Grundsatzes im deutschen Militärstrafrecht, zu Untergebenen unbedingt körperliche Distanz zu wahren, genau reglementiert.[164] Einige eklatante Fälle von ausgiebigem Gebrauch entsprechender Strafen gegen Kriegsgefangene gaben auch hier nach Kriegsende Anlaß für völkerrechtliche Beschwerden, wiederum nur der West-Entente. Eine Prügelstrafe bestand in deutschen Truppenteilen zu dieser Zeit schon lange nicht mehr, wurde offiziell daher auch nicht gegen Kriegsgefangene angewandt.

Auch in der Armee des späten Zarenreichs wurde geprügelt,[165] doch legt der zunächst milde Umgang mit Fahnenflüchtigen und sonstigen straffälligen Soldaten nahe, daß die Zarenarmee sich humanisierte. In der russischen Armee hatte sich seit dem Russisch-japanischen Krieg ein moderner, humanisierender

---

mands, nouveaux Romains, païens, barbares, semblaient signer tous leurs crimes par ces châtiments contre les prisonniers, qui subissaient les outrages en chrétiens martyrs."

[163] In Preußen wurde die Prügelstrafe im Zuge der Reformen 1808 abgeschafft, während sie in der französischen Wehrpflicht- und in der britischen Berufsarmee bei Kampfeinsätzen noch nach dem Zweiten Weltkrieg Anwendung fand. Die Kapitel "Disziplin", "Moral" und "Strafen" bei Soldaten der eigenen Armee im Hinblick auf die Bestrafung feindstaatlicher Gefangener bedürfen immer noch einer Vergleichsstudie. Zu Ansätzen vgl. David Englander: Mutinies and Military Morale S. 191–203; G. D. Sheffield: Leadership in the Trenches: Officer-man relations, morale, and discipline in the British Army in the era of the First World War. Basingstoke 2000, S. 62 ff. und 154 f. und Edward M. Spiers: The Army and Society 1815–1914. London 1980 *passim*. Beide nennen das dem "Anbinden" entsprechende *crucifixion*. Hankel: Die Leipziger Prozesse S. 366 ff. zu besonders harten Strafen. Christoph Jahr: *Militärgerichtsbarkeit*, in: EEW S. 715 f. verweist wiederum auf Forschungsbedarf gerade für Rußland und Österreich-Ungarn.

[164] Hankel: Die Leipziger Prozesse S. 335 f.

[165] Vgl. Dean W. Lambert: The Deterioration of the Russian Army in the First World War, August 1914–March 1914. Lexington 1975, S. 142 ff. und 260 ff. und Norman Stone: The Eastern Front, 1914–1917. London 1975, S. 165 ff.

Trend abgezeichnet. 1904 wurde die Körperstrafe abgeschafft, bei Kriegsausbruch im August 1914 allerdings wieder eingeführt. Zum Geburtstag des russischen Zarewitsch im Juli 1916 wurde sie formal endgültig abgeschafft: „formal" wiederum nur deshalb, weil zumindest Kosakeneinheiten diese Art der Disziplinierung sicherlich weiter praktizierten.[166] Nach schweren Disziplinverstößen während der Meutereien der Heimkehrer aus Rußland im Frühling 1918 wurden in den betroffenen Teilen der k.u.k. Armee auch körperliche Strafen wieder zugelassen.[167]

Neuerlich hat allerdings Joshua Sanborn ein differenziertes Bild für Rußland vorgestellt, indem er das militärische Strafsystem des kriegführenden Zarenstaats mit dem der Roten Armee im Bürgerkrieg vergleicht. In beiden Fällen scheint ein bemerkenswerter Teufelskreis von Brutalisierung und Perfektion der Disziplinierung vorzuliegen. Illoyalität, Feigheit („vor dem Feind"), Übergang zum Feind, Landesverrat und Desertion eigener Soldaten bestrafte der Zarenstaat mit Maßnahmen der Sippenhaft: seit April 1915 wurden den Angehörigen desertierter Soldaten die staatlichen Verpflegungsrationen gestrichen. Das konnte auch Kriegsgefangene betreffen, wenn die Art und Weise ihrer Gefangennahme bekannt wurde.[168] Folgt man Sanborns Darlegung, so verschlechterte sich die Disziplin der russischen Truppen ungeachtet dieser Maßnahmen bis 1917, als mit der Entstehung von „grünen Kadern" im russischen Hinterland ein Höhepunkt erreicht wurde. Zu leiden hatten darunter nicht nur russische Juden, sondern auch die slawische Bevölkerung in den Frontgebieten, hauptsächlich weil sie von irregulären Soldaten geplündert wurde.[169] Ob mit der Einführung von Strafbataillonen, in die kriegsgerichtlich – unter anderem wegen Desertion und schwerer Militärvergehen – Verurteilte seit 1915 zur

---

[166] Manfred Hildermeier: Die Russische Revolution 1905–1921. Frankfurt/Main 1989, S. 140 f.; Nachtigal: Rußland und seine österreichisch-ungarischen Kriegsgefangenen S. 214 f. und 294 ff. Erniedrigend war in der Zarenarmee vor allem der herabwürdigende Verkehr zwischen Mannschaft und Offizieren: sofern letztere nicht durch ihren adeligen Stand (Baron, Graf, Fürst) ohnehin eine bestimmte Anrede erforderten, mußten Subalternoffiziere "Wohlgeborenen", Stabsoffiziere mit "Hochwohlgeborenen" angeredet werden. Die Anrede von Generälen ("Exzellenz") war im deutschen Heer teilweise schon zu "Herr General" abgeschliffen. Bis zum Ende des Zarenregimes wurde Mannschaftssoldaten in der russischen Armee von den Offizieren geduzt.

[167] Leidinger/Moritz: Gefangenschaft, Revolution, Heimkehr S. 480 nach R. G. Plaschka/H. Haselsteiner/A. Suppan: Innere Front, Militärassistenz, Widerstand und Umsturz in der Donaumonarchie 1918. Bd. 1. Wien 1974, S. 339 ff. und Moritz: Zwischen allen Fronten S. 155 f.

[168] Sanborn: Drafting the Russian Nation S. 107 ff. Im Bürgerkrieg ging auf Seiten der Roten Armee damit eine Besitzumverteilung bzw. die Enteignung der Familien von Fahnenflüchtigen einher! Bei der Roten Armee gab es eine Desertionskommission. Vgl. auch Beckett: Modern Insurgencies and Counter-Insurgencies S. 49 f.

[169] Sanborn: Drafting the Russian Nation S. 170 ff.

Bewährung überstellt wurden, noch im Weltkrieg etwas änderten, ist eher zweifelhaft.[170]

Der amtliche Stellenwert dieser ausgesprochen reziproken Frage macht nicht nur deutlich, wie wichtig sie den Kriegführenden war, sondern auch, daß sie leicht zur humanitär gewandeten Propaganda gegen einen Feindstaat genutzt werden konnte.[171] Physische Strafen scheinen seit 1917 kein Thema mehr zwischen den Gegnern an der Ostfront gewesen zu sein, nicht zuletzt aufgrund des abnehmenden Interesses Rußlands für seine Angehörigen bei den Mittelmächten. Für die Mittelmächte zumal wird man außer der Abschaffung der Strafen auch die pragmatische Erkenntnis vermuten können, daß die Gefangenen als immer dringender benötigte Arbeitskräfte zunehmend wertvoller wurden und daher sorgsam behandelt werden mußten.[172] In Deutschland läßt sich nach der Einführung des Hindenburg-Programms für die heimischen Kriegsanstrengungen eine schonende Behandlung der Gefangenen parallel zur entgegenkommenden Sozialfürsorge gegenüber der deutschen Arbeiterschaft erkennen.

In Österreich-Ungarn und vor allem in Rußland wurden hingegen Wege beschritten, die sich seit 1917 von der deutschen Vorgehensweise zunehmend unterschieden. Insbesondere in Österreich kam es immer häufiger zu harten Zwangsmaßnahmen: dort mußten Hungerrevolten der Arbeiterschaft und größte Erschöpfung der Zivilbevölkerung bewältigt werden, und im frontentlegenen, unübersichtlichen Hinterland entstanden „grüne Kader" aus Deserteuren und Kriegsgefangenen. In Rußland wurden Zwangsmaßnahmen gegenüber unbotmäßige Gefangene im Sommer 1917 vorgesehen und eingeführt, konnten aber bereits nicht mehr greifen: der Umstand, daß der militärisch-staatliche Apparat unmittelbar nach der gescheiterten Sommeroffensive wegen seiner Bündnistreue gegenüber der West-Entente innenpolitisch in die Defensive gedrängt wurde, führte dort rasch zu einer Freiheit, die durch Anarchie, Chaos und Zusammenbruch der Infrastruktur gekennzeichnet war. Den Weg dazu hatte allerdings das Dekret Nr. 1 des Petrograder Sowjets vom März 1917 geebnet, das die Autorität der russischen Offiziere nachhaltig untergrub.

---

[170] Ebd. S. 181 ff. Ebd. S. 185 f. zu einem Verweigerungsfall aus religiösen Gründen, der 1906 mit Strafbataillon geahndet wurde, und brutale Mißhandlung von Verweigerern. Ebd. auch Verbannung nach Sibirien.

[171] Mit Bezug auf Rußland vgl. Nachtigal: Rußland und seine österreichisch-ungarischen Kriegsgefangenen S. 129 f.

[172] Leidinger/Moritz: Gefangenschaft, Revolution, Heimkehr S. 169 ff. verweisen auch auf Österreichs Zurückhaltung wegen befürchteter Vergeltung von russischer Seite.

Eine kürzere Arbeit zum Gefangenenlager Guben an der Neiße,[173] wegen der Mehrheit seiner Insassen dort „Russenlager" genannt, bestätigt in Hinsicht auf zentrale Erscheinungen der preußisch-deutschen Gefangenenpolitik die Ergebnisse der ausführlichen Chronistin des Lagers Ingolstadt: Fürsorge und Schutz der Gefangenen durch die Gewahrsamsmacht, ziemlich niedrige Sterberate und Arbeitseinsatz der Gefangenen in zwei Stufen – zunächst 1915, dann intensiv ab 1916.[174] Eine „Nationalitätenpolitik" gegenüber den Angehörigen der russischen Armee wird hier allerdings nicht greifbar, die Studie ist dem Lageralltag und der Organisation verpflichtet, worüber sie guten Aufschluß bietet. Der Verfasser scheint sogar andeuten zu wollen, daß die für die Kriegsgefangenen zuständigen deutschen Stellen, im zutiefst preußischen Guben außer dem Militär in erstaunlichem Maße auch die zivile Kommunalverwaltung, früh schon die wirtschaftliche Bedeutung tausender Kriegsgefangener erkannten: indirekt als „Arbeitgeber" für die heimische Wirtschaft und Industrie beim Lagerausbau, dann seit 1915 als billige „Arbeitnehmer".

Ausführlich im Sinne einer Lokalgeschichte hat Klaus Otte zu einem der größten deutschen Gefangenenlager bei Soltau (Niedersachsen) auf ausschließlich westeuropäischer Quellenbasis recherchiert.[175] Der kleine Garnisonsort eines Landsturmbataillons weist als Gefangenenlager eine Struktur vergleichbar Guben oder Sigmundsherberg auf. Aus einem provisorischen Zelt-Biwak entstand noch im Winter 1914/15 eine ansehnliche Barackenstadt auf Militärboden, die mehrere zehntausende Internierte aufnehmen sollte, aber tatsächlich schon ab dem späteren Frühjahr 1915 wieder entleert wurde, da dort der Arbeitseinsatz früh begann.[176] Er bestand schon seit Herbst 1914 in der Kultivierung des umgebenden Ödlands der Lüneburger Heide zu Nutzland, wozu 1915 eine Anzahl von teilweise entlegenen Zweiglagern entstand. Diese aufwendige und daher nur mit billigen Kräften lohnende Arbeit – in Friedenszeiten war sie nicht zu bezahlen! – erhielt durch die gewonnenen Anbauflächen *post festum* kriegs-

[173] Andreas Peter: Das "Russenlager" in Guben. Potsdam 1998. Der Autor macht immer wieder auch Angaben zu benachbarten Gefangenenlagern in Frankfurt/Oder, Crossen/Oder, Cottbus und Beeskow.

[174] Ebd. S. 38–47 mit typischer Arbeitsverwendung: im Herbst 1914 noch gemeinnützige Arbeiten u. a. bei Meliorationen, Deich- und Dammarbeiten an Neiße und Oder, in städtischen Forsten und beim Treideln von Flußkähnen. Seit Anfang 1915 wurden Gefangene im Niederlausitzer Braunkohlenrevier (möglicherweise als Lohndrücker gegen arbeitslose Deutsche, ebd. S. 132 f.), dann vor allem in der Landwirtschaft eingesetzt. Der Arbeitseinsatz war demnach schon 1915 allgemein, Anfang 1916 konnte die Nachfrage nach Kriegsgefangenen nicht mehr befriedigt werden, obwohl Gefangene aus anderen Lagern zugeschoben wurden!

[175] Otte: Lager Soltau. Das Kriegsgefangenen- und Interniertenlager des Ersten Weltkriegs (1914–1921). Geschichte und Geschichten. Soltau 1999.

[176] Ebd. S. 43 (Höchststand im Frühjahr 1915 mit über 30.000 Insassen, nach Nationalität), 161 ff.

wichtige Bedeutung. Für viele Gefangene hatte die Arbeit im Wasser oder Sumpf oft schwere Rheumaerkrankungen zur Folge.[177] Der Einsatz in der Melioration scheint schon 1916 zugunsten wichtigerer Arbeiten eingeschränkt worden zu sein.

Die beiden das Stammlager bildenden Teillager und ihre Außenlager wurden über die Kriegszeit zeitweise zu rund 75% von belgischen Gefangenen, seit 1916 von zivilen Zwangsarbeitern genutzt, die völkerrechtswidrig aus dem besetzten Belgien verschleppt wurden. Zu den rund 6.000 Russen, die die zweitgrößte Gruppe stellten,[178] dort berichtet Otte weniger als zu den übrigen Gefangenen, Briten und Franzosen, die noch kleinere Gruppen ausmachten. Erstaunlich ist, daß das schließlich weit über 100.000 Entente-Gefangene registrativ betreuende Stammlager offensichtlich nie von Epidemien heimgesucht wurde, obwohl die medizinische Versorgung mit ganz wenigen Ärzten minimal und die Standards der Anerkennung als Kranker hoch waren. Eine „niedrige" Sterbequote von rund 1.400 toten Gefangenen bei Kriegsende[179] – darunter belgischen Zivilisten – scheint Seuchenfreiheit zu bestätigen, obwohl das Zusammenleben der Angehörigen verschiedener Entente-Armeen als schwierig geschildert wird: belgische Gefangene fungierten als älteste und vom deutschen Kommando privilegierte Insassen in der inneren Lagerverwaltung, nicht immer im Interesse der Mitgefangenen: sie stellten die „Lageraristokratie".[180] Die russischen Gefangenen bildeten hingegen, so ein gefangener Belgier, die „Unterklasse", „und sie hätten sich auch selbst als solche betrachtet".

Obwohl den Russen fast jede schwere, auch völkerrechtswidrige Arbeit gegen genügend Verpflegung zugemutet werden konnte, wurden sie von den deutschen Wachen am schlechtesten behandelt und physisch ausgebeutet: in Soltau wurden sie offenbar auch ungehemmt mißhandelt! Vielleicht ist dies als Hinweis anzusehen, daß nach Soltau nie neutrale Rotkreuz-Missionen zur Inspektion kamen, wie das für Ingolstadt und Guben belegt ist.[181] Möglicherweise verbesserte sich ihre Lage geringfügig nach dem Frieden von Brest-Litowsk

---

[177] Ebd. S. 166 ff. Schon Mitte 1915 waren durch die Gefangenenarbeit in Deutschland 75.000 Hektar Ödland kultiviert. Weitere 25.000 Hektar konnten zusätzlich erstmals angebaut werden (ebd. S. 169).

[178] Abbal: Soldats oubliés S. 45 ff. hält Soltau gar für ein Repressalienlager.

[179] Otte: Lager Soltau S. 239 und 313 (Anm. 410). 57% der 1.395 Toten waren allerdings Russen, gefolgt von 372 Belgiern, die stets die größte Anzahl Insassen des Lagers stellten. Allerdings ist davon auszugehen, daß weitere Tote in den Zweiglagern bzw. bei ihren Arbeitsstellen beerdigt wurden. Trotzdem scheinen diese Zahlen für Seuchenfreiheit zu sprechen, da Gefangene der West-Entente weniger immun gegen Epidemien waren als Russen und daher eine höhere Sterbequote aufwiesen. Vgl. nachfolgend.

[180] Ebd. S. 51 ff., 194 ff. und 239. Untypischerweise rangierten in der Lagerhierarchie die von Franzosen und Belgiern gleichermaßen ungeliebten Briten zuletzt, nur materiell besser als Russen gestellt. Die Mißhandlung der Russen *passim*.

[181] Mitze: Das Kriegsgefangenenlager Ingolstadt S. 347 f.

aufgrund gegenseitiger Abmachungen, da die alsbaldige Heimkehr der Gefangenen erwartet wurde. Immerhin wurde der Arbeitslohn von Russen und Ukrainern im Frühling 1918 angehoben, wofür die Gefangenen sich etwas besser verpflegen konnten.[182]

Allerdings war in Soltau auch das Lager Kassel-Niederzwehren als Typhus- und Todeslager bekannt![183] Deutlich wird, daß in dem Mannschaftslager, das offenbar nie Offiziere oder gefangene Militärärzte der Entente beherbergte, wegen des frühzeitig intensiven Arbeitseinsatzes nur im ersten Kriegswinter mit Förderung durch das deutsche Kommando eine ausgiebige Lagerkultur mit Musik- und Theaterensembles, Chören, Schule, eine „belgische" Universität, Sportvereine usw. bestand.[184]

Die letzten Insassen des Lagers waren Russen, die Ende August 1920 sich von Soltau auf die Heimreise machten. Schon wenige Tage später trafen Militärinternierte der Roten Armee ein, die im Sommer des Jahres auf deutsches Territorium übergetreten waren, um im polnisch-russischen Krieg nicht in Gefangenschaft zu geraten. Bis zu ihrer Heimkehr im Frühling 1921 machten in Soltau die Rotarmisten, darunter Offiziere, Frauen und Kinder der Gefangenen, 6.000 Personen von insgesamt 50.000 sowjetischen Militärinternierten im Deutschen Reich aus.[185]

Ansatzweise ist auch das Schicksal derjenigen russischen Gefangenen besprochen worden, die teilweise lange noch nach Kriegsende in Deutschland und der Republik Österreich blieben. Meist wurden sie dort als Bedrohung wahrgenommen: als Konkurrenten auf dem engen Arbeitsmarkt, als Kriminelle und als „Bolschewisten".[186]

Folgt man den österreichischen und deutschen Lagergeschichten, so fällt auf, daß für die eintreffenden – zunächst überwiegend russischen – Gefangenen insbesondere im Kriegsjahr 1915 zahlreiche Internierungslager mit teilweise erstaunlich großen Belegungszahlen völlig neu errichtet wurden, ohne daß eine auch nur in Ansätzen vorhandene Infrastruktur bestand. Die beiden Mittelmächte scheuten offenbar hier nicht nur aus Propagandagründen weder Mühe noch Geld: um mit den unerwarteten Massen fertig zu werden, mußten großan-

---

[182] Otte: Lager Soltau S. 258 ff.

[183] Ebd. S. 67 und 200. Zu Kassel-Niederzwehren vgl. unten.

[184] Ebd. S. 97 ff. Religiöse Bedürfnisse wurden mit Barackenkirchen der vertretenen christlichen Konfessionen befriedigt.

[185] Ebd. S. 279 ff. und 291 ff. zu Auflösung und Abbruch des Lagers in den Jahren darauf.

[186] Johannes Baur: Zwischen "Roten" und "Weißen" – Russische Kriegsgefangene in Deutschland nach 1918, in: Russische Emigration in Deutschland 1918 bis 1941. Leben im europäischen Bürgerkrieg (Hrsg. Karl Schlögel). Berlin 1995, S. 93–108. Ebd. S. 103 ff. (das "… politische Ziel aller [sowjetischen] Hilfsmaßnahmen bestand darin, in den [deutschen] Lagern ein […] Abbild der neuen Sowjetgesellschaft zu schaffen"). Ebd. S. 97 ff. Tatsächlich blieben zwischen 1918 und 1922 viele russische Gefangene im Arbeitsprozeß, vor allem in der Landwirtschaft.

gelegte Maßnahmen durchgeführt werden. Allerdings wurden zumindest von den über 170 deutschen Gefangenenlagern einige in bestehende Garnisonen gelegt, während dies für die Habsburgermonarchie bei nur 37 (später rund 40) Stammlagern seltener der Fall war.[187] Mit dem böhmischen Theresienstadt waren zumindest eine Festung, mit Kenyermezö tabor in Ungarn und Bruck-Kiralyhida an der Leitha zwei Truppenübungsplätze vertreten.[188] Berücksichtigt man die frühzeitige und vor allem intensiv-effiziente Verwendung der Gefangenen zumindest in Deutschland, so verwundert die aufwendige Erstellung großer Barackenlager noch im Jahre 1915. Der Nehmestaat investierte nämlich dafür hohe Beträge, die allein für ein Lager einen Geldbetrag in sechs- oder gar siebenstelliger Höhe (in Mark des Deutschen Reiches oder Kronen der k.u.k. Monarchie) ausmachen konnten. Rußland hingegen, das viel langsamer auf die Massen einlangender Gefangener reagierte – mit entsprechend negativen Folgen für die Betroffenen –, verlegte sich seit Frühling 1915 auf die Nutzung geräumter Garnisonskasernen in den asiatischen Teilen des Reiches, die militärisch ja nicht bedroht waren. Nur in diesen Teilen Rußland bestanden dann auch die großen, ständigen Gefangenenlager, während im europäischen Rußland fast nur von Internierungsorten mit jeweils etlichen hundert Insassen gesprochen werden kann: Dauerlager mit mehr als 1.000 Gefangenen gab es nur am Rande des europäischen Rußlands nach Asien hin (Totzkoje, Ekaterinburg), der Rest waren Winterstationen für unbeschäftigte Gefangene (Charkow, Jekaterinoslaw/Dnepropetrowsk) oder Durchgangs-Sammellager (Kiew, Moskau).[189] In der Folge bildete sich im russischen Gefangenenwesen in den beiden Internierungsbereichen der Gouvernements der Kriegszone und des sogenannten „inneren Rayons" ein völlig unterschiedliches System der Gefangenschaft aus.[190]

Die Sortierung verschiedener Nationalitäten oder Konfessionen unter den Gefangenen, und auch die russische „Nationalitätenpolitik" gegenüber den österreichischen Slawen war selbst nie direkt Objekt von Vorwürfen der Mittelmächte gegenüber der östlichen Großmacht. Auch scheinen die Mittelmächte nie offiziell deswegen bei der russischen Regierung diplomatischen Protest da-

---

[187] Leidinger/Moritz: Gefangenschaft, Revolution, Heimkehr S. 189 ff. nennen wenige Garnisonsorte. Ebd. aus dem offiziösen österreichischen Weltkriegswerk *Österreich-Ungarns letzter Krieg. Wien 1929 ff.* übernommene Daten zu den Gefangenenständen in der Donaumonarchie. Moritz: Zwischen allen Fronten S. 68 ff. und 341 ff., eine Übersicht zu den Lagern in der Doppelmonarchie.

[188] Moritz: Zwischen allen Fronten S. 68 ff., dort auch eine Diskussion der meist übergroß projektierten Lager, ihrer Ausstattung ("Autismus und Megalomanie" der k.u.k. Kriegsgefangenenverwaltung).

[189] Nachtigal: Seuchen unter militärischer Verwaltung S. 364 ff. Vgl. unten Kapitel D.

[190] Nachtigal: Rußland und seine österreichisch-ungarischen Kriegsgefangenen S. 71 f.

gegen eingelegt zu haben. Hier kam offensichtlich ein *tu-quoque*-Effekt prophylaktisch zur Geltung, der es den Mittelmächten eben ermöglichte, die aus verschiedenen Völkern und Religionsgemeinschaften rekrutierten Gefangenen der russischen Vielvölkerarmee für eigene politische Zwecke nutzbar zu machen. Aus anderen Gründen wurde allerdings die nationale Vermischung der Entente-Gefangenen vor allem bei der deutschen Gewahrsamsmacht insbesondere von Frankreich kritisiert. Die Kritik zielte jedoch nicht auf etwaige politische Motive des Nehmestaats, wie im folgenden deutlich wird.

Ein deutscher Völkerrechtshistoriker hat sich eines skandalösen Vorfalls in einem schlecht verwalteten deutschen Lager angenommen, in dem eine Fleckfieberepidemie allein im ersten Kriegswinter von rund 18.000 Insassen fast 1.300 Gefangenen das Leben kostete.[191] Für das Lager Kassel-Niederzwehren, in dem besonders viele Russen interniert waren, schildert Gerd Hankel Verhältnisse, wie sie in einer Fallstudie des Rezensenten für das russische Lager Totzkoje bei Orenburg fast identisch sind! Nur wenige Unterschiede ergeben sich daraus: die Katastrophe in Kassel-Niederzwehren ereignete sich noch im ersten Kriegswinter, die von Totzkoje (russ. Tockoe) bei Orenburg erst im zweiten. Da der Fall von Tockoe nicht einzeln dasteht, kann daraus etwa der wichtige Schluß gezogen werden, daß in Rußland das Gefangenenwesen noch im Winter 1915/16 insgesamt nicht ausreichend organisiert war, während für Deutschland und Österreich-Ungarn solche Fälle nach 1915 unbekannt sind.[192] Für Kassel-Niederzwehren kann die Sterberate ziemlich genau auf unter 8% aller gefangenen Insassen beziffert werden, für Totzkoje ist sie nicht benennbar, lag aber deutlich höher.[193] Der Vorfall in Totzkoje war kein Einzelfall, sondern wiederholte sich in vielen Lagern Russisch-Asiens. In Deutschland und Österreich-Ungarn sind keine weiteren Fälle dieser Art bekannt, insbesondere aber nicht

---

[191] Hankel: Die Leipziger Prozesse S. 341–347. Der Autor zitiert S. 346 höhere deutsche Offiziere, aus deren Aussagen nicht nur die unzulängliche Verwaltung des Lagerkommandanten von Niederzwehren hervorgeht. Ausgesprochen wurde dort ein Konnex, den man als "Verrechnung" russischer Mißstände bei der Behandlung der Mittelmächte-Angehörigen auf französisches Konto bezeichnen könnte: die Franzosen sollten die Läuse, Überträger von Infektionskrankheiten wie Flecktyphus, von ihren russischen Verbündeten bekommen! Vgl. Becker: Oubliés de la Grande Guerre S. 96 und 105 ff., die auch Wittenberg und Langensalza als Typhuslager nennt.

[192] Weindling: Epidemics and Genocide S. 76 ff. (nur Fälle bis 1915, außerdem Cottbus). Moritz: Zwischen allen Fronten S. 78–87 zur Flecktyphusepidemie im Lager Mauthausen, wo 1914/15 über 5.000 gefangene Serben starben.

[193] Nachtigal: Seuchen unter militärischer Aufsicht in Rußland: Das Lager Tockoe als Beispiel für die Behandlung der Kriegsgefangenen 1915/16? Darin sind auch allgemeine Mißstände, Verfahrensweisen und Organisationsschwächen der russischen Gefangenenverwaltung aufgezeigt. Vgl. unten. W. U. Eckart: *Epidemien*, in: EEW S. 459 f. erkennt zwar Seuchen als besonderes Teilproblem der Gefangenschaft, vermag aber nichts über ihre Virulenz in Osteuropa allgemein und die hohe Sterberate in russischer Gefangenschaft zu berichten.

nach 1915. Dort handelte es sich um eine Erscheinung in der Frühphase des Krieges.

In beiden Lagern bestand das eigentlich Skandalöse beim Verlauf der Fleckfieber-Epidemie darin, daß sie von der Lagerleitung oder sogar von der vorgesetzten militärischen Behörde verschleiert, geleugnet oder im nachhinein abgestritten wurde! Gleich empörend schlecht war in Totzkoje und Niederzwehren die unbeaufsichtigte und nachlässige Verwaltung der Lager, was im deutschen Fall Folgen nach dem Friedensschluß mit der West-Entente hatte, von der insbesondere Frankreich den wichtigen Vorwurf der unnötigen Vermischung der Entente-Gefangenen erhob: infizierte Russen hatten dort britische und französische Insassen angesteckt und so die Epidemie verbreiten geholfen. Die Frage, ob das vom deutschen Kommando bewußt und absichtlich vorgenommen worden war, konnte juristisch nicht ausreichend geklärt werden. So kam es auch nicht zu einer Verurteilung. Jedenfalls erschien hier das Argument, daß die Russen, die bei epi- oder endemischen Krankheiten wegen deren starker Verbreitung in weiten Teilen Rußlands größere Immunität aufwiesen, eine niedrigere [prozentuale! R. N.] Sterberate hatten als die infizierten Gefangenen der West-Entente, die aus Ländern stammten, wo diese Seuchen bereits ausgerottet und daher unbekannt waren.

Als bemerkenswertes Nachspiel des gut belegten deutschen Seuchenfalls ist hier zu nennen, daß die deutsche Seite bei den Untersuchungen des Reichsgerichts in Leipzig 1919/20 gegenüber den französischen Anklägern zu Ausflüchten, Ausreden, ja zur Unglaubwürdigmachung der Zeugen und Verharmlosung Zuflucht nahm:[194] möglicherweise eben in Kenntnis und Verrechnung der Verhältnisse in verseuchten russischen Gefangenenlagern, die der deutschen Führung 1915/16 bekannt wurden, aber nicht der jüngeren wissenschaftlichen Forschung, die sich gerade auf militärgeschichtlichem Feld kaum dem osteuropäischen Hinterland gewidmet hat. Deutschland konnte allerdings die Unrichtigkeit der französischen Behauptungen belegen mit dem Hinweis auf eine beweisbar niedrigere, französischerseits viel zu hoch veranschlagte Sterberate.

Im russischen Fall, der erst im Frühling 1916, allerdings noch nicht vollständig, bekannt wurde, hatte eine Untersuchung höchster russischer Militärbehörden, die auch mit schweren landestypischen Mißständen vor Ort konfrontiert waren, keine das Grundproblem ändernde Auswirkung. Die Mittelmächte verlegten sich daraufhin bei der Fürsorge für ihre Gefangenen in Rußland verstärkt auf indirekte Maßnahmen, für die die Umwälzung durch die Februarrevolution 1917 neuen Spielraum zu bieten schien. Repressalien als Zwangsmittel zur Verbesserung der Lage schieden nach der Revolution allerdings auch aus politisch-strategischen Gründen aus.

---

[194] Hankel: Deutsche Kriegsverbrechen des Weltkrieges 1914–18 vor deutschen Gerichten, in: Kriegsverbrechen im 20. Jahrhundert S. 85–98.

Was den Mittelmächten auch nach dem Krieg nicht bekannt wurde, sind die Umstände, unter denen es im Herbst 1915 durch die russische Generalstabsverwaltung zu einem „Kolitis- und Enteritis-Befehl" kam.[195] Im Sommer jenes Jahres hatte das deutsche Auswärtige Amt dem russischen Außenministerium an der Petersburger Sängerbrücke den Austausch von Sterbelisten der gegenseitigen Kriegsgefangenen vorgeschlagen. Petrograd ging darauf ein, stellte aber umgehend fest, daß der Großteil der in Rußland bis dahin verstorbenen Gefangenen den Meldungen aus den Internierungsorten zufolge an *Typhus* zugrunde gegangen war. Weil man nun wegen der massenhaften Epidemietoten deutsche Repressalien befürchtete, wies das russische Außenministerium die Generalstabsverwaltung an, *Gegenmaßnahmen zu veranlassen* und zu prüfen, ob nicht eine andere Krankheit als Todesursache gemeldet werden könne, damit mögliche Vergeltungsmaßnahmen der Deutschen gegen die russischen Gefangenen verhindert werden könnten. Der für die Kriegsgefangenen im russischen Hinterland verantwortliche General verschickte daraufhin an die Stäbe des inneren Rayons einen Befehl zur wirksamen Bekämpfung der Epidemie in den Gefangenenlagern. Gleichzeitig befahl er, in den Sterbemeldungen, die an die Mittelmächte weitergeleitet wurden, statt *Typhus* (lat. *typhus exantimathicus*) als Todesursache die Darmerkrankungen *Kolitis* und *Enteritis* zu vermerken. Damit sollte verschleiert werden, daß in den Lagern gehäuft vorkommende Typhusepidemien eine hohe Todesrate unter den Insassen zur Folge hatte.

Der Befehl war etwa ein Halbjahr lang bis März 1916 in Geltung. Dabei muß berücksichtigt werden, daß von den russischen Lagerärzten im Seuchenwinter 1915/16 die Diagnose auf eine infektiöse Erkrankung ohnehin nicht vorschnell gestellt wurde. Als nach neuesten Erkenntnissen zum Fleckfieber die schon seit Anfang 1915 mit ausgreifenden Epidemien in ihren Gefangenenlagern ringenden deutschen (und österreichischen) Seuchenmediziner Anfang 1916 über die spanische Schutzmacht Rußland veranlaßten, entsprechende Gegenmaßnahmen in den russischen Gefangenenlagern vorzunehmen,[196] war das Ausmaß der Seuchenkatastrophe dort weder bei den Mittelmächten noch in Petrograd bekannt. Das Dénouement der Katastrophe geschah in Rußland, nachdem Prinz Oldenburg den Zaren eingeschaltet und die Rücknahme des „Kolitis-Befehls" veranlaßt hatte, vergleichsweise unauffällig, vor allem aber kaum durch die verantwortlichen russischen Stellen. Es waren schwedische Rotkreuz-Helfer, dänische Seuchenmediziner und Medikamentenlieferungen, die eine Änderung bewirkten. Allerdings wurden die großen Lager Russisch-Asiens seit Frühling 1916 zum allgemeinen Arbeitseinsatz der Gefangenen weitgehend geleert.[197]

---

[195] Nachtigal: Seuchen unter militärischer Verwaltung. Das Lager Tockoe als Beispiel.

[196] Weindling: Epidemics and Genocide S. 80.

[197] Für manche infektiöse Krankheiten mag auch die russische Art der Mannschaftsverpflegung "iz obščego kotla" (dt.: "aus gemeinsamen Kessel") mit verantwortlich gewesen sein: jeweils zehn Mann erhielten eine Schüssel mit Suppe oder Kascha, aus der gemein-

Österreich-Ungarn wurde mit dem Seuchenproblem unter den Gefangenen im letzten Kriegswinter als Folge des Hungers und der allgemeinen Unterversorgung konfrontiert. Die Menschenverluste in der eigenen Zivilbevölkerung durch Hunger und tödlich endende Krankheiten waren im kriegführenden Habsburgerreich enorm, auch bessergestellte Bürger und hohe Offiziere fielen ihnen zum Opfer. Es ist nicht auszuschließen, daß die hohen Verluste unter den Kriegsgefangenen in der Doppelmonarchie sogar hauptsächlich auf die besonders schlimmen Auswirkungen im letzten Kriegsjahr zurückzuführen sind, da die Gefangenen dort nicht schon in der Frühphase des Krieges in überwältigenden Massen eintrafen, wie das in Deutschland und Rußland der Fall war.[198] Denn nach Abschluß der österreichisch-ungarischen Herbstoffensive 1915 hatte die Donaumonarchie noch nicht einmal 1 Million Kriegsgefangene im Land. Innerhalb weniger Monate im Frühjahr des letzten Kriegs- und Hungerjahres 1918 erreichte die Sterblichkeit unter den Kriegsgefangenen im Habsburgerstaat eine fünfstellige Ziffer, die von der k.u.k. Heeresverwaltung in den Sterbemeldungen ebenfalls verschleiert werden sollte.[199] Allerdings scheinen auch in der Doppelmonarchie nach 1915 Epidemien unter den Kriegsgefangenen in keinem besonderen Ausmaß mehr vorgekommen zu sein. 1918 handelte es sich um zehntausende Hunger- und Erschöpfungstote, während in Rußland dieses Phänomen auch im ersten Jahr des Bürgerkriegs festzustellen ist.

Der Oxforder Medizinhistoriker Weindling betont neben den zunächst unüberschaubaren Ausmaßen der Epidemien, von denen Deutschland seit Ende 1914 aus dem Osten überrascht wurde, daß dort die große Gefahr rasch erkannt wurde, die der *eigenen Bevölkerung* durch den frühzeitigen Arbeitseinsatz gerade der russischen Gefangenen drohte. Von den 500.000 Russen, die sich im März 1915 in deutscher Gefangenschaft befanden, waren 27.500 an Typhus erkrankt (das heißt etwa 5,5%). Von diesen seien schließlich 6% gestorben (etwa 1.650 Personen), doch schätzt Weindling die Sterberate unter dem deutschen medizinischen Personal, das die Epidemie bekämpfte, noch höher.[200] Nach ersten eigenen Erfolgen und nachdem man zunehmend genauere Kenntnisse über die mangelhafte Behandlung der in Rußland an Typhus erkrankten Landsleute erhalten hatte, drängte Berlin die russische Regierung zu entsprechenden Hygienemaßnahmen für die gefangenen Deutschen. Allerdings scheinen die russi-

sam mit Holzlöffeln gegessen wurde. Da erkrankte Gefangene mitunter ihre Krankheit verbargen, konnte dadurch die Infizierung lange unerkannt verbreitet werden.

[198] Leidinger/Moritz: Gefangenschaft, Revolution, Heimkehr S. 486 ff.

[199] Moritz: Zwischen allen Fronten S. 209 ff. "Herzinsuffizienz" anstelle von "Herzschwäche" in den Sterbeurkunden.

[200] Weindling: Epidemics and Genocide S. 79 ff. Die Zahlen scheinen sich nur auf Frühjahr 1915 zu beziehen, nicht auf die gesamte Kriegszeit!

schen Gegenmaßnahmen keineswegs so rasch und effizient umgesetzt worden zu sein, wie das Weindling vermeint, zumindest nicht in den großen Gefangenenlagern: dort erreichte die Katastrophe bekanntermaßen erst zu Ende des Kriegswinters 1915/16 ihren Höhepunkt.[201] Interessanterweise weiß Weindling von medizinischer Hilfe, die die deutsche Militärmission während der Petrograder Konferenz im Januar 1918 den Gefangenen im fernen Turkestan (Taschkent) angedeihen ließ, wo die Malaria endemisch war.[202] Das war nur mit der logistischen Hilfe einer gut entwickelten Infrastruktur möglich, wofür allein die dänischen und schwedischen Rotkreuz-Helfer in Betracht kommen.

D. Rußland als Gewahrsamsmacht

D.1. Allgemeines

Für die langjährige Gefangenschaft in Rußland liegen neuerdings sieben Monographien vor, die bei sehr unterschiedlicher Quellenbasis meist nur einen Teilbereich der Gefangenschaft dort untersuchen. Alle benutzen zwar das lange unbekannte und inzwischen frei zugängliche russische Aktenmaterial, aber auch hier in verschiedener Intensität und mit recht unterschiedlichem Gewinn.

Zwei kurze Übersichtsbeiträge seien jedoch an dieser Stelle zuerst genannt. Die beiden österreichischen Historiker Hannes Leidinger und Verena Moritz[203] zeigen wichtige Grundzüge des russischen Gefangenenwesens auf wie frühzeitige Nationalitätentrennung, hohe Sterberate durch Seuchen, Übernahme der zarischen Gefangenenpolitik durch die Provisorische Regierung im Revolutionsjahr 1917, mangelhafte Registrierung der Gefangenen,[204] Disziplinverfall im russischen Hinterland mit der Folge zu großer Bewegungsfreiheit der Gefangenen, der die Kerenskij-Regierung durch verschärfende Maßnahmen begegnen

---

[201] Ebd. S. 90. Daß deutsche Ärzte die russische Medizinwissenschaft hochschätzten, wie Weindling meint, ist weder aus der Memoirenliteratur noch den Aufzeichnungen der Militärverwaltung Österreichs und Deutschlands erkennbar. Person und Funktion des Prinzen Oldenburg als höchster Seuchenprophylaktiker Rußlands sind Weindling unbekannt.

[202] Ebd. S. 105. Zur Petrograder Konferenz vgl. nachfolgend Kapitel D.2.5. In Zentralasien waren allerdings kaum Reichsdeutsche.

[203] Leidinger/Moritz: Das russische Kriegsgefangenenwesen 1914 bis 1920, in: ÖOH 41, 1999, S. 83–106. Über zwei Drittel des Aufsatzes haben allerdings die Zeit nach der Oktoberrevolution zum Gegenstand, in der schwerlich noch von einem russischen Gefangenenwesen gesprochen werden kann.

[204] Die Verfasser meinen, daß diese unter der Provisorischen Regierung durch die Kennzeichnung der Gefangenen mit den kyrillischen Buchstaben "VP" (Kürzel für russisch "Kriegsgefangener") an der Kleidung in den Griff gebracht werden sollte (ebd. S. 92). Aber die in Rußland zu spät eingeführte Kennzeichnung sollte vielmehr – wie bei anderen Gewahrsamsmächten auch – der frühzeitigen Erkennung von Gefangenen dienen, zur Fluchtverhinderung.

wollte, schließlich Heimkehr und Repatriierung seit 1918. Gehaltvoller scheint eine komparatistische Übersicht Rüdiger Overmans, die von einem imagologisch-psychologischen Ansatz ausgehend zu konkreten Ergebnissen kommt.[205] Dies verdankt die Studie nicht nur der Methode, bei der Gefangenschaft synchron in Deutschland und Rußland während des Ersten Weltkrieges verglichen wird, sondern auch diachron mit der im Zweiten Weltkrieg bei beiden Gewahrsamsmächten an der Ostfront.

Zu Vergleichszwecken werden nützlicherweise kurz die französischen Gefangenen aus dem Deutsch-französischen Krieg in die Betrachtung einbezogen. Sofort kommt der Autor auf die Sterberate als eines der wichtigsten Kriterien der Gefangenschaft im Weltkrieg zu sprechen. Er hebt besondere Umstände hervor, deren Auswirkungen bislang nicht allgemein bekannt waren: nach den ersten verlustreichen Schlachten an der Ostfront im Winter 1914/15 schleppten Russen in die deutschen Lager Seuchen ein, die unter den Mitgefangenen der West-Entente Katastrophen wie in Kassel-Niederzwehren auslösten.[206]

Da die deutsche Regierung, die unter allen Kriegführenden die meisten Ethnien und Konfessionen in ihren Gefangenenlagern hielt, auf dem völkerrechtlich konformen „Mischungsprinzip" bestand – also Gefangene verschiedener Staaten, Ethnien und Konfessionen in einem Lager vereinigte, dürfte die Sterblichkeit unter den Angehörigen der West-Entente durchaus höher ausgefallen sein als ohne diese Maßnahme. So beschuldigte Frankreich als Siegermacht nach dem Krieg Deutschland, durch die gemeinsame Unterkunft mit den Russen Epidemien unter den Gefangenen der *Entente cordiale* verbreitet zu haben.[207] Hier richtet sich wieder der Blick auf Rußland, wo die österreichischen Nationalitäten in Gefangenschaft in politischer Absicht zwar völkerrechtswidrig getrennt wurden, aber nachweislich Fälle der Zusammenlegung von gesunden mit hoch infektiösen Gefangenen vorgekommen sind – oft entgegen der Warnung anwesender gefangener Militärärzte! Hier scheint eine Anmerkung zu den kriegsgefangenen Militärärzten in Rußland angebracht, die dort trotz ihrer weitreichenden Einflußmöglichkeiten die exorbitante Sterberate unter ihren Mitgefangenen in den frühen Kriegsjahren nicht verhindern konnten.

[205] Overmans: 'Hunnen' und 'Untermenschen' – deutsche und russisch/sowjetische Kriegsgefangenschaftserfahrungen im Zeitalter der Weltkriege, in: Erster Weltkrieg – Zweiter Weltkrieg. Ein Vergleich, S. 335–365, ebd. S. 336. Der Aufsatz ist auch eine wertvolle, wenn auch unvollständige Bibliographie zum Thema.

[206] Die Sterberate in Deutschland war bei Gefangenen der West-Entente nur prozentual höher, da aufgrund der russischen Zweidrittel-Mehrheit unter den Gefangenen die Russen absolut doch "führten"! Overmans folgt hier Hankel: Die Leipziger Prozesse S. 341 ff. Eine Teilimmunität gegen Typhus bei Menschen, die aus Gebieten kamen, wo Typhus endemisch vorkam nach Weindling: Epidemics and Genocide S. 85 f.

[207] Overmans: 'Hunnen' und 'Untermenschen' S. 339 und Mitze: Das Kriegsgefangenenlager Ingolstadt S. 178 f. Becker: Oubliés de la Grande Guerre S. 93 ff. erwähnt positive Seiten des Mischungsprinzips, die wenig überzeugen.

Die wichtige Einzelgruppe gefangener österreichischer Militärmediziner umfaßte in Rußland vermutlich über 2.300 Personen,[208] also mehr als die Gesamtzahl gefangener reichsdeutscher Offiziere in Rußland! Sie stellten dort das wertvollste Potential an medizinischer Betreuung für die Mittelmächte-Gefangenen, anders als wenige, oftmals unwillige oder ungenügend ausgebildete russische Militärärzte in den Lagern und Militärspitälern. Die Absolventen der österreichischen Militärmedizin, die die „Zweite Wiener Schule" der Medizinwissenschaft durchlaufen hatten, können als gut ausgebildet und im humanitären Sinne fürsorglich bezeichnet werden. In der Gefangenschaft wurden österreichische Mediziner wie der österreichische Professor und spätere Medizinalfunktionär Burghard Breitner zu massenhaften Lebensrettern und wichtigen, zunehmend einflußreichen Lagerfunktionären für ihre Mitgefangenen des Vierbundes, und dies trotz zunächst ungünstigster Umstände: fast ausschließlich in Russisch-Asien interniert, wurden sie erst im Laufe des Jahres 1915 zur Behandlung der kranken und verwundeten Gefangenen zugelassen, als die russische Militärmedizin sich als überfordert erwies.

Die hohe Zahl von Toten und Amputierten, ja die berüchtigt schlechte Behandlung der gefangenen Invaliden in Rußland[209] wurde nicht zuletzt auf zahlreiche Mißstände in Rußland zurückgeführt. Die gefangenen Militärärzte, die mit primitivsten Mitteln und anfangs oft ohne jegliche Medikamente arbeiten mußten, konnten mit der Auflösung des russischen Staates zunehmend Autorität bei Freund und Feind gewinnen. Sie wurden zur Behandlung kranker Russen berufen, die sich erkenntlich zeigten oder als Lageroffiziere den Ärzten sogar größeren Spielraum für die ärztliche Betreuung einräumten.[210] In Rußland kann die große Zahl österreichischer Mediziner als wichtiger Grund dafür angesehen werden, daß seit 1916 und im Bürgerkrieg die Sterberate unter den Gefangenen der Mittelmächte niedrig gehalten werden konnte. Anders als die gefangenen Offiziere hatten die Militärmediziner auch direkten Kontakt mit den Mannschaftsgefangenen und konnten begrenzt Einfluß auf die Versorgung und Behandlung ihrer Landsleute nehmen.

---

[208] Nachtigal: Rußland und seine österreichisch-ungarischen Kriegsgefangenen S. 72 f. Etwa 180 deutsche und 100 türkische Militärärzte befanden sich in Rußland, insgesamt also über 2.600 Militärmediziner der Mittelmächte. Bis Frühjahr 1918 wurden 126 von ihnen ausgetauscht, weitere verstarben bei ihrer Arbeit in Seuchenlagern, einigen gelang die Flucht aus Rußland.

[209] Vgl. Nachtigal: Rudolf J. Kreutz, Bruno Brehm und Jaroslav Hašek: drei Kriegsgefangene in Rußland und ihr Werk.

[210] Nachtigal: Kriegsgefangene der Habsburgermonarchie in Rußland S. 259 ff.

D.2. Systematische Ansätze zur Erforschung der Gefangenschaft in Rußland

D.2.1. Österreichische Kriegsgefangene italienischer Nationalität

Als früheste umfassende Darstellungen zur Kriegsgefangenschaft in Rußland sind zwei Monographien von Marina Rossi zu nennen, die sich mit den italienischen Soldaten der k.u.k. Armee befassen. Die ältere Monographie von 1997, für die die Triestiner Forscherin bereits Studien in einem wichtigen Moskauer Zentralarchiv angestellt hatte, behandelt entgegen dem Titel nicht nur die österreichischen Italiener, sondern bietet eine Übersicht allgemein zur Gefangenschaft in Rußland.[211] Als großes Verdienst der knapp 200 Seiten umfassenden Darstellung ist anzusehen, daß sie die Vielfalt der in Rußland vorkommenden, gefangenenrelevanten Phänomene einschließlich schwerer russischer Fehler und Versagen nennt und diachrone Vergleichsbezüge zum Zweiten Weltkrieg sowie Napoleons Rußland-Feldzug anführt. Fragen der internationalen Beziehungen in Sachen der gegenseitigen Gefangenen berührt sie ebenso wie einzelne russische Funktionäre, die mit Mittelmächte-Gefangenen zu tun hatten. Es handelt sich bereits um eine Struktur- und Organisationsgeschichte.

Die Trennung der Österreicher nach Nationalitäten und eine „nationalistische Politik" Rußlands sind gleich zu Beginn Gegenstand ihrer Betrachtung, wobei die Sonderbehandlung österreichischer Italiener entgegen dem Buchtitel nur etwa 20% des gesamten Buchumfangs ausmacht. Ein großer Nachteil ist die willkürlich-unsystematische Arbeitsweise der Autorin, die, an ihre älteren Memoiren-Editionen ehemaliger italienischer Gefangener anknüpfend, ein buntes, zuweilen recht oberflächliches und in Details sogar unzutreffendes Bild von der Gefangenschaft in Rußland entwirft. Ihre zweite Studie, die ausschließlich den österreichischen Italienern in Rußland von 1914 bis zum Bürgerkriegsende 1920 gewidmet ist, verzichtet weitgehend auf Archivmaterial und läßt vorrangig die Betroffenen sprechen.[212] So originell diese Methode ist, birgt sie doch den großen Nachteil der sehr einseitigen Perspektive ehemaliger Zeitzeugen. In

---

[211] Marina Rossi: I prigionieri dello zar. Soldati italiani dell'esercito austro-ungarico nei lager della Russia 1914–1918. Mailand 1997. Eine Kurzübersicht hatte sie schon früher vorgelegt: Italian Prisoners of the Austrian Army, 1914–1920, in: World War I and the XX Century. Acts of the International Conference of Historians, Moscow 24–26 May, 1994. Moskau 1995, S. 172–175. Einen Austausch oder Auseinandersetzung mit anderen westlichen Forschern sucht Rossi nicht. In ihren Arbeiten verzichtet sie weitgehend auf wissenschaftliche Literatur.

[212] Dies.: Irredenti giuliani al fronte russo. Storie di ordinaria diserzione, di lunghe prigionie e di sospirati rimpatri (1914–1920). Udine 1998. Ein weiterer italienischer Historiker stützt seine Darstellung der Italiener in Rußland ausschließlich auf Memoiren, was wesentlich die italienische Methode kennzeichnet: Renzo Francescotti: Italianski. L'epopea degli italiani dell'esercito austro-ungarico prigionieri in Russia nella Grande Guerra 1914–1918. Valdagno 1994.

beiden Arbeiten, die der italienischen Risorgimento-Forschung verpflichtet sind, vermag Rossi kaum etwas strukturell Symptomatisches oder Besonderes im russischen Gefangenenwesen aufzuzeigen. So fehlen auch weiterführende Hinweise auf reziproke Zusammenhänge, die für die Gefangenen in Rußland bedeutsam waren, z. B. Strafen oder Ernährung. Immerhin hat Rossi mit diesen beiden Monographien – und mit einer Zahl weiterer Publikationen von Erlebnisberichten in Italienisch – das Schicksal der eher kleinen und unauffälligen Gruppe italienischer Soldaten der k.u.k. Armee in Rußland erschöpfend behandelt.

D.2.2. Die Kriegsgefangenen in den Lagern Sibiriens: Alltag und Mentalitäten

Eine Examensarbeit zur Kriegsgefangenschaft in Rußland hat der Tübinger Historiker Georg Wurzer zur Dissertation ausgebaut.[213] Auch seine Quellen sind vorrangig Erlebnisberichte, denen nach Möglichkeit amtliche Akten der russischen, österreichisch-ungarischen und deutschen Militärbehörden gegenübergestellt werden, die der Autor in Deutschland, Wien, Moskau, Krasnojarsk, Novosibirsk, Omsk und Tomsk gesichtet hat. Vergleicht man beim Lesen den Gebrauch der Archivquellen aus den – auch in Deutschland – zahlreich aufgesuchten Institutionen, so fällt zunächst das Mißverhältnis zwischen den Primärquellen und den Erlebnisberichten bzw. Kriegsgefangenenromanen auf. Über die Hälfte der gesamten vom Autor herangezogenen Daten machen solche Erlebnisberichte und belletristisch gestaltete Werke aus: selbst die wissenschaftliche Literatur wird demgegenüber eher spärlich ausgeschöpft. Eine begrenzte Anzahl von Erlebnisberichten wird den archivalischen Quellen zur Prüfung der Aussagen ehemaliger Gefangener gegenübergestellt.[214]
Die deskriptiv-narrative Arbeit prüft systematisch einzelne Kriterien der Gefangenschaft, kommt aber selten zu neuen oder überraschenden Ergebnissen. Die Masse an zitierten oder sogar abgedruckten Befehlen erweckt den Eindruck eines wohlgeordneten Gefangenenwesens in Rußland, zumal der Autor es ver-

---

[213] Georg Wurzer: Die Kriegsgefangenen der Mittelmächte in Rußland im Ersten Weltkrieg, Diss. Tübingen 1999, als http://w210.ub.uni-tuebingen.de/dbt/volltexte/2001/201 im Internet veröffentlicht. Ein Konzentrat der Dissertation wurde publiziert von Josef Schleicher: Kriegsgefangene und Zivilinternierte des Ersten Weltkriegs in Rußland: Gefangennahme, Transport und Lagerleben aus alltagsgeschichtlicher Sicht, in: Forschungen zur Geschichte und Kultur der Rußlanddeutschen. Bd. 10. Essen 2001, S. 63–108.

[214] Die Arbeit läßt wichtige Titel zum Thema vermissen, was umso störender wirkt, als Wurzer vergleicherweise auf die Gefangenschaft in der Sowjetunion seit dem Zweiten Weltkrieg zu sprechen kommt. So fehlen S. Williamson/P. Pastor: Essays On World War I, der Bericht der Rotkreuz-Delegierten Thormeyer/Ferrière sowie Ehm Welk, Heinz Gumprecht, Franz Willfort, Karel Vaněk, Fritz Schwarzer (vgl. Nachtigal: Rußland und seine österreichisch-ungarischen Kriegsgefangenen S. 350, 352 ff. und 380), die nicht nur für seine spezielle Fragestellung aufschlußreich sind, sondern weitgehend verläßlich.

säumt, die große Kluft zwischen zentralen Anweisungen und ihrer Ausführung vor Ort herauszustellen. Eine typische Erscheinung des russischen Organisationsdefizits, daß nämlich Befehle auf dem Wege zu den ausführenden Stellen versickerten, beachtet er nicht, so daß im Vergleich mit einzelnen, archivalisch sauber dargelegten Fällen ein mitunter falscher Eindruck entsteht. Das kann man teilweise damit erklären, daß die Situation in den Lagern Sibiriens in den späteren Kriegsjahren tatsächlich wesentlich verbessert war, da dort seit 1915/16 zunehmend eine effektive Selbstverwaltung, ja Gegenkontrolle der Gefangenen bestand, die nicht zuletzt infolge des wichtigen völkerrechtlichen Instruments von Kontrollbesuchen durch ausländische Missionen zustande kam. Herrschten in den großen Gefangenenlagern Sibiriens bessere Verhältnisse, weil es dort frühzeitig zu einer Organisation kam?

Mehr als zwei Drittel der Arbeit haben die Alltagsgeschichte der Gefangenschaft zum Gegenstand, und zwar in den Lagern Sibiriens. Hier kann Wurzer einige überlieferte Behauptungen konkret widerlegen und richtig stellen: so ist die vielbeschworene gute, ja lebensrettende Kameradschaft zumindest in den Lagern ein Mythos. Symptome der Stacheldrahtkrankheit, insbesonders die dauernd fehlende Privatsphäre und in ihrer Folge große Reizbarkeit verhinderten dies. Mangelsituationen und andere Faktoren führten gar zu asozialem Verhalten der Gefangenen, wie es auch von Spätheimkehrern aus dem Osten nach dem Zweiten Weltkrieg bekannt ist. Die Gefangenen eigneten sich unsoziale Verhaltensweisen als Überlebensstrategie an, was auch für die arbeitenden Gefangenen im europäischen Rußland für 1917 belegt ist und dort nur teilweise durch die Privilegierung bestimmter Gruppen von Gefangenen erklärt werden kann.[215] Die Homosexualität unter den lange in Lagern weggesperrten Gefangenen war wiederum nicht so ausgeprägt, wie das aufgrund entsprechender Hinweise in Erlebnisberichten lange angenommen wurde.[216] Diese Tatsache sei auch durch Unterernährung und Streßsituationen mitbedingt, die den Sexualtrieb hemmen.

Die unterschiedliche Situation von gefangenen Mannschaften und Offizieren betont der Autor stark, verschweigt aber nicht, daß die Offiziere auch um die Fürsorge für die Mannschaften besorgt waren, dabei die reichsdeutschen in stärkerem Maße wie die k.u.k. Offiziere.[217] Die entschiedene Besserstellung gerade der k.u.k. Offiziere gegenüber den Mannschaftsangehörigen ist als eines

---

[215] Wurzer: Die Kriegsgefangenen der Mittelmächte S. 300. Dort ein Vergleich zur Gefangenschaft in der Sowjetunion, die sich vom Ersten Weltkrieg unterschied, da die Gefangenen sofort zur Arbeit eingesetzt wurden und ständig hungerten. Vgl. Nachtigal: Rußland und seine österreichisch-ungarischen Kriegsgefangenen S. 146 ff.

[216] Wurzer: Die Kriegsgefangenen der Mittelmächte S. 199 und 284 ff.

[217] Ebd. S. 242–250. So kamen Unterschlagungen von Liebesgaben für die Mannschaften durch k.u.k. Offiziere vor.

der Relikte des vormodernen Privilegiensystems anzusehen, das in der Habsburgerarmee bis zum Ende des Ersten Weltkrieges in den „Kriegsartikeln" festgeschrieben war, in dem Rechte und Pflichten des Soldaten genau umrissen waren. Im Zeitalter der Massenheere und der Fernfeuerwaffen, durch die der Unterschied zwischen Offizier und Mann an der Front zunehmend verwischte, schwand auch in den letzten Kriegsjahren die Möglichkeit der unterschiedlichen Lebensführung zunehmend: in der russischen Gefangenschaft jedoch polarisierte sie Mannschaft und Offiziere. Nach der Oktoberrevolution und im Bürgerkrieg trat dadurch ein starker Umschwung der Verhältnisse ein, daß die Bolschewiki die Offizierslöhnung ein- und die Offiziere den Mannschaften gleichstellten. Im Machtbereich der Weißen wurde die unterschiedliche Behandlung von Offizier und Mannschaft wieder eingeführt und die Löhnung ausbezahlt, als das Geld infolge der Inflation immer weniger Wert hatte.

Das Lagerleben in seinen sozialen und kulturellen Aspekten hat Wurzer dicht an den Quellen und erschöpfend dargestellt. Deutlich wird das gerade an dem hohen Grad von Eigenorganisation der Kriegsgefangenen, die zunehmend russische Organisationsdefizite effizient kompensierte. Zu Initiativen der Eigenorganisation kam es inoffiziell, aber russischerseits geduldet, schon 1915. Rasch als wichtiges Instrument zur Fürsorge und Kontrolle der eigenen Landsleute erkannt, drängten die Mittelmächte auf der Stockholmer Rotkreuz-Konferenz 1916, bei der zahlreiche humanitäre Vereinbarungen unter dänisch-schwedischer Vermittlung für die gegenseitigen Gefangenen zustande kamen, nach einer Institutionalisierung und einem Ausbau der Lagerkomitees: kriegsgefangene Offiziere, Ärzte und Vertrauensleute aus dem Mannschaftsstand sollten gemeinsam mit Vertretern der Lagerleitung ständig zusammenarbeiten, um dringende Fragen, hauptsächlich der Versorgung, rasch entscheiden zu können.[218] Allerdings beklagte eine österreichische Inspektionsschwester noch im Sommer 1917, daß die Komitees nicht durchgehend eingeführt waren.

Durch seine Konzentration auf die Lager Sibiriens vermag der Autor manche Phänomene nicht zu deuten oder auch nicht zu erkennen. So etwa die Zurückhaltung der k.u.k. Behörden bei Fürsorgemaßnahmen für ihre gefangenen Landsleute, vor allem für die Mannschaften, die geographische und fachliche Aufteilung der Fürsorgetätigkeit Dänemarks und Schwedens (Schweden waren überwiegend in Sibirien tätig!); das dort praktizierte Geheimhaltungsregime mit den berüchtigten Strafpavillons in Chabarovsk, einer Art langfristiger, strenger Isolationshaft (S. 172), usw. Die seit 1916 spürbaren Verbesserungen im Gefangenenwesen Rußlands führt er sehr allgemein auf inzwischen gemachte Erfahrungen zurück statt auf konkrete zwischenstaatliche Kontakte und Vereinbarungen, die 1915 zu den Schwesternreisen mit ihren ausgreifenden Möglichkeiten der gegenseitigen Kontrolle, Einflußnahme und Fürsorge geführt hatten.

---

[218] Ebd. S. 386 f. Leider berichtet Wurzer wenig darüber, wie sich die Lagerkomitees auswirkten.

Daß 1916 in dieser Hinsicht und aufgrund des allgemeinen Arbeitseinsatzes ein Schlüsseljahr darstellt, wird nicht deutlich. Daß der Arbeitseinsatz der Gefangenen in Rußland unsystematisch und oft ineffizient blieb, dies auch Ausdruck der Systemkrise im Zarenreich und des historischen Zuspätkommens der Provisorischen Regierung, bleibt unerkannt.[219]

Ein besonderes Verdienst Wurzers ist darin zu sehen, daß er durch seinen psychologischen Ansatz bestimmte Erlebnisberichte berichtigen oder auch bestätigen kann, die einen topologischen Kanon von Rußland-Stereotypen bildeten. Dies trifft zum Beispiel beim umstrittensten aller kriegsgefangenen Berichterstatter zu, der als deutscher Fähnrich lange unter seinen mitgefangenen Mannschaftskameraden lebte und besonders ausführlich zahlreiche Details zur Gefangenschaft beschrieb. Die „Sibirische Trilogie" des deutschen Romanautors Edwin Erich Dwinger (1898–1981) führt Ungeheuerlichkeiten und Negativerscheinungen in einem mangelhaft organisierten Staat an, deren Wahrheitsgehalt Wurzer in einer separaten Studie bezweifelt hatte.[220] Hier jedoch kann er Dwinger als einen ziemlich verläßlichen Zeitzeugen vorführen, dessen Sibirien-Romane in der Zwischenkriegszeit deswegen so hohe Auflagen und weite Verbreitung fanden, weil sie aus der realistischen Perspektive der besonders benachteiligten Mannschaft beobachtet sind, mit der Dwinger über längere Zeit das Schicksal teilte.[221]

So kann Wurzer aufzeigen, daß die Mißhandlung von Mannschaftsgefangenen, die kein Beschwerderecht wie die gefangenen Offiziere hatten, in den Lagern Sibiriens regelmäßig vorkam, daß die Strafen oftmals willkürlich, drakonisch, völkerrechtswidrig und insgesamt unmenschlich waren. Gemildert wurde dieses System, in dem auch bei Fluchtversuchen einzelner die Gefangenen kollektiv bestraft wurden, durch die Tatsache, daß in den Lagern Russisch-Asiens gefangene Offiziere, Ärzte, Feldgeistliche, aber auch Intellektuelle als Einjährig-Freiwillige eine beschränkte Aufsicht – oder sollte man besser sagen „Einsicht", Transparenz – *glasnost*? – zum Schutz der eigenen Mannschaften ausüben konnten.[222]

---

[219] Ebd. S. 312–351. Offenbar lassen die sibirischen Quellen des Autors hier keine deutlichere Aussage zu.

[220] Georg Wurzer: Das Schicksal der deutschen Kriegsgefangenen in Rußland im Ersten Weltkrieg. Der Erlebnisbericht Edwin Erich Dwingers, in: In der Hand des Feindes. Kriegsgefangenschaft von der Antike bis zum Zweiten Weltkrieg, S. 363–384. Vgl. Wurzer: Die Kriegsgefangenen der Mittelmächte S. 238 ff. und 275 ff.

[221] Auch Dwingers Erleben der Typhusepidemie in Totzkoje ist keineswegs übertrieben geschildert, wie anhand amtlicher russischer Quellen aufgezeigt werden konnte. Vgl. Nachtigal: Seuchen unter militärischer Aufsicht. Das Lager Tockoe.

[222] Wurzer: Die Kriegsgefangenen S. 89–92 und 107–113. Vgl. hierzu Sanborn: Drafting the Russian Nation S. 107 ff. und 181 f. zu russischen Disziplinarmaßnahmen gegen eigene Soldaten.

Dieser Umstand trägt mit zu dem Eindruck bei, daß in den Lagern Russisch-Asiens die Gefangenschaft in vieler Hinsicht seit 1915/16 mehr Regelhaftigkeit, Überschaubarkeit und damit mehr Menschlichkeit annahm als im europäischen Rußland, wo aus verschiedenen Gründen – nicht zuletzt durch die fehlende Kontrollfunktion gefangener Offiziere und neutraler Delegationen – der russische Einfluß auf die Gefangenen viel durchgreifender war. So sind dort verschiedene Phasen deutlich zu unterscheiden: 1914/15 war die Evakuation von der Front vorrangiges Anliegen. Seit Sommer 1915 nahm die Gefangenenarbeit dort größere Bedeutung an. 1916 und in gesteigertem Maße 1917 dominierte das russische Anliegen, aus den österreichischen Gefangenen Freiwillige für nationale Kampfeinheiten herauszufiltern. Aber auch der Arbeitseinsatz konnte in den europäischen Gouvernements Rußlands vielfältiger und damit kraß völkerrechtswidrig ausfallen. Bedeutsam ist in diesem Zusammenhang, daß sich seit Frühsommer 1916 gut zwei Drittel aller Mittelmächte-Gefangenen im europäischen Teil Rußlands befanden: überwiegend zum Arbeitseinsatz, aber auch zur Rekrutierung in nationale Einheiten, zum Kampfeinsatz an der Front.[223] Ein weiteres herausragendes Merkmal der sibirischen Lager ist im hohen Grad an Eigenorganisation der Kriegsgefangenen zu sehen, wie sie schon angeklungen ist. Das herausgestellt zu haben, ist eine beachtliche Leistung der Arbeit.[224]

Wurzer erkennt richtig, daß die „Befreiung" der Gefangenen durch die Bolschewiki Ende 1917 keine wirkliche Freiheit brachte und auch nicht als solche gemeint war, da die neuen Machthaber sofort die Bewegungsfreiheit der Befreiten faktisch unterbanden, ganz abgesehen von den begrenzten Möglichkeiten aufgrund des schwer beeinträchtigten Transportwesens.[225] Für die Repatriierung stellt er nicht nur die effektivere Arbeitsweise der reichsdeutschen gegenüber den österreichisch-ungarischen Repatriierungsmissionen in Rußland heraus, sondern führt ein wichtiges Dokument für die Gründe der Sowjets an, die Heimkehrwilligen zurückzuhalten. Dieses Dokument ist bislang in der Forschung unbeachtet geblieben.[226] Es betraf allerdings die gegenseitigen Gefangenen Deutschlands und Rußlands, bei denen ja eine starke Diskrepanz im Zahlenverhältnis bestand. Russischerseits wurde richtig vermutet, daß nach einem

---

[223] Vgl. unten/Nachtigal: Rußland und seine österreichisch-ungarischen Kriegsgefangenen.

[224] Wurzer: Die Kriegsgefangenen S. 179–224 (Kapitel 5.1 bis 5.3.1).

[225] Vgl. hierzu das Fallbeispiel Boroviči bei Leidinger/Moritz: Gefangenschaft, Revolution, Heimkehr S. 256 f.

[226] Wurzer: Die Kriegsgefangenen S. 459–478. Wurzer datiert ebd. S. 474 ff. die Aufhebung des Kriteriums der Invalidität für den Gefangenenaustausch auf Mitte Juli 1918, den Beginn der *de jure* unbeschränkten Tätigkeit der Mittelmächte-Repatriierungsmissionen und die geregelte Heimkehr *aus dem sowjetischen Machtbereich* bezeichnet! Wichtig ist hier der Hinweis, daß vor allem Angehörige der k.u.k. Armee versuchten, der Repatriierung zu entgehen.

mit Deutschland vereinbarten Kopf-um-Kopf-Austausch noch weit über eine Million Russen in Deutschland verbleiben würden, die die deutsche Führung bewußt für die Kriegswirtschaft zurückhielt. Außer einer ideologischen Motivation, nämlich der bolschewistischen Indoktrinierung der Heimkehrer für Zwecke der Weltrevolution, spielte demnach auch die Sorge Moskaus eine Rolle, nach einem Austausch unter deutschen Modalitäten kein Druckmittel mehr zu besitzen, um die eigenen Landsleute herauszubekommen.

Der Verfasser dieses Forschungsberichtes hat allerdings in einer Teiluntersuchung weitere Motive der Sowjetführung ausgemacht, die gegen eine rasche Rückführung der eigenen wie der feindstaatlichen Gefangenen sprachen.[227] Nämlich die Sorge vor konterrevolutionären Haltungen der heimkehrenden Landsleute (insbesondere der Offiziere) bzw. auch die Kenntnis um den Zustand der eigenen Transportmittel. Hier müßte forschenderweise abgewogen werden, welche Motive stärker auf die Sowjetführung Einfluß hatten. Sie befand sich seit Juni 1918 an den Rändern ihres engeren Machtbereichs im Bürgerkrieg mit antibolschewistischen Kräften und mußte im Sommer jenes Jahres Terroranschläge unzufriedener oppositioneller Gruppen mit starken politischen Auswirkungen hinnehmen. Technisch war sie schon im Frühling 1918 zu einer Organisation der Repatriierung kaum imstande, die zu jenem Zeitpunkt neu eingeführte sowjetische Sonderbehörde *Centroplenbež* produzierte monatelang nichts als Akten.

Ein vergleichender Blick auf die beiden Gruppen unter den mitteleuropäischen Kriegsgefangenen in Rußland, die sich 1918 und seit 1943 für politisch-ideologische Zwecke der östlichen Großmacht verwenden ließen, beweist, daß sowohl „Internationalisten" wie auch Angehörige des Nationalkomitees „Freies Deutschland" keineswegs zu den von der Gewahrsamsmacht frühzeitig Repatriierten und damit zu den Privilegierten gehörten. Da sie trotz ihrer Besserstellung nicht früher heimbefördert wurden, legten viele ihren unpolitischen Landsleuten Hindernisse für die Heimkehr in den Weg und polarisierten die Gemeinschaft der Gefangenen.

Wurzers versöhnlichem Fazit, die russische Führung habe sich um die Einhaltung der Haager Landkriegsordnung *bemüht*, mag man widersprechen, wenn man weiß, daß nachhaltige Verbesserungen eben nur auf Umwegen und nicht über das geltende Völkerrecht, die Reziprozität und durch den Gewahrsamsstaat zustande kamen. Konkret ist sein indirekter Schluß, daß schwere Defizite auf Organisationsmängel zurückzuführen sind, die Willkürakte einzelner und

---

[227] Nachtigal: Die Repatriierung der Mittelmächte-Kriegsgefangenen aus dem revolutionären Rußland: Heimkehr zwischen Agitation, Bürgerkrieg und Intervention. Das revolutionäre Motiv, die sowjetischen Missionen in Deutschland und Österreich-Ungarn für die Agitation zur Weltrevolution einzusetzen, überwog das Repatriierungsanliegen. Vgl. Leidinger/Moritz: Gefangenschaft, Revolution, Heimkehr S. 453 ff. (Teil IV).

daher allgemeine Mißstände ermöglichten. Er kennt die Problematik fehlender Parität zwischen Mittelmächten und Rußland in der Gefangenenbehandlung, aber sie ist bei ihm kein Thema.[228] So vergleicht er ohne weiteres den Hunger der Gefangenen bei den Mittelmächten mit dem in Rußland. Seine abschließende Feststellung, die Masse der von ihm ausgewerteten Erlebnisberichte mit ihren verklärten Gegenpolen „russische Grausamkeit" und „Kameradschaft der Kriegsgefangenen" seien einseitig gefärbte, überzogene Darstellungen, ist wohl als etwas fragliches Hauptfazit anzusehen, dessen Gegenbeweis er selbst gerade anhand der Kriterien „Mißhandlungen", „Unterversorgung" und „Eigenorganisation" in seiner gründlichen Studie überzeugend geführt hat.

Zwei russische Beiträge haben ebenfalls Sibirien als Schauplatz der Gefangenschaft zum Gegenstand und sind mit ihren Fragestellungen als Teilas-pekte der Gefangenschaftsproblematik anzusehen. Sie werden daher an dieser Stelle kurz genannt.[229] Zumindest der Omsker Historiker Josef Schleicher [russ.: Iosif Šlejcher, R. N.], der die Wurzersche Dissertation in seinem deutschen Beitrag ausgeschöpft hat, ist dieser schon nach dem Titel seines Aufsatzes zufolge stark verpflichtet.[230] Es bleibt aber verwunderlich, daß die jüngere Forschung zu der doch mit dem Topos besonderer Härte belegten Gefangenschaft in den großen Dauerlagern Russisch-Asiens wenig spektakulär scheint: da in Sibirien die meiste Zeit über die als besonders gefährlich eingestuften ethnischen Deutschen, Magyaren, daneben Juden und Türken interniert waren, ist die Bandbreite der Fragestellungen von Anfang an eingeschränkt auf Lageralltag und Mentalitäten. Demgegenüber spielten sich die Nationalitätenpolitik gegenüber den Gefangenen, die (Zwangs-) Rekrutierung in nationale Einheiten und der allgemeine Arbeitseinsatz hauptsächlich im europäischen Rußland ab.

---

[228] Wurzer: Die Kriegsgefangenen der Mittelmächte S. 487 ff. Ebd. S. 490 ff. ein Vergleich der Gefangenschaft in Rußland während des Ersten und Zweiten Weltkrieges, der infolge der völlig verschiedenen äußeren Umstände disparat wirkt. Leider kommt Wurzer nirgends eingehender auf Epidemien in den Lagern Sibiriens zu sprechen.

[229] N. V. Grekov: Germanskie i avstrijskie voennoplennye v Sibiri (1914–1917) [Deutsche und österreichische Kriegsgefangene in Sibirien 1914–1917], in: Petr P. Vibe (Hrsg.), Nemcy, Rossija, Sibir'. Omsk 1997, S. 154–180. I. I. Šlejcher: Plennye Pervoj mirovoj vojny i nemcy–kolonisty v Sibiri [Die Gefangenen des Ersten Weltkrieges und die deutschen Kolonisten in Sibirien], in: Migracionnye processy sredi rossijskich nemcev: istoričeskie aspekty. Materialy meždunarodnoj naučnoj konferencii Anapa 26–30 sentjabrja 1997. Moskau 1998, S. 205–230.

[230] Schleicher: Kriegsgefangene und Zivilinternierte des Ersten Weltkriegs in Rußland: Gefangennahme, Transport und Lagerleben aus alltagsgeschichtlicher Sicht.

D.2.3. Gefangenschaft als politisches und logistisches Problem eines multiethnischen Staats: Loyalität und staatliche Fürsorge – österreichisch-ungarische Gefangene in Rußland

Auf wichtige Hintergründe und Folgen der Kriegsgefangenschaft in Rußland verweist Alon Rachamimov in seiner 2002 publizierten Dissertation, die in ihrem methodischen Ansatz ganz der angelsächsischen Sozialwissenschaft verpflichtet ist und eine Alltags- und Mentalitätsgeschichte anstrebt.[231] Eine Organisations- oder Strukturgeschichte, oder, wie der Titel nahelegt, eine Geschichte der Gefangenschaft in Rußland – ganz zu schweigen von der anderen Seite der Ostfront – wird man hier vergeblich suchen: die hauptsächliche Quellenarbeit hat der Autor anhand der zensierten Korrespondenz österreichischer Gefangener und entsprechender Sammelberichte der k.u.k. Zensur aus dem Jahr vom Tode Kaiser Franz Josephs I. bis nach der Oktoberrevolution (November 1916 – Ende 1917) geleistet.[232] So sind die k.u.k. Zensur, die Schlüsse aus ihrer Arbeit und der Meinungswandel der gefangenen Österreicher in Rußland während des Revolutionsjahres bestens ausgeleuchtet. Überzeugend zeigt er Regelhaftes und Besonderes übersichtshaft auf,[233] wobei kleinere Ungenauigkeiten verzeihlich sind, aber doch auch einige störende Schnitzer vorkommen: so vermag Rachamimov nicht zu erklären, weshalb österreichische Gefangene in Rußland ihr nationales Bekenntnis mitunter mehrfach „wechselten" (S. 58), ob der Aufenthalt im europäischen Rußland oder in den – schließlich gut organisierten, von den Gefangenen selbst verwalteten – sibirischen Lagern besser war (ebd. und S. 94 ff.).
Daß das Schlüsseljahr 1916 einen grundsätzlichen Wandel brachte und zuweilen die Verhältnisse verkehrte, ist ihm nicht gewärtig, obwohl er einen wichti-

---

[231] Rachamimov: POWs and the Great War. Captivity on the Eastern Front. Oxford 2002. Außer einigen, für seinen sozialgeschichtlichen Ansatz wichtigen angelsächsischen Arbeiten (John P. Hutchinson, Frank P. Chambers, Michael Marrus) fehlt hier der 1999 erschienene Sammelband "In der Hand des Feindes". Kriegsgefangenschaft [...].

[232] Rachamimov: POWs and the Great War S. 133–159 (vgl. auch 196–213). Das auf sicherer Quellenbasis beruhende Kapitel 4 enthält eine methodische Schwäche. Nicht nur sind Zensur und ihre Erkenntnisse, die mentalitätsgeschichtlich noch interessant sein mögen, für die Gesamtthematik relativ zweitrangig: die daraus gezogenen Schlüsse sind kaum belegbar, weil höchst subjektiv. Sie bilden eine problematische Kategorie für jegliches historisches Urteil (vgl. S. 146 ff.). Auf den Nenner gebracht beschäftigt sich der Autor mit der Frage: Was dachte der österreichische Gefangene in Rußland über die Fürsorge der Heimat für ihn, wie patriotisch und loyal blieb er usw.?

[233] Klar umrissen sind z. B. die äußeren Bedingungen des Arbeitseinsatzes S. 121: bis 1916 hielt sich Rußland bei der Aufstellung nationaler Einheiten aus Gefangenen zurück, weil diese lieber für kriegswichtige Arbeiten verwendet wurden. Ebd. S. 111 ff. die richtige Feststellung, daß die gefangenen Billiglohnempfänger von ihren Arbeitsplätzen verdrängt wurden, ganz im Gegensatz zur von der sozialistischen Internationalisten-Forschung behaupteten Solidarität aller unterdrückten Proletarier einschließlich der Gefangenen.

gen Auslöser dafür sachgerecht darstellt, nämlich die internationalen Rotkreuz-Inspektionen mit gegenseitigen Schwesternbesuchen.[234] Der Autor bemüht sich um eine qualitative Hierarchisierung von Lagern aufgrund der Ethnizität ihrer Insassen, was ihm nicht gelingen kann, da selbst der russischen Führung eine beabsichtigte Bevorzugung der „freundlich gesonnenen Nationalitäten" angesichts der einströmenden Massen nie durchgehend glückte:[235] mehr als die Gefangenschaft aller anderen Gewahrsamsmächte blieb sie in Rußland wie auch das Gefangenenwesen selbst bis zum Schluß unsystematisch, weil Staat und Militär längst nicht so weit zur untersten Ebene durchdrangen wie in den moderneren westlichen Staaten. Obwohl Rachamimov nur wenige russische Archivquellen kennt, kann er mit seiner Frage „Was dachte der österreichische Gefangene?" in dem russischen Durcheinander zum Teil eine regelhafte Ordnung entdecken, was als beachtliche Leistung anzusehen ist.

Merkwürdig sind zwei Schlußfolgerungen Rachamimovs zu Erscheinungen, die sich nicht mit dem bis 1914 vereinbarten Kriegsvölkerrecht in Einklang bringen lassen, so unvollständig es gewesen sein mag. Den Durchschnitt einer typischen Sterberate der gegnerischen Kriegsgefangenen bei ost- und südosteuropäischen Gewahrsamsmächten übernimmt er von Leopold Kern, dem auch spätere Autoren gefolgt sind.[236] Kern hat errechnet, daß von den Gefangenen in Rußland, Serbien, Rumänien und Bulgarien etwa 18% gestorben sind. Rachamimov erklärt diese hohe Rate damit, daß die HLKO keine klaren Regeln für die *Unterbringung der Gefangenen* festgelegt habe (S. 106)![237]
Analog dazu und ausgehend von seinem intensiven Studium der k.u.k. Zensur verweist er auf die ungenügende Hilfstätigkeit der k.u.k. Führung für die eigenen Landsleute in Rußland. Dies hat Rachamimov in zwei Aufsätzen noch stärker hervorgehoben, die das sichtbare Schwinden der Österreich-Loyalität unter

---

[234] Ebd. S. 172–185, eine Darstellung, die sich kaum mit den Schwesternreisen bei Nachtigal: Rußland und seine österreichisch-ungarischen Kriegsgefangenen S. 108 ff. überschneidet.

[235] Die russische Nationalitätenpolitik gegenüber den Gefangenen bleibt Schwachpunkt der Arbeit. Rachamimov: POWs and the Great War S. 115 die nicht nachvollziehbare Behauptung, russische Versuche, Illoyalität unter den Österreichern zu fördern, seien das am besten bekannte Kapitel der Gefangenschaft im Weltkrieg. Ebd. S. 116–121 zur tschechischen Legion in Rußland; die südslawischen "Freiwilligeneinheiten" aus österreichischen Gefangenen berührt er nicht.

[236] Leopold Kern: Kriegsgefangene und Zivilinternierte in den wichtigsten kriegführenden Staaten. Anhang in: Hans Weiland/Leopold Kern (Hgg.): In Feindeshand. Die Gefangenschaft in Einzeldarstellungen. Bd. 2.

[237] Die HLKO bestimmte nur Gleichbehandlung der Gefangenen mit den eigenen Soldaten des Nehmestaats. Was das bei dem Gefälle hinsichtlich Alltagskultur, medizinischer Standards, staatlicher Fürsorge usw. für die Gefangenen in Rußland bedeutete, habe ich früher schon angedeutet. Vgl. Nachtigal: Kriegsgefangene der Habsburgermonarchie in Rußland, hier S. 262.

den Gefangenen im Jahre 1917 als Folge der spärlich nach Rußland fließenden Liebesgaben aufzeigen, ohne daß der Autor die schon im Ersten Weltkrieg eindeutige Pflicht des Nehmestaats, in diesem Fall Rußlands, zur ausreichenden Versorgung der feindstaatlichen Gefangenen nennt.[238] Richtig daran ist, daß die Gefangenen der k.u.k. Armee zunehmend die Fürsorge der eigenen – materiell leistungsschwächeren – Heimat mit der Fürsorge Deutschlands für dessen viel weniger zahlreiche Landsleute in Rußland verglichen: mit der Folge, daß alle Gefangenen, und gerade die österreichloyalen (Deutsche, Magyaren), zunehmend staatsverdrossen wurden, weil sich jeder vernachlässigt fühlte. Das hätte die Studie stärker betonen sollen, denn seit dem Revolutionsjahr 1917 führte das zu einer größeren Empfänglichkeit unter Ungarn und Deutschösterreichern für revolutionäres Gedankengut, nachdem diese in russischer Gefangenschaft lange den slawischen Mitgefangenen gegenüber benachteiligt worden waren. Abgesehen von der aktiven russischen Nationalitätenpolitik unter den österreichischen Gefangenen wird hier die große Sprengkraft des altösterreichischen Nationalitätenproblems greifbar, wie es in der Gefangenschaft weiterbestand.

Ein wichtiges Verdienst Rachamimovs ist darin zu sehen, daß er Gefangenschaft in Rußland nicht nur in das Weltkriegsjahrhundert einordnet, sondern einen bislang in der Forschung kaum beachteten, aber hochbedeutsamen Beziehungsaspekt aufnimmt, den der US-amerikanische Historiker Peter Pastor 1983 in der kurzen Einleitung eines beachtlichen Sammelbandes zur Gefangenschaft im Ersten Weltkrieg ins Spiel brachte: wurde das Gefangenenlager in Sibirien zum Prototyp von Stalins GULag und des nationalsozialistischen Konzentrationslagers? Gibt es tatsächlich einen genetischen Vorfahren der Masseninhaftierung und bewußten Menschenvernichtung totalitärer Regime in der Gestalt des zarischen Gefangenenlagers, wie dies Pastor anhand von Stalins Aufenthalt im sibirischen Krasnojarsk im Jahre 1916 nicht nur rhetorisch fragt, als die Stadt das größte Gefangenenlager Sibiriens beherbergte?[239]
Die mit Rachamimovs eigener Auswertung der k.u.k. Zensur in keinem Zusammenhang stehende aktuelle und hochpolitische *Prototyp-These* beantwortet der Autor nach einer Prüfung anhand einzelner Kriterien verneinend. Seine Widerlegung ist allerdings wenig überzeugend, weil sie keine stichhaltigen Gegenar-

---

[238] Rachamimov: Alltagssorgen und politische Erwartungen. Eine Analyse von Kriegsgefangenenkorrespondenzen in den Beständen des Österreichischen Staatsarchivs und ders.: Imperial Loyalties and Private Concerns: Nation, Class, and State in the Correspondence of Austro-Hungarian POWs in Russia, 1916–1918.

[239] Peter Pastor: Introduction, in: Essays On World War I: Origins and Prisoners of War (Hgg. S. R. Williamson/P. Pastor). New York 1983, S. 113–117, hier S. 114 f. Er benutzt dort Solschenizyns Bild von mehreren Kreisen der Hölle zu einer qualitativen Hierarchie der zarischen Gefangenenlager und meint fälschlicherweise, auch im russischen Polargebiet habe es solche gegeben.

gumente anführt.[240] So weist Rachamimov unter anderem darauf hin, daß auch bei den Mittelmächten der Arbeitseinsatz schwer und sogar unmenschlich war, während in Wirklichkeit das Hauptproblem dort ja der Hunger der ost- und südosteuropäischen Gefangenen darstellte, was eine höhere Sterberate bei diesen Gefangenen im österreichisch-deutschem Gewahrsam als bei den Gefangenen der West-Entente zur Folge hatte. Die Gefangenen-Sterberate der Gewahrsamsstaaten stellt ja unbestreitbar eine meßbare Kategorie dar, nach der sich solche Urteile richten müßten. Mit Blick auf die russischen Lager und deren hohen Sterberaten in den beiden ersten Kriegswintern spricht das deutlich gegen die Fürsorgebemühungen der russischen Gewahrsamsmacht. Hier liegen schwere, vielleicht systemimmanente Organisationsdefizite vor.

Die Versuche der russischen Gewahrsamsmacht, Mittelmächte-Gefangene ihrem Heimatstaat abspenstig zu machen und für Zwecke der Entente „umzudrehen", so Rachamimov weiter, seien schwach gewesen, da es an Personal und Mitteln gefehlt habe. Sie waren deswegen aber nicht weniger unmenschlich und wurden darüber hinaus oft von Konnationalen unternommen, die als Serben, Italiener und Rumänen aus den Entente-Mutterländer stammten. Hinzufügen könnte man hier als stützendes Argument für Rachamimovs These, daß ja auch die Mittelmächte „Nationalitätenpolitik" unter ihren russischen Gefangenen betrieben und völkerrechtswidrig solche untereinander austauschten, z. B. Muslime an das Osmanische Reich. Doch kann dieses Kriterium wenig überzeugen, da es viel zu unpräzise ist. Schließlich hatte die Nationalitätenpolitik unter den Österreichern konkrete Folgen für diese: sie konnte über Tod oder Leben einzelner entscheiden, da die Weigerung, in nationale Einheiten einzutreten, durchaus sanktioniert wurde. Die Nationalitätenpolitik war in Rußland offen und in unmenschlicher Weise völkerrechtswidrig, auch wenn sie nicht von Russen betrieben, sondern etwa den Emissären Serbiens und Italiens eingeräumt wurde.

Das schlagendste Argument *gegen* die Hypothese eines zarischen Prototyps des totalitären Vernichtungslagers führt Rachamimov seltsamerweise nicht an, obwohl es seit langem intensiver Forschungsgegenstand ist: der Erste Weltkrieg kannte noch keine staatliche Absicht, Kriegsgefangene massenhaft sterben zu lassen bzw. ganze Bevölkerungsgruppen – zumal eigene Staatsbürger! – zu vernichten, im Gegensatz zum zwischen 1914 und 1918 zunehmenden Willen der Regierungen, den Feindstaat zu vernichten und sein Territorium aufzuteilen oder wenigstens erheblich zu verringern.[241]

---

[240] Rachamimov: POWs and the Great War S. 123 ff. Als Beleg "milderer Art" *für* Pastors These führt er an: Nachtigal: Seuchen unter militärischer Aufsicht in Rußland: das Lager Tockoe. Rachamimov deutet an, daß zur genaueren Prüfung der Prototyp-These weitere Daten aus solider Quellenarbeit für die Ostfront im Ersten Weltkrieg nötig sind!

[241] Vgl. hierzu Nachtigal: Rußland und seine österreichisch-ungarischen Kriegsgefangenen S. 18 und 290 f. Man wird auch kein Beispiel dafür finden, daß der Zarenstaat vor 1914

Allerdings ist bei den Vorgängen in Rußland zwischen 1914 und 1920, wo die Kriegsgefangenen schließlich Zeugen eines mit aller erdenklicher Grausamkeit geführten Bürgerkrieges ohne jegliche völker- oder gar menschenrechtlichen Bindungen wurden, immerhin möglich, daß das vom russischen Staat lange Zeit unbemerkte, vielleicht sogar unbeachtete Massensterben an – durch Mangelversorgung hervorgerufenen – Epidemien einen negativen Lern- und Nachahmungseffekt bei den betroffenen Überlebenden auslöste: viele Tote der nationalsozialistischen Konzentrationslager rührten – bei allen anderen Formen praktizierter Massentötung, Menschenverachtung und Grausamkeit – von bewußt herbeigeführter Unterernährung her und in deren Folge von tödlichen Krankheiten, insbesondere aber von Seuchen. Der britische Medizinhistoriker Paul Weindling hat die furchtbaren Ereignisse von 1914 bis 1945 sehr überzeugend in eine Erfahrungs- und Kausalitätskette gebracht, die deutlich aufzeigt, wie deutsche Seuchenmediziner und Militärbehörden die Epidemien, ihre sozialen Umstände und die Gegenmaßnahmen wahrnahmen.[242] Im nationalsozialistischen Deutschland der 1930er Jahre erinnerte man sich an

[…] "the German sanitary struggle for survival during the First World War in planning medical defences against eastern epidemics" und "[…] regaled disinfectors with the heroic German victory over the 'Asiatic epidemics' spread by tsarist troops in the Great War. […] A celebratory history of military hygiene in the First World War endorsed the reliance on vaccination, disinfection, and personal hygiene. Medical researchers used typhus cultures that had been kept alive in generations of guinea-pigs since the war. The mimicry of sanitary procedures from the First World War led to a consciously archaic and heroizing style. Yet at the same time a fundamentally novel spirit of genocidal extermination pervaded epidemic prevention.[243]

Die seit 1914 mit diesem Phänomen an der Ostfront besonders konfrontierte deutsche Seuchenmedizin konnte nicht nur innerhalb kurzer Zeit umfänglich praktische Kenntnisse an einer großen Zahl von Patienten erwerben, sondern darf auf diesem Gebiet der Epidemiologie als führend in jener Zeit bezeichnet

Gruppen seiner eigenen Staatsangehörigen aufgrund eines sozialen Merkmals kollektiv verfolgte oder gar vernichten wollte. Vgl. aber Lohr: Nationalizing the Russian Empire.

[242] Weindling: Epidemics and Genocide in Eastern Europe. Bereits der Titel der sorgfältigen und detailgesättigten Arbeit deutet auf politische Konsequenzen der Seuchenerfahrung aus der Zeit des Ersten Weltkrieges hin. Dabei weiß die Studie nichts zu Seuchenkatastrophen in Rußland *während* des Krieges zu berichten, die hauptsächlich die Gefangenenlager Russisch-Asiens betrafen. Zur Kausalkette "Infektionskrankheit/Seuche" – "Hygiene" – "Rassismus" auch Karl-Heinz Leven: Die Geschichte der Infektionskrankheiten. Von der Antike bis ins 20. Jahrhundert (= 6 Fortschritte in der Präventiv- und Arbeitsmedizin). Landsberg/Lech 1997, S. 83–138.

[243] Weindling: Epidemics and Genocide S. 227.

werden, obwohl der Übertragungsmechanismus des Typhuserregers durch die Kleiderlaus erst neu entdeckt werden mußte. Im Verlauf des Kriegsjahres 1915 gelang es in Deutschland und Österreich-Ungarn, das Seuchenproblem, mit dem man aus dem Osten massenhaft zu tun bekam, unter Kontrolle zu bringen, indem man der Prophylaxe eine hervorragende Rolle zuwies, nämlich Hygiene und Prävention.

Daß das im russischen Gefangenenlager vorgefundene Modell grausamer Vernachlässigung hilfloser Menschen später in menschenverachtendem Sinne noch „perfektioniert" wurde, könnte auf eine Genealogie der Mißhandlung und Vernichtung von Inhaftierten deuten, die bisher kaum beachtet wurde. Rachamimov kommt das unbeabsichtigte Verdienst zu, hier zur weiteren Forschung aufgerufen zu haben. Unbedingt muß aber der wichtige Umstand berücksichtigt werden, daß das Massensterben von Kriegsgefangenen keine erkennbar staatliche Absicht im Ersten Weltkrieg darstellte! Die Genese des Konzentrationslagers verlief allenfalls vom russischen Archetypen des Ersten Weltkrieges über die frühsowjetischen GULag-Vorläufer und Stalins GULag, dessen System und Ausmaße erst nach dem Ende der Sowjetunion genau bekannt geworden sind, zum nationalsozialistischen Vernichtungslager im Zweiten Weltkrieg. Den Weg dorthin im Einzelnen zu beschreiben, übersteigt die Möglichkeiten dieser Besprechung.

Nicht zustimmen können wird man Rachamimovs These, die Gefangenschaft in Rußland sei in der (Erinnerungs-)Literatur wie im kollektiven Bewußtsein der Nachkriegszeit kein wichtiger Topos bei der geistigen Verarbeitung des Großen Krieges gewesen, wie das mit dem Kriegserlebnis an der Westfront der Fall war, die technisch und psychologisch unstrittig „moderner" gewesen ist. Die Westfront war wegen des größeren persönlichen Leidens und vielfachen, „anonymen" Todes im mörderischen Stellungskrieg sicherlich „interessanter", ein Eindruck, der aus dem großen Forschungsinteresse der letzten Jahrzehnte ausschließlich *in Westeuropa* übernommen und in die Zwischenkriegszeit zurückübertragen ist. Doch die zahlreichen Gefangenenmemoiren, Erlebnisberichte und Kriegsromane von der Ostfront, darunter „Klassiker" wie Edwin Erich Dwinger, aber auch der Schreckenstopos „Murmanbahn", der noch nach dem Zweiten Weltkrieg lebendig war, sprechen gegen Rachamimovs These.[244] Eine historisch falsche Behauptung taucht aufgrund dieser Tatsache auch in der Fachliteratur immer wieder auf: daß sich die Kriegsgefangenschaft im Stalinreich in Sibirien und sogar in den Polargebieten abgespielt habe. Das haben Stefan Karner und Andreas Hilger in ihren Arbeiten zur Gefangenschaft in der Sowjetunion zurechtgerückt: militärische Kriegsgefangene aller Achsenmächte sowie Volksdeutsche waren zum Wiederaufbau ganz überwiegend in der

---

[244] Rachamimov: POWs and the Great War S. 221 ff.

schwer zerstörten Kriegszone der UdSSR, also im europäischen Rußland. Die Polargebiete und Sibirien waren mit Ausnahmen (etwa SS-Angehörigen, als Kriegsverbrecher Verurteilte, Wlassow-Leuten und osteuropäischen Hilfswilligen der Wehrmacht) Sowjetbürgern des GULag-Systems vorbehalten, wo diese *im Gegensatz* zu Wehrmachtangehörigen gnadenlos „verheizt" wurden![245] Aber auch im Ersten Weltkrieg spielte sich Kriegsgefangenschaft überwiegend im europäischen Rußland ab.[246]

Zu einem teils nebelhaft, teils romantisch verklärten Rußlandbild, in dem Ungeheurlichkeiten, Grausamkeit, Unvernunft oder Unbildung durchaus ihren literarischen Platz fanden, trugen nicht nur schriftstellernde Kriegsgefangene und Heimkehrer bei, sondern auch russische wie deutsche Emigranten: literarische Formen der psychischen Bewältigung dieser Art hatten in der Zwischenkriegszeit eine regelrechte Hochblüte und dürften das Rußlandbild, sofern es die frühe Sowjetzeit einbezog, bei der kommenden Begegnung mit Osteuropa mitgeprägt haben.[247]

Der amerikanisch-litauische Historiker Vejas G. Liulevicius hat in einer gründlichen Studie zum deutschen Besatzungsgebiet „Ober Ost" im Ersten Weltkrieg das Bild vom „Osten" bei einer weiteren Gruppe Mitteleuropäer untersucht: bei den Deutschen, vor allem den Militärangehörigen, die ihre Erfahrungen im Gebiet Ober Ost sammelten.[248] Sie verwalteten nahezu vier Jahre lang Litauen, Kurland sowie Teile Nordostpolens und Weißrußlands als autoritär regierte Militärkolonie und Experimentierfeld des deutschen Imperialismus. Mit den Erfahrungen der seit 1918 aus Rußland heimkehrenden deutschen und österreichischen Kriegsgefangenen stimmte die Wahrnehmung der deutschen Besatzer in Ober Ost überein: technische und kulturelle, ja „moralische" Inferiorität des Ostens, den es zu erobern und zu kolonisieren galt. Das Bild des Ostens, bei den Kriegsgefangenen aus Mitteleuropa konkret der russische Staat, nahm in

[245] Stefan Karner: Im Archipel GUPVI. Kriegsgefangenschaft und Internierung in der Sowjetunion 1941–1956. München 1995; Andreas Hilger: Deutsche Kriegsgefangene in der Sowjetunion, 1941–1956. Kriegsgefangenenpolitik, Lageralltag und Erinnerung. Essen 2000 und neueste Publikationen beider Forscher. Vgl. hierzu Ralf Stettner: 'Archipel GULag': Stalins Zwangslager – Terrorinstrument und Wirtschaftsgigant. Entstehung, Organisation und Funktion des sowjetischen Lagersystems 1928–1956. Paderborn 1996.

[246] Vgl. Kapitel D.2.2.

[247] Das Rußlandbild im Dritten Reich (Hrsg. Hans-Erich Volkmann), kommt leider nicht auf die aus Rußland heimkehrenden Gefangenen als wichtige Multiplikatoren zu sprechen.

[248] Vejas G. Liulevicius: Kriegsland im Osten. Eroberung, Kolonisierung und Militärherrschaft im Ersten Weltkrieg. Hamburg 2002. Seine wichtigen Ausführungen S. 9 ff. und 301–340 berücksichtigen keine Kriegsgefangenen-Literatur.

den 1920er Jahren deutliche Konturen an und war durchaus vom Erlebnis des zwangsweisen Aufenthaltes in Rußland zwischen 1914 und 1920 mitgeprägt.[249] Die „Sibirische Trilogie" des späteren SS-Sonderführers Dwinger, der für die Ostfront und Rußland im Großen Krieg und im Bürgerkrieg den Platz einnimmt, den ein Erich Maria Remarque für die Westfront ausfüllt, fand in der Zwischenkriegszeit und sogar nach 1945 mit Mehrfachauflagen weite Verbreitung.[250] Sein Einfluß auf die politische und öffentliche Meinung der Zwischenkriegszeit zu Rußland und seinen Menschen, auf die deutsche Gesellschaft während des Zweiten Weltkrieges und sogar danach ist heute bekannt: sie traf sich mit dem Bild, das sich die deutsche, ja die mitteleuropäische Gesellschaft im und nach dem Ersten Weltkrieg auch von den russischen Gefangenen im deutschen Gewahrsam machte. Daraus resultierte schließlich die rassenideologisch begründete Vorstellung vom „Untermenschen" und die Brutalisierung der Ostfront seit dem Beginn des Feldzugs 1941.[251] Eine genaue Analyse der verschiedenen literarischen Gattungen zur geistigen Bewältigung (Erlebnisberichte, Kriegs[gefangenen]romane und Belletristik zur russischen Gefangenschaft) würde das vermutlich bestätigen. Allerdings trifft es gerade bei drei deutschsprachigen Literaten, kriegsgefangenen k.u.k. Offizieren (Rudolf J. Kreutz, Bruno Brehm und Heimito v. Doderer) nicht zu, wohl aber bei einem berühmten tschechischen Mannschaftsgefangenen, Jaroslav Hašek.[252] Dies scheint wiederum für Wurzers These zu sprechen, daß Berichte von Mannschaftsgefangenen, insbesondere aber von Intellektuellen unter ihnen, ein durchaus realistisches Bild vom Aufenthalt in Rußland geben. Gefangene Offiziere kamen selten in die Lage, die russische Welt außerhalb der Lager zu erleben![253]

---

[249] Liulevicius übersieht dies leider, wenn er ebd. S. 302 meint, zum Thema Ostfront habe es kaum Literatur gegeben. Auch in den 1930er Jahren erschien zahlreich Literatur (Romane, Memoiren, Erlebnisberichte) zur Gefangenschaft in Rußland. Vgl. Wurzer: Die Kriegsgefangenen der Mittelmächte in Rußland S. 5 ff.

[250] Bemerkenswerterweise wird Dwinger in einer neuesten Untersuchung hierzu nicht erwähnt. Vgl. Tobias Schneider: Bestseller im Dritten Reich. Ermittlung und Analyse der meistverkauften Romane in Deutschland 1933–1944, in: Vierteljahreshefte für Zeitgeschichte 52,1, 2004, S. 77–97, der als Bestseller-Autoren von Ostfront-Erfahrungen des Weltkriegs immerhin Paul Ettighoffer und Theodor Kröger nennt. Vgl. ebd. zu Ehm Welk, der einen der besten Kriegsgefangenenromane verfaßt hat, leider unbesprochen.

[251] Hinz: Die deutschen "Barbaren" sind doch die besseren Menschen: Kriegsgefangenschaft und Peter Jahn: "Russenfurcht" und Antibolschewismus: Zur Entstehung und Wirkung von Feindbildern, in: Erobern und Vernichten. Der Krieg gegen die Sowjetunion 1941–1945. Essays (Hgg. Peter Jahn/Reinhard Rürup). Berlin 1991, S. 47–64.

[252] Vgl. Nachtigal: Rudolf J. Kreutz, Bruno Brehm und Jaroslav Hašek: drei Kriegsgefangene in Rußland und ihr Werk zwischen dichterischer Freiheit und historischer Wahrheit.

[253] Diese Annahme sollte in einem größeren Zusammenhang gesehen werden. Einige Gefangenenromane, darunter zwei sprachlich niveauvolle und wirklichkeitsnahe, wurden nach Aufzeichnungen ehemaliger Gefangener von Berufsschriftstellern verfaßt und stilistisch ausgearbeitet in einer Weise, wie es die Forschung von Michail Scholochows *Der stille Don* vermutet. Es handelt sich um Friede Henriette Kraze, die unter dem Pseudonym

Wenn Rachamimov in seiner beeindruckenden Schlußfolgerung das tendenzielle Desinteresse der europäischen Öffentlichkeit für die Gefangenschaft im Osten während des Ersten Weltkrieges konkret mit den geringeren Leiden dort, mit „bekannten" Topoi der Gefangenschaft (Landschaft, Arbeitseinsatz etc.), mit der sozial privilegierten Stellung der meisten Memoirenverfasser, die Offiziere waren, und schließlich mit der totalen Neugestaltung der Staaten in Ost- und Ostmitteleuropa[254] durchaus überzeugend begründet, so übersieht er doch ein Phänomen, das gerade die anglo-amerikanische Forschung seit dem Ersten Weltkrieg für Rußland interessiert hat: Die Revolution von 1917 und der Bürgerkrieg, die in einem beispiellosen Umbruch für sieben Jahrzehnte des 20. Jahrhunderts etwas gänzlich Neuartiges schufen, werden auch weiterhin das wissenschaftliche Interesse auf sich ziehen, ganz abgesehen von einer unwiderstehlichen Populärromantik in der Art eines Konsalik-Romans, die diese Zeitenwende und ihr historischer Ort auszustrahlen scheinen. Während also die Erlebnisgeneration den russischen Osten durchaus belletristisch behandelte, psychologisch verarbeitete und dabei auch monströs verklärte, ist im deutschsprachigen Raum das *wissenschaftliche Interesse an der Gefangenschaft* in Rußland lange schwach ausgeprägt gewesen. Für Mitteleuropa wird man seit dem Zweiten Weltkrieg den Grund dafür in einer neuen, noch viel zahlreicheren Generation von Kriegsgefangenen in Rußland sehen müssen.

Ein weiterer Grund für das historische Interesse an Rußland zumindest bis in die Gorbatschow-Zeit mag rein „technischer" Art sein: die bis heute bestehenden, scheinbar nicht abzustreifenden schweren Organisations- und Strukturmängel des Landes bzw. seiner staatlich-gesellschaftlichen Organisation, die gerade im Ersten Weltkrieg sichtbar wurden und – vielleicht – zum größeren Teil äußeren Umständen wie weiten Entfernungen und extremem Klima ge-

---

Heinz Gumprecht *Die magischen Wälder. Heimat und Hölle der deutschen Gefangenen in Sibirien* Ende der 1920er Jahre publizierte. Ehm Welk verfaßte nach seiner KZ-Haft 1934–1937 den Kriegsgefangenenroman *Der hohe Befehl. Opfergang und Bekenntnis des Werner Voß*. Berlin 1939. Mit dem rußlandkritischen Werk machte er sich kurz vor dem Rußland-Feldzug wieder hoffähig. Der detaillierte, in Ostsibirien angesiedelte Roman ist weitgehend unbekannt und bislang auch in der Forschung unbeachtet geblieben.

[254] Neue Staaten wie Polen, die baltischen Republiken und Nachfolgestaaten der Donaumonarchie hatten kaum Interesse an der Gefangenenproblematik und wiesen kein Identifikationspotential dafür auf (Rachamimov: POWs and the Great War S. 221 ff.). Indirekt wird seine These auch durch das große Interesse an der Westfront gestützt, das sich mit der Weltkriegsforschung deutscher und französischer Historiker um das Museum in Peronne artikuliert. Diese wiederum haben die Ostfront des Ersten Weltkrieges bis heute nicht als Objekt sozialwissenschaftlich-psychoanalytischer Forschung rezipiert. Vgl. oben zur EEW und Stéphane Audion-Rouzeau: Von den Kriegsursachen zur Kriegskultur. Neuere Forschungstendenzen zum Ersten Weltkrieg in Frankreich, in: Neue Politische Literatur 39, 1994, S. 203–217, hier S. 210.

schuldet sind.[255] Sie drücken den lange nach außen abgeschlossenen Staat neben einer bis heute wenig entwickelten, in Teilen sogar wieder abnehmenden Infrastruktur für seine Bürger auf das Niveau eines Schwellenlandes, das Hilfe von außen benötigt, um schwere Krisen zu bewältigen (langfristige Getreideimporte des Staates, Tschernobyl, die Umstände des Untergangs des Atom-U-Boots „Kursk" 2001, humanitäre Hilfen in Krisenzeiten wie beim Zusammenbruch der Sowjetunion zu Anfang der 1990er Jahre). Die Exotik – oder sollte man besser von Romantik sprechen? – des Vormodernen, noch Unfertigen mag weiterhin Anziehung auf viele Außenstehende ausüben.

D.2.4. Gefangenschaft als Struktur- und Organisationsgeschichte der russischen Kriegsgesellschaft

Die Freiburger Dissertation des Rezensenten konzentriert sich auf das Schicksal der Mittelmächte-Gefangenen im europäischen Teil Rußlands,[256] wo seit Frühjahr 1916 schließlich über zwei Drittel aller Kriegsgefangenen im russischen Gewahrsam interniert waren, hauptsächlich zum Arbeitseinsatz. Die in fünf chronologisch-thematische Abschnitte gegliederte Untersuchung beleuchtet systematisch das Kriegsgefangenenwesen in Rußland, wie es über zwei Jahre entstand, stellt aber auch die Sorge der Doppelmonarchie und Deutschlands für die gefangenen Landsleute sowie den Einfluß der Schutzmächte und neutraler Hilfsorganisationen vor. Wie mühsam und mit welchen Leiden für die Betroffenen der fast zweijährige Aufbau eines leidlich funktionierenden Evakuationsapparates in Rußland verbunden war, wird an dem Land deutlich, in dem weite Distanzen ins schlechter organisierte Hinterland zu überwinden waren. Schlimm nimmt sich dabei aus, daß trotz der erkannten Organisationsmängel die militärische Führung sich der Nationalitätentrennung und Sonderbehandlung der slawischen und romanischen Nationalitäten unter den Österreichern, teilweise auch der Minderheiten in der deutschen Armee (Elsässer, Polen), frühzeitig in besonderer Weise annahm. Das erleichterte die Gefangenenverwaltung keineswegs, wie auch die militärischen Exekutivorgane erkannten: viele der russischen Offiziere, und zeitweise sogar einzelne Ministerien, verhielten sich der staatlich verordneten Nationalitätenpolitik gegenüber ablehnend, weil sie, ganz ohne an reziproke Folgen für die eigenen Landsleute im Gewahrsam der Mittelmächte zu denken, für den innerlich labilen russischen Staat richtigerweise mehr Nachteile als Vorzüge erkannten.

---

[255] Vgl. hierzu die Beiträge in: Rußlands langer Weg zur Gegenwart (Hrsg. Gottfried Schramm). Göttingen 2001 und nachfolgend. In Moskau gibt es am Ljubljanka-Platz ein "Katastrophen-Ministerium".

[256] Reinhard Nachtigal: Rußland und seine österreichisch-ungarischen Kriegsgefangenen 1914 bis 1918. Remshalden 2003.

Gerade im europäischen Rußland, etwa in der Ukraine, genossen slawische Gefangene der k.u.k. Armee so große Freiheiten, daß dies zur Destabilisierung, ja sogar zur Demoralisierung der russischen Hinterlandsbevölkerung führte, die seit Sommer 1915 mit dem zusätzlichen Problem der millionenfachen Kriegsflüchtlinge aus den Westgouvernements vor allem in den Städten rang.[257] Die russischen Presseorgane scheuten sich wiederum nicht, aus den zunehmend undisziplinierten, Ansprüche formulierenden slawischen Gefangenen, die mitunter das bequeme Leben russischer Zivilisten führten und einträglichen Zivilberufen nachgingen, besonders freches Verhalten der „Deutschen" zu interpretieren: die befreiten Slawen trugen noch österreichische Uniform, mit der zunächst der Feind identifiziert wurde, die Begriffsverwischung durch das russische Wort „deutsch" im ethnisch-kulturellen und staatlichen Sinne (*nemeckij – germanskij*) trug dazu wesentlich bei.

Daß die Politik der privilegierten Behandlung vor allem der österreichischen Slawen für den russischen Staat auch direkt schädigende Folgen spätestens seit 1916 hatte, wird deutlich. Diese Auswirkungen verschärften sich im Jahr des staatlichen Zusammenbruchs, in dem Staat und Militär sich innenpolitisch nicht nur wegen der großen Kriegsmüdigkeit im Land immer stärker in die Defensive gedrängt sahen. Immerhin ist anzuerkennen, daß die seit Frühjahr 1916 in großer Zahl zur Arbeit im europäischen Rußland eingesetzten Gefangenen, darunter zunehmend auch die zunächst unerwünschten Deutschen und Magyaren, tendenziell ein gutes Schicksal und 1918 die beste Aussicht auf schnelle Heimkehr hatten. Allerdings ist innerhalb des europäischen Rußlands ein krasses Nord-Südgefälle beim Arbeitseinsatz der Gefangenen zu erkennen: im Norden waren Staat und Militär mit oftmals ausgesprochen schweren Außenarbeiten über das gesamte Jahr Hauptarbeitgeber: der Einsatz an der Murmanbahn steht hier stellvertretend auch für die gesundheitlichen Folgen bei den Gefangenen und ihre niedrige Lebensqualität.[258] Insbesondere in den beiden ukrainischen Militärbezirken, die durch die jahrelange relative Stabilität der österreichisch-russischen Front wichtigste Rüstungsschmiede und hauptsächlicher Lebensmittellieferant mit schließlich der größten Anzahl kriegsgefangener Arbeiter in Rußland wurden, stellt sich mit einer großen Branchenvielfalt der Gefangenenarbeit und guten Lebensbedingungen ein ganz anderes Bild dar.[259]

[257] Hierzu Peter Gatrell: A Whole Empire Walking: Refugees in Russia During World War I. Bloomington/Ind. 1999.

[258] Vgl. Nachtigal: Die Murmanbahn. Die Anbindung eines kriegswichtigen Hafens und das Arbeitspotential der Kriegsgefangenen 1915 bis 1918. Grunbach 2001.

[259] Nachtigal: Rußland und seine österreichisch-ungarischen Kriegsgefangenen S. 158–214 und 293–306.

Der Verlauf des Arbeitseinsatzes der Gefangenen ist in dieser Studie am deutlichsten herausgearbeitet.[260] Hier wird die Beschränkung der Untersuchung auf das europäische Rußland zum greifbaren Vorteil, denn im Ersten Weltkrieg waren die südlichen Landesteile wichtigster Standort der russischen Kriegswirtschaft, sowohl was die Erzeugung von Industriegütern und Kampfmitteln als auch die Lebensmittelproduktion anging.[261] Deutlich wird vor allem, daß die Gefangenen-Arbeit 1915 noch keine kriegswichtige Rolle in Rußland spielte, zumal erst die Hälfte der Gefangenen dafür herangezogen wurde: kriegswichtig wurde die Arbeit der Gefangenen nur in dem Jahr zwischen den Sommeroffensiven 1916 und 1917, als vermutlich etwa 75% aller Gefangenen in russischer Hand im Arbeitseinsatz standen, davon ein vergleichbar hoher Anteil in der kriegswirtschaftlich sensiblen Montan- und Rüstungsindustrie wie im Deutschen Reich, was überrascht.

Für den ausgedehnten Moskauer Militärbezirk hingegen, wo sich der „Zentrale Industrie-Rayon" nördlich Moskaus befand, ließ sich wiederum kein bedeutender Gefangeneneinsatz in der dortigen Industrie feststellen. Offensichtlich scheute die russische Führung dort und in den Großstädten Moskau und Petrograd, beides Industriezentren mit langer russischer Streiktradition, die Ansammlung von Kriegsgefangenen. Konsequenterweise machte sie auch mit wenigen privilegierten Slawen in Industrievororten Petrograds prompt schlechte Erfahrungen, während mangelhaft versorgte Gefangene in den abgelegenen Wald-Sumpf-Gebieten des Nordens in großer Zahl sogar weit bis in das Jahr 1918 hinein schamlos ausgebeutet werden konnten. Im Laufe jenes Jahres nahm der Arbeitseinsatz im sowjetisch verwalteten europäischen Teil Rußlands sprunghaft ab, während in den asiatischen Teilen, wo die Bürgerkriegsparteien die Hand auf den ausländischen Gefangenen hielten, eine regelrechte Lagerindustrie entstand, in der meist auch die gefangenen Offiziere tätig waren.

Der Arbeitseinsatz der Gefangenen und ihre vergleichsweise gute Behandlung im europäischen Südrußland ging, teilweise sich gegenseitig bedingend und vor dem Hintergrund der Slawenprivilegierung, mit einem starken Disziplinverfall im Hinterland einher und einer seit Frühling 1917 rapide zunehmenden Fluchtbewegung. Man kann sagen, daß auf dem Territorium der Ukraine der russische

---

[260] Das entsprechende Kapitel bei Wurzer: Die Kriegsgefangenen der Mittelmächte S. 312–351 und 545–548, das sein Autor selbst als wenig grundsätzlich einstuft, da er sich auf Lagergeschichte konzentriert, hat Schwächen. Es enthält umfänglich Vorschriften für den Arbeitseinsatz, die meist mißachtet wurden. Anhand seiner Quellen für Sibirien sind kaum allgemeine Aussagen möglich, da der Arbeitseinsatz überwiegend im europäischen Rußland stattfand.

[261] Diese Einsicht mag 1941 mit zur raschen Besetzung der Ukraine geführt haben, die wirtschaftlich intensiv bis 1944 ausgebeutet wurde, während die russische Kriegsindustrie hinter Wolga und Ural geführt wurde und weite Nachschubwege zur Front zu überwinden waren: Peter Gatrell/Mark Harrison: The Russian and Soviet economies in two world wars: a comparative view, in: The Economic History Review 46, 1993, S. 425–452.

Staat wie seine Kriegswirtschaft sich seit Sommer 1917 zuerst auflösten, und damit auch das Gefangenenwesen bei der östlichen Gewahrsamsmacht. Nach der Februarrevolution betrieben ukrainische Nationalisten die Loslösung der Ukraine vom Gesamtstaat bzw. die Gründung eines eigenen Staates. Doch die Ukraine war Etappe der Armeen der wichtigen russischen Südwest-Front. Die militärische Sicherheit der ukrainischen Frontetappe führte dazu, daß dort seit 1916 über 600.000 Gefangene zu verschiedenen Arbeiten eingesetzt wurden. Außerdem wurden in der Ukraine wegen der Frontnähe zum Balkan mehrere zehntausend gefangene Südslawen, Tschechen, Slowaken und schließlich auch Rumänen der k.u.k. Armee für nationale Einheiten gesammelt.

Die ins Leere laufende russische Sommeroffensive 1917 an der österreichisch-russischen Front hatte für die Gefangenen in der Ukraine ganz unterschiedliche Folgen. Das konnte Verlust der Arbeit mit ihrem Verdienst sein, größere Freiheit mit Fluchtmöglichkeiten bringen, Entlassung aus der zwangsrekrutierten südslawisch-serbischen „Freiwilligendivision" oder Beitritt zur tschechischen Legion bedeuten, die nun an Konjunktur gewann, hauptsächlich wegen des wachsenden Interesses der westlichen Entente. Die für die Gefangenen zuständigen Organe des Staates zogen sich von der Betreuung und Verwaltung ihrer Schützlinge in einem Maße zurück, wie es selbst nach dem Waffenstillstand an den übrigen Fronten im November 1918 bei den Mittelmächten nirgends der Fall war. In den südlichen und westlichen Teilen des europäischen Rußlands löste sich der russische Staat am frühesten auf, mit der Folge, daß die Gefangenen dort nach der Oktoberrevolution für über ein halbes Jahr die „wilde Heimkehr" durch die ruhige Front unternehmen konnten, wenn sie es nicht vorzogen, in Rußland zu bleiben.

Sicher ist, daß die chaotischen Verhältnisse in der Ukraine nach der Oktoberrevolution vermehrt fluchtwillige Gefangene aus den innerrussischen Gebieten in schließlich sechsstelliger Zahl angesogen haben. Seit dem Beginn des Vormarsches der Mittelmächte-Truppen in das nunmehr mit Wien und Berlin „verbündete" Land gewann die ehemalige Frontetappe der russischen Südwest-Front im Frühling 1918 zusätzliche Attraktion. Doch auch nach Osten strömten ehemalige Gefangene wie die Angehörigen der tschechischen Legion und anderer nationaler Einheiten, die durch Rußland auf ukrainischem Boden und im Gouvernement Tambov (Italiener) zum Kampf gegen die Mittelmächte aufgestellt worden waren. Sie flüchteten vor den Mittelmächte-Truppen und spielten an der weißen Bürgerkriegsfront am Ural seit Mai 1918 auch für die dort internierten Gefangenen noch eine große Rolle. Die offen völkerrechtswidrige, und im Falle der südslawischen „Serbendivision" sogar unmenschliche Nationalitätenpolitik der Gewahrsamsmacht gegenüber slawischen und romanischen Gefangenen der Habsburgermonarchie ist hier erstmals anhand russischer Quellen detailliert dargelegt.

Die chronologisch-thematisch angelegte Arbeit entfaltet die ambivalente, wegen der unüberschaubaren Rückwirkungen risikoreiche russische Politik gegenüber den Mittelmächte-Gefangenen in verschiedenen Phasen. Sie macht trotz ausbleibender Systemhaftigkeit der Kriegsorganisation im Land ein russisches Gefangenenwesen bis 1917 greifbar und zeigt das unbewältigte Dilemma der russischen Führung in einem staatlich-gesellschaftlichen Antagonismus auf, bei dem zwischen weit ausholenden Kriegszielen und beschränkten Durchsetzungsmitteln die Kriegsgefangenen sowohl adäquat behandelt werden sollten als auch gleichzeitig ein verbotener Nutzen aus ihnen für die eigenen Kriegsziele zu ziehen war: „I chóćetsja, i kóletsja" – Man möchte wohl, doch sticht es auch, wie ein russisches Sprichwort lautet.

Die Sicht der russischen Führung auf die Soldaten der Mittelmächte blieb zwiespältig: da sich autokratische Staatsführung und emanzipationshungrige Gesellschaft seit Kriegsbeginn in einen Wettstreit bei den Krieganstrengungen begaben, wurden die Gefangenen zum begehrten Objekt beim Einsatz in der Kriegswirtschaft. Weil die Militärverwaltung als Exekutive des Staats dazu neigte, den gesellschaftlichen Organen wie Allrussischem Städte- und *zemstvo*-Bund gefangene Arbeitskräfte zu verweigern, um eine unerwünschte Vermehrung des politischen Einflusses der Bünde zu verhindern, wurden die Gefangenen nicht zur Arbeit eingesetzt und litten in den großen Lagern unter schlechten Bedingungen. Im Sommer 1916 setzte dann der Kampf um die Gefangenen mit voller Wucht ein.[262] Sie wurden so auch zu Gradmessern der russischen Systemkrise, die sich gut am Arbeitseinsatz der Gefangenen ablesen läßt.[263]

Die konzentrierte Untersuchung beruht wie andere Teilstudien des Verfassers hauptsächlich auf Archivquellen amtlicher Provenienz. Darunter gilt es das Material von vier russischen Archiven hervorzuheben, das am reichhaltigsten von allen verfügbaren Quellen ausgewertet ist und die Arbeit von anderen Monographien zur Gefangenschaft in Rußland unterscheidet: die Bestände der zentralen Staatsverwaltung (Ministerien, Ministerrat), der zentralen wie auch der regionalen Militärverwaltung und eines Gouvernementarchivs (St. Petersburg/Petrograd) sind reichlich vertreten, gefolgt von österreichischen und bundesdeutschen Quellen.

Hier sei noch angemerkt, daß der Verfasser wichtige Aspekte der Gefangenschaft in Rußland nicht in diese dichte Betrachtung aufgenommen, sondern separat in Einzelstudien behandelt hat, die teilweise schon genannt wurden. Die Verlegung von Teilaspekten in Einzelstudien bot sich nicht nur mit Rücksicht auf den Umfang der Dissertation an, sondern hatte auch interdisziplinäre Fra-

---

[262] Nachtigal: Rußland und seine österreichisch-ungarischen Kriegsgefangenen S. 203 ff.

[263] Mehrfach werden hier auch Großbauprojekte des russischen Staats angesprochen, die erst in der Sowjetzeit verwirklicht wurden. Das betrifft vor allem den Bahnbau. So reichen etwa die Planungen für die Baikal-Amur-Magistrale in die späte Zarenzeit zurück.

gen zum Anlaß, die vielfältig dabei berührt wurden. Deutlich gemacht habe ich etwa, daß mir an einer Diskussion völkerrechtlicher Sachverhalte oder gar mentalitätsgeschichtlicher Phänomene wenig gelegen ist, solange nicht möglichst viel an archivalisch belegbaren Fakten zutage gefördert ist, die bisher noch nicht so konkret dargelegt werden konnten. So waren bis vor wenigen Jahren die Umstände des russischen „Kolitis-Befehls" oder gar die Rolle eines Prinzen Alexander von Oldenburg in der russischen Kriegsgesellschaft gänzlich unbekannt.[264]

Die unermüdliche Tätigkeit dieses ranghohen, aber in der bisherigen Forschung ungenannten Kriegsgefangenen-Verwalters in Rußland, der eine moderne Auffassung von Staatsverwaltung, Fürsorge und Humanität hatte, zeigt allerdings in besonderer Tragik das russische Grundproblem im Krieg am deutlichsten auf. Die zahlreichen Befehle, Regeln und Gesetze zur humanen und medizinisch sachgemäßen Betreuung von Gefangenen, die als solche nicht nur besonderen staatlichen Schutzes bedurften, sondern meist auch der russischen Sprache nicht mächtig waren – vor allem die benachteiligten Deutschen, Türken und Magyaren! –, wurden nicht umgesetzt, nicht eingehalten oder ausgeführt. Stattdessen etablierte sich schon in der Frühphase des Krieges ein System der Täuschung gegenüber höheren Militärstäben und rücksichtsloser Ausbeutung gegenüber wehrlosen Opfern vor Ort.[265] Daß diese Mißstände oftmals mehr Systematik aufwiesen als das offizielle Regelwerk für die Kriegsgefangenen, ist der eigentliche schwerwiegende Mangel im russischen Gefangenenwesen: es verfügte über keine effektive Kontrollinstanz, die Mißstände im ureigensten staatlichen Interesse aufdeckte und rasch behob. Einigen solcher Mißstände sind eben meine Teilstudien gewidmet, insbesondere wenn sie symptomatisch waren oder große Auswirkungen hatten. Medizin- und seuchengeschichtliche Fragen betrifft das an erster Stelle.

Außer der Medizingeschichte sind auch andere Bereiche der Wissenschaft vom interdisziplinären Phänomen „Kriegsgefangenschaft" in Rußland betroffen: die Kulturgeographie, die Völkerrechtsgeschichte, die Literaturwissenschaft. Einer Alltags- und Mentalitätsgeschichte, ja einer Perspektive der betroffenen Gefangenen selbst habe ich mich zugunsten der Kenntnis von Organisation und Strukturen in Abgrenzung zu meinen engeren Kollegen weitgehend enthalten: zu wichtig schien mir das bislang fast unbekannte, weil unzugängliche amtliche

---

[264] Nachtigal: Seuchen unter militärischer Aufsicht und ders.: Hygienemaßnahmen und Seuchenbekämpfung als Probleme der russischen Staatsverwaltung 1914 bis 1917: Prinz Alexander von Oldenburg und die Kriegsgefangenen der Mittelmächte. Ders.: Die Murmanbahn. Die Verkehrsanbindung und ders.: Rußland und seine österreichisch-ungarischen Kriegsgefangenen S. 148 f. und ebd. Kapitel III.

[265] Wurzer: Die Kriegsgefangenen der Mittelmächte in Rußland im Ersten Weltkrieg referiert das russische Regelwerk zur Gefangenenbehandlung (S. 500 ff.) und leitet daraus ab, daß die Rußland sich völkerrechtskonform verhielt (z. B. S. 62). Vgl. jedoch auch die Nichteinhaltung des Regelwerks ebd. S. 387 f.

Aktenmaterial der russischen Seite. Außer Ansätzen dazu bei Marina Rossi, Verena Moritz und Georg Wurzer sind mir darin nur wenige gefolgt.

D.2.5. Gefangenschaft als Geschichte der Revolution in Europa 1917–1920

Zwei österreichische Historiker haben eine ausführliche Monographie zur Gefangenschaft im Ersten Weltkrieg vorgelegt, die es hier zu besprechen gilt.[266] In die weit ausholende Darstellung sind zwei Wiener Diplomarbeiten und die Dissertationen[267] der beiden Autoren eingeflossen, die sich seit 1993 intensiv mit dem Thema der Gefangenschaft in Rußland befassen. Früh schon konzentrierten sie sich dabei auf das Revolutionsjahr 1917 und seine langfristigen Folgen insbesondere für den Donauraum: russische Revolution und Heimkehr der österreichischen Gefangenen wurden von ihnen bereits in Einzelaufsätzen thematisiert.[268] Wie der Untertitel des Werks außerdem andeutet, wird darin die Perspektive von Osteuropa auch auf Mitteleuropa geweitet, das heißt auf die Zweibundmächte Deutschland und Österreich-Ungarn. Unnötig zu betonen, daß auch Russisch-Asien mit seinen Gefangenenlagern berücksichtigt wird.

Vorausgegangen waren dem *opus magnum* umfängliche Archivrecherchen in Moskau, Wien und zwei österreichischen Landesarchiven. Als besonderer Quellenfundus ist hier der Bestand des österreichischen „Plennymuseums" im Heeresgeschichtlichen Museum Wien hervorzuheben, aus dem erstmalig in einer wissenschaftlichen Publikation Quellen vorgelegt werden: die in den Kellern des alten Wiener Arsenals lagernden Kartons des Plennymuseums waren vorher noch nicht entdeckt und für die Forschung genutzt worden.[269]

---

[266] Leidinger/Moritz: Gefangenschaft, Revolution, Heimkehr. Die Bedeutung der Kriegsgefangenenproblematik für die Geschichte des Kommunismus in Mittel- und Osteuropa 1917–1920. Wien 2003. Hier handelt es sich um ein Endprodukt aus allen vier Examensarbeiten der beiden Autoren.

[267] Unveröffenlicht sind H. Leidinger: Netzwerke der Weltrevolution. Die Auswirkungen der Kriegsgefangenen-Heimkehrer-Problematik auf die Entwicklung der kommunistischen Bewegung in Mittel- und Osteuropa 1917–1920, Diss. Wien 2001 und V. Moritz: Zwischen allen Fronten. Die russischen Kriegsgefangenen in Österreich im Spannungsfeld von Nutzen und Bedrohung, Diss. Wien 2001. Vgl. oben Kapitel C.

[268] Leidinger/Moritz: Im Schatten der Revolution. Die Heimkehrer aus russischer Kriegsgefangenschaft nach dem Ende des Ersten Weltkrieges, in: Wiener Geschichtsblätter 51,4, 1996, S. 229–264. Dieselben: Otto Bauer 1914–1919. Kriegsgefangenschaft und Heimkehr als Problem einer Biographie, in: Wiener Geschichtsblätter, 54,1, 1999, S. 1–21. Dies.: Österreich-Ungarn und die Heimkehrer aus russischer Kriegsgefangenschaft im Jahr 1918, in: Österreich in Geschichte und Literatur, 41, 1997, S. 385–403.

[269] Leidinger/Moritz: Gefangenschaft, Revolution, Heimkehr S. 675. Die entsprechende deutsche Sammlung des "Archivs und Museums der Kriegsgefangenschaft" wurde 1989 vom Deutschen Historischen Museum Berlin übernommen, das sie 1990 für eine Ausstellung im Reichstagsgebäude aufbereitete. Vgl. Kriegsgefangen. Objekte aus der Sammlung des Archivs und Museums der Kriegsgefangenschaft, Berlin, und des Verban-

Vor allem der von Verena Moritz beigesteuerte Teil der Arbeit bietet eine Übersicht zur Gefangenschaft in Rußland, Österreich-Ungarn und teilweise in Deutschland.[270] Doch die Ausführungen zum österreichischen Gefangenenwesen, das Thema von Moritz' oben besprochener Dissertation ist, bleiben hier dürftig und unkonkret. Sie lassen noch keine Kriegsgefangenenorganisation im Habsburgerstaat erkennen, das Schicksal von über einer Million Entente-Soldaten dort bleibt weithin unfaßlich. Allerdings ist der Vergleich des Gefangenenwesens in Rußland und bei den Mittelmächten bzw. wenigstens in Österreich-Ungarn kein besonderes Anliegen der ausgreifenden Untersuchung, obwohl dies der Buchtitel nahelegt und auch die Fragestellung danach drängte. Es ist bedauerlich, zumindest aber unverständlich, warum nach der Lektüre des Buches der Eindruck vorherrscht, Gefangenschaft in der Donaumonarchie und in Rußland seien von etwa denselben Rahmenbedingungen charakterisiert, wo doch die Voraussetzungen, wie sie schon genannt wurden, sich äußerlich wesentlich unterschieden (Ernährungslage, Infrastruktur etc.).

Ein weiteres Kapitel hat die Bemühungen zur Repatriierung der gegenseitigen Gefangenen Rußlands und Österreich-Ungarns im Jahre 1918 zum Gegenstand. Was die eigenen Gefangenen des Habsburgerstaats betrifft, so sind hier zwei verschiedene Stränge zu unterscheiden: die großen Schwierigkeiten des k.u.k. Repatriierungsapparats *in Rußland* von April bis November 1918, und die Heimkehrer-Kontrolle *im österreichischen Machtbereich* von Anfang 1918 bis zum Zusammenbruch, die die Autoren nach eingehenden Studien ausführlich untersucht haben.[271]

Im letzten Kriegsjahr wurde hier entscheidend, daß sich die militärische Führung der k.u.k. Armee nach den Erfahrungen mit den Meutereien der Rußland-Heimkehrer im Frühjahr zu einer sehr restriktiven, harten Behandlung der eigenen Landsleute aus Rußland entschloß. Die Unruhen im eigenen Hinterland, wo sich „grüne Kader" aus österreichischen Deserteuren und entflohenen, ausländischen Kriegsgefangenen gebildet hatten, bestimmten den k.u.k. Abwehrapparat nicht ohne Grund dazu: da in Rußland die in den westlichen Gouvernements zu Arbeiten eingesetzten gefangenen Österreicher 1918 zuerst die Heimkehr unternahmen – sie hatten den kürzesten Weg –, waren 60% der Rückläufer

---

des der Heimkehrer, Kriegsgefangenen und Vermißtenangehörigen Deutschlands e.V. Berlin 1990, S. 9 ff.

[270] Leidinger/Moritz: Gefangenschaft, Revolution, Heimkehr S. 158–206 (allgemein) und 211–233 (zu gegenseitigen Disloyalisierungsversuchen unter den Gefangenen). Leider werden auch hier die benutzten Archivalien in den Fußnoten nicht datiert, so daß es schwerfällt, Sachzusammenhänge und Hintergründe in einen chronologisch einzuordnen.

[271] Ebd. S. 453–504 und 556–605. Teil 4 (S. 533–659) befaßt sich allerdings schon mit der kommunistischen Bewegung in Deutschland, den Nachfolgestaaten Österreich-Ungarns und in Polen, bei der ehemals in Rußland kriegsgefangene Internationalisten überragenden Anteil hatten.

Slawen und rund 20% Ungarn (Magyaren).[272] Galten die Slawen tendenziell ohnehin als unzuverlässig, ja dem Habsburgerstaat gegenüber illoyal, so waren die Ungarn, die in der russischen Gefangenschaft bewußt schlecht behandelt worden waren und nicht zuletzt daher die Oktoberrevolution und den Waffenstillstand mit den Mittelmächten begrüßten, inzwischen besonders anfällig für die revolutionäre Propaganda der Bolschewiki. Diesen Handlungsstrang, der 1919 zur ungarischen Räterepublik unter dem ehemaligen Kriegsgefangenen Béla Kun führte, zeichnen die Autoren detailliert nach.

Den revolutionären Anteil der ungarischen Gefangenen und Heimkehrer als „Internationalisten" im russischen Bürgerkrieg vor allem im entscheidenden Jahr 1918 und in der Heimat 1918/19 zeigt Hannes Leidinger minutiös in der ganzen, quellenmäßig belegbaren Breite an der Gefangenen-Biographie führender ungarischer, aber auch österreichischer, deutscher und anderer Kommunisten auf. Außer Béla Kun, Ernst Reuter und vielleicht Ferenc Münnich sind ihre Namen heute weithin unbekannt.[273] Josef Broz-Tito, der ebenfalls in diese Reihe gehört, ist hingegen ein untypischer „Internationalist" gewesen. Reizvoll sind die bis in die Zeit nach dem Budapester Aufstand von 1956 fortgeschriebenen Biographien der ehemaligen österreichisch-ungarischen Gefangenen-Kommunisten, wenngleich dieser detailreiche und ausgreifende Teil der ohnehin langatmigen Betrachtung nichts mehr mit Kriegsgefangenschaft im Ersten Weltkrieg zu tun hat. Hier handelt es sich um Spät- und Langzeitfolgen, die sich auf ein neues Kapitel der Geschichte beziehen.[274]

Die Doppelarbeit erschließt sich infolge ihrer komplexen Struktur und anspruchsvollen Mehrfachthematik auch dem mit dem historischen Schauplatz und der Problematik gut vertrauten Leser nicht leicht: zur Kenntnis des kriegführenden Zaren- wie des revolutionären Sowjetstaats vor dem verwirrenden Hintergrund des Bürgerkriegs ist auch die genaue Kenntnis der schwierigen inneren Verhältnisse in der Donaumonarchie und in Deutschland erforderlich. Der mehrfache, mitunter unchronologische und sorglose Perspektivenwechsel auf verschiedensten Handlungsebenen macht es dem Leser schwer, die inhaltlichen Hauptstränge zu verfolgen, die mit den Titelbegriffen „Gefangenschaft, Revolution, Heimkehr" vorgegeben zu sein scheinen. Hinzu kommt, daß die Autoren hier über weite Strecken kompilativ ältere Literatur auswerten und

---

[272] Ebd. S. 484 f.

[273] Ebd. S. 237–449 (Teil 3) und S. 505 ff. (Teil 4). Nach dem gescheiterten Abenteuer in Ungarn richtete sich Béla Kun in Moskau ganz bürgerlich im Pfarrhaus der deutsch-evangelischen Hauptgemeinde Moskaus ein. Vgl. Nachtigal: Beistand für Kriegsgefangene in Rußland 1914 bis 1918: die Moskauer Deutschen S. 116 f.

[274] Auch das Verbleiben von deutschen und österreichischen Internationalisten im Sowjetstaat hatte Spätfolgen, die noch wenig erforscht sind. Zu Pressionen deutscher Kommunisten gegen rußlanddeutsche Kolonisten vgl. *passim* Detlef Brandes/Andrej Savin: Die Sibiriendeutschen im Sowjetstaat 1919–1938. Essen 2001.

somit eher eine beeindruckende Gesamtschau der drei großen ost- und mitteleuropäischen Schauplätze im Weltkrieg bieten als tatsächlich neue Erkenntnisse zur Kriegsgefangenschaft. Auch zu Lebensalltag und -bedingungen der Gefangenen, zu Mentalitäten erfährt man recht wenig. Als neue Erkenntnisse sind einige, meist mit bisher unbekanntem Quellenmaterial angereicherte historische Sonderfälle anzusehen, von denen zur Demonstration einige herausgegriffen werden sollen.

Hier wäre einmal die ausführliche Darstellung der sogenannten Petrograder Konferenz im Januar 1918 zwischen Mittelmächte- und Sowjet-Vertretern parallel zu den Verhandlungen in Brest-Litowsk hervorzuheben.[275] Ablauf und Hintergründe des „Aufstandes in Jaroslavl'", in den eine große Gruppe nach Westen ziehender Heimkehrer im Juli 1918 verwickelt wurde, sind als Faktoren eines wichtigen Wendepunkts erkannt. In den rund zwölf Monaten des ambivalenten Verhältnisses zwischen Mittelmächten und Sowjetrußland bis zum Kriegsende im November 1918 war der Juli jenes Jahres vielleicht der entscheidendste Monat: zu jenem Zeitpunkt hatte die Tätigkeit der österreichischen und deutschen Missionen im Sowjetstaat – diplomatische wie Repatriierungsmissionen – begonnen, die offizielle Repatriierung ihrer „befreiten" Landsleute war von Moskau erlaubt worden. Dort und im von Deutschen besetzten Kiew kam es gleichzeitig zu zwei tödlichen Anschlägen auf hochrangige Vertreter Deutschlands durch russische Sozialrevolutionäre, die die ohnehin prekäre Beziehung zwischen Berlin und Moskau stören wollten.

Nur kurz zuvor, im Juni, hatte der Bürgerkrieg an fast allen Fronten des reduzierten Einflußgebiets der Rätemacht begonnen. Moskau reagierte mit voller Härte und ermordete die Anführer des weißen Aufstandes von Jaroslavl', nachdem diese sich den kriegsgefangenen Heimkehrern dort als vermeintliche Kombattanten ergeben hatten, als sie ihren Kampf als aussichtslos aufgaben. Die von Moskau geforderte Auslieferung von über 300 weißgardistischen Offizieren wurde von der deutschen Botschaft in Moskau den Heimkehrern umgehend befohlen, nicht zuletzt, weil man sich nach der überkommenen Auffassung souveräner Staaten nicht in innerrussische Dinge einmischen wollte. Daraus eine vorgegaukelte, aber nicht wirkliche Neutralität der Heimkehrer im Bürgerkrieg zu konstruieren und für die Bürgerkriegsparteien das Recht abzuleiten, Heimkehrer und Kriegsgefangene als Kombattanten anzusehen, ja diese in die eigenen Armeen einzureihen, scheint angesichts der verworrenen Verhältnisse in Rußland unangemessen. Jedenfalls belegt das Fallbeispiel schlag-

---

[275] Leidinger/Moritz: Gefangenschaft, Revolution, Heimkehr S. 237–249. Ebd. werden bulgarische und türkische Vertreter der Konferenz genannt, wofür ich keine Anhalte fand. Ausführlich dort zur Organisationsgeschichte der sowjetischen Gefangenen-Behörde *Centroplenbež* (S. 249 ff.). Vgl. Nachtigal: Rußland und seine österreichisch-ungarischen Kriegsgefangenen S. 318 f.

lichtartig die schwierige Situation der Mittelmächte und ihrer Heimkehrer im „Frontbereich" des russischen Bürgerkriegs.[276]

Die gut recherchierten Detailfälle sind zwar zuweilen aufschlußreich und vermehren unsere Kenntnisse des Gesamtablaufs teilweise. Sie ermüden jedoch selbst da, wo sie langatmige Passagen, die aus der publizierten Literatur entnommen sind, unterbrechen. Als bedenkliche Arbeitsmethode erweist sich zudem die unkritische Übernahme von Daten aus dem Aktenmaterial vor allem des Österreichischen Staatsarchivs für das problematische Jahr 1918, für das kaum angenommen werden kann, daß die Nachrichten zutreffend waren, die vom östlichen Schauplatz nach Wien gelangten. Die Qualität der Gesamtdarstellung beruht wesentlich auf publiziertem Schrifttum und weniger auf Quellenmaterial: deswegen sind auch selten neue Erkenntnisse möglich, zumal zur eigentlichen Gefangenenproblematik, die zu kurz kommt. Mit dem Hauptthema „kommunistische Bewegung in Mittel- und Osteuropa seit 1917" erscheint die unübersichtliche, ja diffuse Doppelarbeit in weiten Teilen wie eine Fortschreibung der bis 1989/94 betriebenen Internationalisten-Forschung aus bürgerlicher Perspektive. Die weite Sicht über einen großen Teil des europäischen Kontinents, in der Arbeit konzentriert auf die Jahre 1918 und 1919, wird überdies dort zum Nachteil, wo nicht mehr eindeutig ist, um welche Gefangenen oder Heimkehrer und um welchen Gewahrsamsstaat es sich handelt.

D.3. Die Behandlung der Gefangenen im Rahmen alteuropäischer Kriegsbräuche: Offiziere und Mannschaften

Vier Autoren (A. Rachamimov, H. Leidinger/V. Moritz und G. Wurzer) heben für Rußland als wichtiges Merkmal die kraß unterschiedliche Behandlung von Offizier und Mannschaft gerade der k.u.k. Armee hervor, was zu einer Zweiklassen-Gesellschaft in den Lagern führte. Auffälligster Unterschied war, daß gefangene Offiziere vom Gewahrsamsstaat eine Offizierslöhnung erhielten und nicht der Arbeitspflicht unterlagen. In Rußland war das ein Betrag von 50 Rubeln im Monat für Subalternoffiziere, für Stabsoffiziere und Generäle jeweils höher. Mit diesem Geld konnte man trotz Rubelentwertung leidlich bis 1916/17 auskommen, wenn nicht aus bestimmten Gründen zusätzliche Kosten entstanden. Nach der Oktoberrevolution stellten die neuen Machthaber die Offizierslöhnung in Rußland ein. Georg Wurzer betont darüber hinaus das Beschwerderecht kriegsgefangener Offiziere bei der russischen Gewahrsamsmacht, was von diesen intensiv bis in die höchsten Stellen der Militärverwaltung genutzt wurde, mit der Folge, daß russische Lagerkommandanten gegenüber den Offi-

---

[276] Leidinger/Moritz: Gefangenschaft, Revolution, Heimkehr S. 438–443. Zum selben Vorfall vgl. Nachtigal: Rußland und seine österreichisch-ungarischen Kriegsgefangenen S. 314 mit Quellenmaterial, das eine andere Deutung zuläßt.

zieren jeden Beschwerdeanlaß zu vermeiden suchten.[277] Als konkrete Auswirkung dieser großzügigen Einrichtung, bei der ein reziproker Schutzmechanismus wirksam wurde, ist bis zur Oktoberrevolution die gesundheitliche Schonung der Offiziere gegenüber der fallweise harten Behandlung der schutzlosen Mannschaftsränge insbesondere bei den Österreichern anzunehmen.

Diese Institution führte allerdings neben der in der Gefangenschaft nicht unwesentlichen „Offiziersgage" dann auch dazu, daß sich Mannschaftsränge und Offiziersanwärter als Offiziere ausgaben, ohne es zu sein, mit der Folge, daß schließlich über 54.000 Gefangene der k.u.k. Armee in Rußland Offiziersstatus beanspruchten; eine Zahl, die die russischen Offiziere im Gewahrsam der Mittelmächte um mehr als das Doppelte überstieg.[278] Zu bedenken ist hier, daß die Habsburgermonarchie nicht nur ihre eigenen Offiziere und Soldaten nach dem ritterlichen Kodex des *ancien régime* behandelte, sondern natürlich auch feindstaatliche Gefangene. Gerade in der traditionalistischen und übernationalen k.u.k. Armee hatten sich Elemente und Merkmale wie ritterliches Gefängnis, Offiziersehrenwort (*parole d'honneur*), Austausch usw. in starkem Maße erhalten und änderten sich auch bis zur Thronbesteigung Kaiser Karls I. im November 1916 nicht. Zumindest in der deutschen Armee glich sich die Verpflegung von Offizieren und Soldaten der Kampfeinheiten in den letzten Kriegsjahren an.

Ist über die Kriegszeit von einem allmählichen Verfall ritterlicher Kriegsbräuche gegenüber gefangenen Offizieren auch an der Ostfront auszugehen, so bietet das Schicksal der österreichisch-ungarischen Generäle in russischer Gefangenschaft konkreten Aufschluß darüber, daß im Zarenstaat die Gewährung solcher vormodernen Standards einerseits praktisch oft undurchführbar war, andererseits die gegen die Mittelmächte aufgepeitschte öffentliche Meinung dies teilweise nicht zuließ.[279] Sogar in der Bilanz der Gefangenschaft seiner dreizehn Mittelmächte-Generälen schneidet Rußland schlecht ab: einer beging nach acht Monaten Selbstmord, zwei weitere, darunter der einzige deutsche, starben

---

[277] Wurzer: Die Kriegsgefangenen der Mittelmächte S. 82–92 mit der Affäre um einen versehentlich mißhandelten k.u.k General in Sibirien. Die russische Militärverwaltung legte eine Akte dazu an. In Deutschland konnten disziplinarisch belangte Gefangene bei den Oberkriegsgerichten der stellvertretenden Generalkommandos und beim Reichsmilitärgericht (eine militärische Institution des Reichs, nicht der preußischen Staatsverwaltung!) Revision einzulegen. Vgl. Mitze: Das Kriegsgefangenenlager Ingolstadt S. 248 f.

[278] Vgl. Nachtigal: Rudolf J. Kreutz, Bruno Brehm und Jaroslav Hašek: drei Kriegsgefangene in Rußland. Zum Vergleich: von 997.000 deutschen Gefangenen im Gewahrsam der Entente waren etwa 11.000 Offiziere.

[279] Vgl. Nachtigal: Die kriegsgefangene k.u.k. Generalität in Rußland während des Ersten Weltkrieges. Ob eine Untersuchung der Entente-Generäle in Gefangenschaft der Mittelmächte Wissenswertes zu Tage fördern würde, ist fraglich. Allein in Deutschland befanden sich Ende 1916 47 russische Generäle, darunter einige Deutschbalten. Moritz: Zwischen allen Fronten S. 158 f. zu Gefangenschaft und Flucht des russischen Generals L. Kornilov aus Österreich-Ungarn.

unter zunächst ungeklärten Umständen. Die Generäle waren darüber hinaus neben den etwa 20 österreichischen Feldgeistlichen in Rußland bevorzugte Opfer von Retorsionen. Allerdings wurden bis zum Waffenstillstand im Dezember 1917 drei österreichische Generäle in die Heimat ausgetauscht, mindestens zwei davon aufgrund ihres Alters. Frappierend sind gerade bei dieser begünstigten Einzelgruppe zwei Analogien der osteuropäischen Großmacht in beiden Weltkriegen: beide Male wurden Generäle dort politisch für Zwecke Rußlands instrumentalisiert, beide Male gab es eine vergleichbare Sterblichkeit von annähernd 25% unter ihnen, die anteilig der allgemeinen Sterberate unter Gefangenen in Rußland grob entspricht![280]

In den Kontext sich erhaltender Kriegsbräuche des *ancien régime* gehört in bezug auf die Kriegsgefangenen auch eine Erscheinung, die alle aus Rußland heimkehrenden Angehörigen der k.u.k. Armee erwartete, nämlich ein peinliches Rechtfertigungsverfahren, in dem sich Offiziere wie Mannschaft zu ihrer Gefangennahme erklären mußten.[281] Das Stigma „unverwundet gefangen" lieferte für das 1921 publizierte Tagebuch des österreichischen Militärarztes Burghard Breitner, der sechs Jahre in Ostsibirien interniert war, sogar den Titel: wer nicht vor der Gefangennahme verwundet oder beim Fall einer Festung summarisch in Feindeshand geraten war, war der Desertion verdächtig. Daß dieses staatliche Mißtrauen bei einer multiethnischen Armee im Zeitalter des Nationalismus und der Massenheere noch verständlich war, leuchtet ein, obwohl es sich nicht um ein Phänomen im Kriegsbrauch des *ancien régime* handelt. Als seit Frühjahr 1918 hunderttausende österreichische Heimkehrer an der Ostfront die Demarkationslinie zur Heimat überschritten, wurde mit Hilfe des militärischen Abwehrapparats eine aufwendige Heimkehrerkontrolle errichtet, die den Landsleuten eine Welle von Mißtrauen entgegenbrachte und ihren Patriotismus auf eine harte Probe stellte.

Von der mißtrauischen Behandlung russischer Heimkehrer vor der Oktoberrevolution – Austauschinvaliden und aus der Gefangenschaft Geflohene – durch die russische Militärverwaltung ist leider zu wenig bekannt: hier wäre mitunter interessanter Aufschluß zu Kontinuitäten im Zweiten Weltkrieg an der Ostfront zu erwarten, denn nach Beginn des deutsch-sowjetischen Krieges 1941 ließ die sowjetische Seite keinen Zweifel, wie sie die nach Kriegsende aus deutscher Gefangenschaft „befreiten" Landsleute, Millionen von Rotarmisten und Ostarbeitern, behandeln würde. Nahm die deutsche Führung zwar nicht solch eine

---

[280] Zur Gefangenschaft von Generälen liegt auch ein Nachschlagewerk für die Zeit des Zweiten Weltkrieges vor: Irina V. Bezborodova: Generäle des Dritten Reiches in sowjetischer Hand. Graz 1998 bietet alphabetisch angelegte Auszüge aus sowjetischen Personalakten und -karteien. Vgl. ebd. S. 13–25, daraus S. 19.

[281] Diese speziell österreichische Problematik bei Leidinger/Moritz: Gefangenschaft, Revolution, Heimkehr S. 466 ff.

strenge Haltung gegenüber ihren Soldaten ein, die in sowjetische Gefangenschaft fielen, so galt doch jeder, dem dieses Schicksal widerfuhr, als verloren: „Die ganze Art der Kriegführung stellte darauf ab, daß Gefangene [gegenseitig, R. N.] nach Möglichkeit überhaupt nicht gemacht wurden".[282] Schließlich ist auch bekannt, daß die Verluste unter den Soldaten der Achsenmächte in Rußland gerade während der Kriegsjahre exorbitant hoch waren, weil die Sowjetunion erst eine komplette Kriegswirtschaft hinter der Wolga aufbauen mußte und die Versorgung zunächst weniger hunderttausend Kriegsgefangener nach dem Verlust des wichtigen Anbaugebietes in der südlichen Hälfte des europäischen Rußland äußerst erschwert war.

Im Falle der italienischen Gefangenen bei den Mittelmächten, immerhin Angehörigen eines faktisch minderheitenlosen Nationalstaats, überrascht, daß sie nicht nur nach ihrer Repatriierung von den Staatsorganen mißtrauisch und schlecht behandelt wurden, sondern die italienische Führung zu ihrer „Disziplinierung über die Front hinweg" durch die bewußte Unterlassung ihrer Fürsorge den Hungertod von rund 100.000 kriegsgefangenen Landsleuten, Soldaten der italienischen Armee hinnahm.[283]

D.4. Repressalien zwischen Deutschland und Rußland in Sachen der Kriegsgefangenen

Repressalien kamen an der Ost- wie an der Westfront in unterschiedlichem Maße gegen feindstaatliche Kriegsgefangene zur Anwendung. Obwohl Vergeltungsmaßnahmen schon während des Krieges wegen ihrer zweischneidigen Auswirkungen umstritten waren, wurden sie etwa in Deutschland nach dem Krieg nicht grundsätzlich verworfen, sondern als *ultima ratio* in Einzelfällen gutgeheißen.[284] Grund dafür war, daß die deutsche Militärverwaltung im Krieg

---

[282] Hans-Heinrich Wilhelm: Motivation und "Kriegsbild" deutscher Generale und Offiziere im Krieg gegen die Sowjetunion, in: Erobern und Vernichten. Der Krieg gegen die Sowjetunion 1941–1945. Essays (Hgg. P. Jahn/R. Rürup). Berlin 1991, S. 153–182, hier S. 174. Vgl. S. 160 ff. Dem Verfasser ist allerdings unbekannt, daß es in der Frühphase des deutsch-sowjetischen Krieges tatsächlich einen Vorstoß des Oberkommandos der Wehrmacht gab, über das Rote Kreuz Gefangenenlisten mit der Sowjetunion auszutauschen. Unerwähnt bleibt auch, daß noch Anfang 1945 die Zahl der zu den Deutschen übergehenden Sowjetsoldaten sehr hoch war, was auf ein eher zunehmendes Motivationsproblem der siegreichen Sowjetmacht schließen läßt.

[283] Paul Corner/Giovanna Procacci: The Italian experience of 'total' mobilization 1915–1920, in: State, society and mobilization in Europe during the First World War (Hrsg. John Horne). Cambridge 1997, S. 223–240. Vgl. G. Procacci: "Fahnenflüchtige jenseits der Alpen". Italienische Kriegsgefangene in Deutschland und Österreich-Ungarn, in: Kriegsgefangene im Europa des Ersten Weltkriegs (Hrsg. J. Oltmer). Erscheint Essen 2005. Vgl. Abbal: Soldats oubliés S. 183 ff. zum Mißtrauen der französischen Führung.

[284] In Deutschland wurden sie seit dem Krieg in mehreren juristischen Studien behandelt. Vgl. auch Mitze: Das Kriegsgefangenenlager Ingolstadt S. 239 f. Der letzte deutsche

eine viel strengere militärische Disziplin in der französischen Armee als im deutschen Heer feststellte. Insgesamt fällt auf, daß sich der Diskurs zu den Repressalien zugunsten von eigenen und gegen feindstaatliche Gefangene seit dem Ersten Weltkrieg ausschließlich um das Verhältnis Deutschlands zu seinen Gegnern an der Westfront spann. Österreich-Ungarn und seine Gegner, die mildere Formen von Vergeltungsmaßnahmen gegeneinander übten, haben nie eine Erörterung der Repressalie unternommen: weder während des Krieges durch die Militärführung, noch nach Kriegsende auf akademischem Feld oder in einer breiteren Öffentlichkeit.

Um die Lage der gefangenen Landsleute in Rußland zu verbessern, führten die Doppelmonarchie und Deutschland für verschiedene Zwecke Vergeltungsmaßnahmen gegen russische Kriegsgefangene bei den Mittelmächten ein, allerdings, wie es scheint, ausschließlich gegen Offiziere und Gleichgestellte! Vergeltungsmaßnahmen gegen feindstaatliche Gefangene waren im Ersten Weltkrieg und bis zur Genfer Konvention von 1929 als Druckmittel nicht verboten und wurden von fast allen Kriegsmächten mehr oder weniger angewandt.[285] Weiterhin sei vorausgeschickt, daß mitunter Mißverständnisse Anlaß zu diesem Mittel waren. Österreich-Ungarn bediente sich gegenüber Rußland nur der harmloseren Form der Repressalie, der heute auch im juristischen Sprachgebrauch weithin unbekannten Retorsion. Sie wurde meist auch umgehend zurückgenommen, sobald russischerseits die Behebung eines durch die k.u.k. Zensur festgestellten Mißstandes bei der Behandlung der Gefangenen im russischen Gewahrsam zugestanden wurde. Die Donaumonarchie wandte im Kriegsjahr 1915 Retorsionen etwa mit Erfolg an, um einen russischen Befehl zur Abnahme der Dienstgradabzeichen und Orden bei gefangenen k.u.k. Offizieren rückgängig zu machen. Bei der nicht ranggemäßen Behandlung der gefangenen k.u.k. Generäle wurden zeitweise die russischen Generäle im österreichischen Gewahrsam einem Korrespondenzverbot unterworfen.[286] Überhaupt führten Österreich und Rußland über die amerikanische Schutzmacht und Dänemark einen nach Aktenlage der k.u.k. Behörden aufwendigen Kleinkrieg, wenn es um das Wohlbefinden der gegenseitigen, vor allem aber der österreichischen Offiziere ging. Korrespondenzverbote, Einschränkung der Bewegungsfreiheit und der zeitweilige Entzug sonstiger Annehmlichkeiten, die bei

Reichskanzler Prinz Max von Baden befürwortete ihre Anwendung im Verhältnis mit Frankreich.

[285] Hankel: Die Leipziger Prozesse S. 356 ff. nennt eine Protestnote des IKRK vom März 1917, in dem *Repressalien an Kriegsgefangenen* "als unzulässige barbarische Maßnahme angeprangert wurden". Der dort nach Kriegsende als Anklage der West-Entente gegen Deutschland geschilderte Fall entsprang einer deutschen Vergeltung zum Schutz deutscher Gefangener in britischer Hand. Der Charakter einer Repressalie als *völkerrechtlich erlaubtes Mittel zur Beendigung eines völkerrechtswidrigen Zustands* auf Seiten des Gegners wird daran deutlich.

[286] Nachtigal: Die kriegsgefangene k.u.k. Generalität in Rußland.

der physischen Schonung der gefangenen Schützlinge keine Rolle spielten, bewirkten meist ein erfolgreiches Resultat.

Da diese beschränkten Gegenmaßnahmen trotz interessanter Details kaum ein relevantes Kriterium für die Gefangenenbehandlung insgesamt abgeben, wenden wir uns der bedeutendsten Repressalie gegen Kriegsgefangene im Ersten Weltkrieg überhaupt zu, die der Autor in einer Studie zum Bau der Murmanbahn gesondert betrachtet hat.[287] Obwohl es sich dabei um einen bedeutsamen politischen und völkerrechtshistorischen Vorgang handelt, der ausdrücklich „zur Rettung" der eigenen Kriegsgefangenen in Rußland angestoßen wurde, die unter unmenschlichen Bedingungen Schwerstarbeit leisten mußten, hat bis heute der Repressalienstreit zwischen Deutschland und Rußland keine wissenschaftliche Beachtung erfahren.[288] In den Verfahren zu Kriegsverbrechen zwischen den Kriegsparteien, die nach dem Frieden im Westen angestrengt wurden, war Rußland und sein Verhältnis zu den Mittelmächten nicht einbegriffen. Übersehen wurde bis heute allerdings, daß auch im Frieden von Brest-Litowsk keine gegenseitige oder gar einseitige „Aufrechnung" der Kriegsverbrechen – in diesem Fall der osteuropäischen Großmacht als Verlierer – versucht wurde, obwohl das Friedensdiktat der Deutschen gerne als Rechtfertigung oder zumindest zur Erklärung der überzogenen Pariser Vorortverträge benutzt wird.[289] Nach über halbjähriger genauer Beobachtung der Gefangenen beim Bau der Murmanbahn im äußersten Nordwesten Rußlands und nach einem weiteren, mehrmonatigen Abwarten und Ermahnen der russischen Regierung, schritt das preußische Kriegsministerium Mitte Oktober 1916 eigenmächtig – das heißt ohne Abstimmung mit dem deutschen Auswärtigen Amt oder dem Reichskanzler – zu einer vergleichsweise milden Maßnahme ausschließlich gegen russische Offiziere in Deutschland: zunächst 500 von ihnen, etwas später weitere 500, wurden in Mannschaftsbaracken bei entsprechender Mannschaftsbehandlung, das bedeutete hier Mannschaftsverpflegung, in einem Lager im Ströher Moor bei Minden konzentriert. Arbeitspflicht bestand hingegen zu keiner Zeit. Typische Retorsionen wie Korrespondenzverbot wurden für die nähere Zukunft als zusätzliches Druckmittel in Aussicht gestellt.

---

[287] Nachtigal: Die Murmanbahn S. 73 ff. Da sich inzwischen zusätzliches Material zum Themenkomplex der Murmanbahn fand, plane ich eine Neuauflage des Buches für 2005.

[288] Gerd Hankel behandelt in seiner gründlichen völkerrechtlichen Studie nur Fälle, derentwegen Deutschland von der West-Entente angeklagt wurde. Auch dem Themenband von Wolfram Wette/Gerd R. Ueberschär (Hgg.): Kriegsverbrechen im 20. Jahrhundert. Darmstadt 2001 ist der Fall entgangen. War Crimes, War Criminals, and War Crime Trials. An Annotated Bibliography and Source Book (Hrsg. Norman E. Tutorov). New York/London 1986, nennt S. 94–97 nur drei Publikationen, die direkt die Ostfront betreffen. Es handelt sich um offizielle Schriften der Kriegsparteien aus dem Kriegsjahr 1915!

[289] Vgl. hierzu die Beiträge in: Versailles 1919. Ziele – Wirkung – Wahrnehmung (Hrsg. Gerd Krumeich). Köln 2001.

Das preußische Kriegsministerium, das im Deutschen Reich die Funktion eines nicht bestehenden Reichskriegsministerium erfüllte, nahm zu dieser Maßnahme als *ultima ratio* Zuflucht, entgegen der ausdrücklichen Warnung einer deutschen RK-Schwesternoberin, die im Winter 1915/16 die Gefangenenlager in Rußland über Monate genau inspiziert hatte und, wie die Schwestern späterer Besuchs- und Kontrollreisen in Rußland, dringend von Vergeltungsmaßnahmen abriet.[290] Die deutschen Repressalien zum Nutzen der kriegsgefangenen Mannschaften an der Murmanbahn, die ganz überwiegend der österreichisch-ungarischen und nicht der deutschen Armee angehörten, wurden gegen russische Offiziere ausschließlich in Deutschland eingeführt und lösten, wie von Oberin Alexandrine Gräfin Uexküll vorhergesagt,[291] „brutale" Gegenvergeltung der russischen Regierung aus, die sich in diesem Fall weigerte, die deutschen Hinweise und Mahnungen zunächst einmal erst auf ihren Wahrheitsgehalt zu überprüfen. In Berlin, das enge Kontakte zu den neutralen skandinavischen Staaten, insbesondere aber zu Rußlands Nachbarn Schweden unterhielt, häuften sich durch skandinavische Reisende, Kaufleute, Finnen und nicht zuletzt durch entflohene Kriegsgefangene seit Herbst 1915 die Informationen über das fantastisch anmutende Bahnbauprojekt.

Petrograd stellte sich, seit Sommer 1916 wider nachgewiesenen besseren Wissens der verantwortlichen Stellen in Rußland, auf den Standpunkt, die zuvor schlimmen Verhältnisse für die kriegsgefangenen Arbeiter seien behoben. Rußland unterwarf vermutlich die Mehrheit seiner rund 2.000 reichsdeutschen Offiziere, die überwiegend in Sibirien interniert waren, umgehend der Mannschaftsbehandlung bei der russischen Armee, allerdings ebenfalls ohne Zwangsarbeit. Bei dieser einzigen schweren Repressalie und Gegenrepressalie zwischen den Kriegsparteien im Osten – die Habsburgermonarchie beteiligte sich nicht an diesem Streit, obwohl es überwiegend um ihre gefangenen Soldaten ging! – ließ sich anhand der Memoiren gefangener deutscher Offiziere zunächst keine besondere Verschlechterung des Loses dieser Gruppe feststellen, so daß *post festum* nicht der Eindruck bestand, die deutschen Offiziere hätten besonders gelitten. Allerdings wußten die Betroffenen nicht, daß es bei ihrer Schlechterstellung im Spätjahr 1916 um eine russische Gegenmaßnahme han-

---

[290] Der Anlaß dafür wird noch interessieren, da hier Grundsätzliches zum russischen Gefangenenwesen angesprochen und andere Möglichkeiten der Hilfe für die Landsleute in Rußland aufgezeigt wurde.

[291] Gräfin Uexkülls Warnung referiert Mitze: Das Kriegsgefangenenlager Ingolstadt S. 240 in der Annahme, Berlin habe daraufhin keine Repressalien angewendet. Die Eskalation wegen der Gefangenen an der Murmanbahn ist ihr unbekannt, obwohl es sich um einen Topos nicht nur der Zwischenkriegszeit handelt. Im Lager Ingolstadt scheint es keine Auswirkungen für russische Offiziere gegeben zu haben. Nicht ganz richtig, aber wichtig ist die referierte Einsicht, daß "die Zustände in der russischen Armee bereits in Friedenszeiten sehr schlecht seien, da dort 'die Soldaten unverschämt geprügelt' würden".

delte![292] Vor allem weil die politische Führung in Berlin das Nutzlose der Repressalie schnell einsah und Dänemark und Schweden sich als beiderseits begütigende Vermittler anboten, konnten die gegenseitigen Maßnahmen etwa sechs Wochen, nachdem sie von Deutschland begonnen worden war, aufgehoben werden. Eine Besserung für die Murman-Kriegsgefangenen, deren Abtransport der Zar dem deutschen Kaiser bis zum Jahresbeginn 1917 zugesagt hatte, weil die Murmanbahn fertiggebaut sei, stellte sich aber erst um die Zeit der Februarrevolution ein.[293]

Der Repressalienstreit ist, nicht zuletzt weil es nach dem Weltkrieg zu keiner rechtlichen Auseinandersetzung oder zu Vorwürfen wegen der Behandlung der gegenseitigen Gefangenen an der Ostfront kam (ohne Kläger kein Richter), in der Völkerrechtsgeschichte gänzlich unbeachtet geblieben. Trotzdem scheinen gerade die Erfahrung des Gefangenen-Einsatzes beim Bau der Murmanbahn und die infolgedessen eingeführten Repressalien gegen gefangene Offiziere ein ausdrückliches Verbot von Repressalien gegen Kriegsgefangene in der zweiten Genfer Konvention zur Folge gehabt zu haben.[294] Erstaunlich ist, daß weder von zeitgenössischer amtlicher oder wissenschaftlicher Seite in Österreich nach dem Krieg, noch in der jüngeren österreichischen Forschung jemals ein Blick auf dieses doch ausgesprochen österreichische Kapitel der Kriegsgefangenschaft geworfen wurde.

Gerd Hankel hat in einer völkerrechtshistorischen Betrachtung der Kriegsrepressalie, und zwar ausdrücklich der Repressalie gegen Kriegsgefangene, darauf hingewiesen, daß erst spät im Krieg, seit der zweiten Jahreshälfte 1917, reglementierende Vereinbarungen diese im Verhältnis der Gegner an der Westfront weitgehend einschränkten, obwohl sie dort im Vergleich zu den Murmanbahn-Repressalien harmlos wirken.[295] Es ist aber auch anzunehmen, daß auf-

---

[292] Georg Wurzer, der die lebensrettende Besserstellung der gefangenen Offiziere in Rußland betont, machte mich auf eine mögliche Fehleinschätzung aufmerksam. Vgl. seine Rezension in: Forum für osteuropäische Ideen- und Zeitgeschichte 6,2, 2002, S. 307–309.

[293] Der Verfasser hat infolge der weiteren Entwicklung den Standpunkt eingenommen, daß die Öffentlichkeitswirkung und der Versuch zur Besserung durch Repressalien immerhin etwas bewegten: Nachtigal: Die Murmanbahn S. 73–81.

[294] Vgl. Nill-Theobald: "Defences" bei Kriegsverbrechen am Beispiel Deutschlands und den USA S. 283 ff.

[295] Hankel: Die Leipziger Prozesse S. 371–377. Ebd. S. 377 führt der Autor an, daß sich Deutschland infolge immer schärferer Repressalien (ausschließlich gegen Angehörige der West-Entente, R. N.) in der Weltöffentlichkeit zunehmend desavouierte. Dies scheint Hankel gegen die Repressalie überhaupt einzunehmen. Zu zustimmen ist ihm bei dem Argument, daß ein behaupteter Völkerrechtsverstoß des Gegners, der Anlaß für eine Repressalie ist, schwer zu belegen ist. Wie bei dem Geiselrecht wird daher bei "Gegenmaßnahmen" Verhältnismäßigkeit und äußerst zurückhaltender, seltener Gebrauch der Repressalie angemahnt. Vgl. Frits Kalshoven: Repressalien, in: Kriegsverbrechen. Was jeder wissen sollte (Hgg. Roy Gutman, David Rieff). München 1999, S. 346 f.

grund der unbedachten – wenn auch nicht überstürzten! – deutschen Initiative vom Herbst 1916, die vom Kriegsministerium und nicht vom Auswärtigen Amt unternommen wurde, und den folgenden Erfahrungen mit Rußland auf das Repressalieninstrument künftighin verzichtet wurde. In Hinblick auf Rußland, wo die Verhältnisse für manche Kriegsgefangene weiterhin sehr schwierig blieben, hatte das aber auch politische Gründe: seit dem Sturz des Zarenregimes im März 1917 und der zunehmend chaotischen Lage im Lande verlegte man sich in Berlin auf reine Beobachtung! Immer weniger kam der russische Staat, der vor den Augen der Weltöffentlichkeit unter den anarchischen Verhältnissen im Lande zusammenbrach, als Adressat von Beschwerden und Protesten in Frage, die die unzulängliche Behandlung der Mittelmächte-Angehörigen betrafen.

Unter der Provisorischen Regierung kam es dann sogar zu weitergehenden humanitären Vereinbarungen, als deren konkretestes Ergebnis der „erweiterte Invalidenaustausch" anzusprechen ist. Nachdem sich die zarische Regierung nach entsprechenden Abmachungen mit den Mittelmächten im Sommer 1915 auf einen im September jenes Jahres begonnenen Gefangenenaustausch einließ, unterbrach sie diesen immer wieder aus Sorge, daß invalide Kriegsgefangene in der Heimat wiederhergestellt und für kriegswichtige Arbeiten genutzt werden könnten. Erst im Sommer 1917 kamen im Rahmen einer effizienteren Kriegführung, die auch Spielraum für eine humanere Gefangenenbehandlung eröffnete, mehrere tausend Invaliden in den Genuß der Heimkehr.[296]

Gleichzeitig förderte insbesondere Deutschland jede Möglichkeit zur Flucht für die gefangenen Soldaten der Mittelmächte in Rußland. Im Jahre 1917 bot sich, nachdem Rumänien Ende August 1916 auf Seiten der Entente in den Krieg eingetreten und somit dieser Fluchtweg versperrt war, die durch Finnland eingerichtete Fluchtroute an, die ursprünglich für fluchtwillige Gefangene an der Murmanbahn geschaffen worden war.[297] Die deutsche Führung verstand es, aus der Not eine Tugend zu machen. Die Repressalieneskalation hat aber vor allem offengelegt, daß sich das zarische Rußland an einer funktionierenden Reziprozität zum Nutzen der eigenen Landsleute kaum interessiert zeigte, was auch in den deutschen und österreichischen Lagergeschichten mehr als deutlich wird.

---

[296] Nachtigal: Rußland und seine österreichisch-ungarischen Kriegsgefangenen S. 138 f. Die russische Sorge, daß arbeits- oder kriegsdiensttaugliche, nur zeitweilig Versehrte in die Heimat gelangen könnten, war nicht unbegründet, da der Staat über keinen effizienten militärmedizinischen Dienst verfügte und sich auf sinnlose Restriktionen beschränkte, die sich oft unmenschlich auswirkten (Tuberkulose-Kranke).

[297] Nachtigal: Die Murmanbahn S. 114 ff. Die gute Organisation dieser Fluchtroute hielt wiederum Deutschland seit Anfang 1917 von weiteren Druckmitteln gegen Rußland ab!

D.5. Nationalitäten- und Loyalitätsprobleme der Vielvölkerarmeen an der Ostfront

Mit Blick auf die Gefangenen der österreichischen Armee in Rußland hat der Moskauer Akademie-Historiker Alexander Revjakin einmal von der „ethnischen Waffe" der Entente gesprochen. Das Phänomen der Nationalitätenselektion war im Ersten Weltkrieg neuartig. Sie wurde jedoch im nächsten Weltkrieg unter ideologischen Maßgaben erheblich weiterentwickelt! „Nationalitätenpolitik" unter Kriegsgefangenen[298] sollte daher nicht nur als ein spezielles, rein historisches Phänomen des kriegführenden Zarenstaats interessieren. Trotz Verbesserung des Kriegsvölkerrechts wurden und werden auch Kriegsgefangene immer mehr Objekte staatlich-politischer Erwägungen – meist gegen ihre eigenen Interessen. In Hinsicht auf die Andersartigkeit der Ostfront in zwei Weltkriegen scheint gerade beim ethnischen Kriterium die sorgfältige Studie zur historisch ersten Generalprobe lohnend. Auch die Soldaten des Zarenstaats, der viel weniger auf sein „Menschenmaterial" politische Rücksicht nehmen mußte und nahm, wurden Objekte feindlicher Propaganda und Rekrutierung. Die Aufarbeitung dieses Kapitels in einer systematischen Gesamtschau aus russischer Sicht, begriffen als risikobereites Vorspiel einer viel brutaleren ideologischen Auseinandersetzung im Zweiten Weltkrieg und danach, wäre ein lohnenswertes Forschungsthema.

Im Ersten Weltkrieg wurden am östlichen Kriegsschauplatz vormals österreichisch-ungarische Soldaten der tschechischen Legion, wenn sie wieder in die Hände der k.u.k. Armee gerieten, wie Hoch- und Landesverräter behandelt. Ende 1917 erklärte die französische Republik die tschechische Legion zum Teil der französischen Armee, was bis zum Kriegsende an der Weigerung des Heimatstaats, diese im Falle der Gefangennahme als Kriegsgefangene anzusehen, nichts änderte. Im Gegensatz dazu wurde am Ende des Zweiten Weltkrieges den Angehörigen der „Russischen Befreiungsarmee", der Wlassow-Armee und solchen Kosaken, die auf Seiten der Achsenmächte gekämpft hatten – darunter Altemigranten, die nicht Sowjetbürger waren, der völkerrechtliche Status von Kombattanten versagt und diese dem Heimatstaat ausgeliefert, obwohl die Folgen für die britische Gewahrsamsmacht absehbar waren.[299] Für die Betroffenen bedeutete das faktisch ein Todesurteil, es kam daraufhin zu Massen-Selbstmorden, die Überlebenden verschwanden für viele Jahre in Stalins Todeslagern, sie

---

[298] Diesen schwierigen Begriff benutzt auch Cornwall: The Undermining of Austria-Hungary, etwa S. 112 in bezug auf Italiens Kriegszielpolitik gegenüber Österreich-Ungarn. Vgl. Cornwall *passim* auch für nachfolgende Ausführungen zur Propaganda unter Kriegsgefangenen, allerdings fast nur an der Italienfront.

[299] Hoffmann: Die Tragödie der "Russischen Befreiungsarmee" 1944/45 S. 230 ff. mit Bezug auf den Präzedenzfall der tschechischen Legion in Rußland und Nikolaj Tolstoj: Die Verratenen von Jalta. Die Schuld der Alliierten vor der Geschichte. Frankfurt/Main 1987.

selbst werden noch im postsowjetischen Rußland als Vaterlandsverräter, mitunter gar als Faschisten angesehen.[300]
Die Nationalitätenproblematik der k.u.k. Armee und dann ihrer Angehörigen in der Weltkriegsgefangenschaft hat der österreichische Militärhistoriker Richard G. Plaschka kurz vor seinem Tod in einer gründlichen Vergleichsstudie dargelegt, aus der Perspektive der nationalen Emanzipation solcher Staaten, die nach dem Krieg neu entstanden waren.[301] Seine kenntnis- und datenreiche Darstellung ist zustande gekommen auf der Grundlage der seit 1918 erschienenen tschechischen, slowakischen und südslawischen Literatur zur serbischen Freiwilligendivision und zur tschechoslowakischen Legion in Rußland, sowie Plaschkas eigenen langjährigen Studien unter anderem zu den Meutereien der Heimkehrer aus Rußland. Der Aspekt der vielbeachteten „Inneren Front", an der die österreichischen Rußland-Heimkehrer 1918 wesentlichen Anteil hatten, wurde bereits erwähnt und soll hier unberücksichtigt bleiben vor allem aus formalen Gründen: bei ihnen handelt es sich nicht mehr um Kriegsgefangene im strengen Sinne.[302]

Nach einer detaillierten Übersicht zu dem aus österreichischen Kriegsgefangenen gebildeten „Freiwilligenkorps" der Serben, Kroaten und Slowenen in Odessa führt Plaschkas Linie über die Motivationskrise nach dem militärischen Debakel der Freiwilligendivision in der rumänischen Dobrudscha Herbst 1916 zur Dissidenten- und schließlich Absetzbewegung im Frühling 1917. Dabei berücksichtigt er auch die Haltung der italienischen Regierung – in Odessa agierte ein italienischer Konsul – hinsichtlich der in Istrien und Dalmatien zu erwartenden Gebietserwerbungen nach dem siegreichen Ende des Krieges und den Umgang mit der dortigen slawischen Bevölkerung.[303] Kriegsgefangene wurden hier zum Objekt der Kriegszielpolitik mit internationaler Relevanz. Ebenfalls ohne russische Quellen kommt Plaschka bei der Werbung Kriegsgefangener zur tschechoslowakischen Legion zu denselben Schlüssen wie der Autor dieses

---

[300] Bei einer Archivrecherche des Autors in Südrußland im Jahre 2001 machte ihn die Leiterin eines Stadtarchivs darauf aufmerksam, daß der Bürgermeister der von der deutschen Wehrmacht 1942/43 besetzten Stadt nach wie vor als Hochverräter und Kollaborateur gilt und sein Name in historischen Darstellungen nicht genannt werden sollte.

[301] Richard G. Plaschka: Avantgarde des Widerstands. Modellfälle militärischer Auflehnung im 19. und 20. Jahrhundert. Bde. 1 und 2. Wien 2000.

[302] Vgl. ebd. Bd. 1 S. 216–261. Als Langzeitwirkung der Gefangenschaft bzw. als deren Spätfolge sind die Heimkehrer-Unruhen natürlich ein wichtiger Aspekt.

[303] Ebd. Bd. 1 S. 263–278. S. 272 der Fall eines österreichloyalen Offiziers in Rußland. Fälle von gefangenen Offizieren slawischer Nationalität, die der völkerrechtswidrigen Werbung unter Kriegsgefangenen entgegen arbeiteten, sind gut bekannt. Vgl. Nachtigal: Rußland und seine österreichisch-ungarischen Kriegsgefangenen S. 283 ff. und Wurzer: Die Kriegsgefangenen der Mittelmächte S. 136 f.

Forschungsberichts in seiner Dissertation:[304] Zuerst Einzeldesertionen, dann 1915 massenhafter Übergang zum Feind, „Tschechenwirtschaft" in den russischen Gefangenenlagern, Propagandalager mit nachfolgender Polarisierung der Gefangenen. Hier hat Plaschka die verschiedenen Motive der zu Werbenden, neben dem Streben nach persönlicher Freiheit auch handfeste materielle Vorteile, deutlich herausgearbeitet, wobei die aktiven Offiziere und Mannschaften des Bauernstands am schwersten zum Eintritt zu bewegen waren: sie blieben auch in Rußland am längsten dem österreichischen Kaiserstaat treu.

Einen wichtigen Beitrag zum militärischen Phänomen „Desertion und Überlaufen zum Feind"[305] enthält Plaschkas Monographie, wobei er wieder auf ältere eigene Forschungen zurückgriff. So hatte er schon 1965 in einem Aufsatz zum kampflosen Frontwechsel des Prager Hausregiments im Jahre 1915 in den Karpaten äußere Ungunstmomente und österreichische Führungsfehler angeführt. In einer Neubearbeitung für seine Vergleichsstudie hat er im Rückgriff auf jenen älteren Aufsatz Vorgeschichte und Übergang um einige Gesichtspunkte ergänzt. Ausgehend von dem für die Tschechen unpopulären Krieg gegen ein slawisches Brudervolk, insbesondere aber gegen Rußland, vom dem man sich ja die Befreiung vom „Habsburgerjoch" erhoffte, führt er neben den zahlreichen, von den örtlichen Militärstäben jedoch lange geduldeten Disziplinverstößen beim Ausmarsch des Regiments auch das antisemitische Potential der Anti-Habsburg-Stimmung an: es wurden Ausschreitungen gegen die deutsche und jüdische Bevölkerung Prags für den Fall einer Niederlage durch die russischen Truppen im Osten befürchtet![306] Zur vergleichbaren Fahnenflucht oder zum

---

[304] Plaschka: Avantgarde des Widerstands Bd. 2 S. 64–75. Zum Einsatz der Legion ab 1917 vgl. Bd. 1 S. 295–317. Zu den Tschechen liegt die Biographie eines k.u.k. Offiziers vor, bei dem einige Motive zum Eintritt in die Legion 1917 aufscheinen. Vgl. Wilhelm Muschka: Der Legionär. Ein deutsch-tschechischer Konflikt von Masaryk bis Havel. Frankfurt/Main 1995.

[305] Rauchensteiner: Der Tod des Doppeladlers *passim* thematisiert freimütig Desertions- und Loyalitätsproblematik der österreichisch-ungarischen Truppen an der Ostfront, weil sie sich dort auf den Mißerfolg der k.u.k. Armee unmittelbar auswirkte. Vgl. Christoph Jahr: *Desertion*, in: EEW S. 435–437 und ders.: *Militärgerichtsbarkeit*, in: ebd. S. 715 f. Für die Ostfront vermag Jahr nur Forschungsbedarf festzustellen. In seinem Beitrag für EEW relativiert Rauchensteiner das Desertionsproblem teilweise und führt als Erklärungen an: unsinnige Ersatzzuführung, Ausbildungs- und Führungsprobleme: *Streitkräfte (Österreich-Ungarn)*, in: EEW S. 899. Vgl. das Fallbeispiel des berühmtesten Deserteurs, Jaroslav Hašek, bei Nachtigal: Rudolf J. Kreutz, Bruno Brehm und Jaroslav Hašek: drei Kriegsgefangene.

[306] Plaschka: Avantgarde des Widerstands Bd. 1 S. 339–354. Zum Qualitätssprung in der Behandlung der Desertion bei der k.u.k. Armee und in Trotzkis Roter Armee (Sippenhaft!) im Übergang vom Welt- zum Bürgerkrieg ebd. Bd. 2 S. 301–315. Das österreichische Militärstrafrecht sah im Falle „kollektiven Versagens", d. h. der Massendesertion, die Strafe der Dezimation vor, die in der französischen und italienischen Armee während des Weltkrieges angewandt wurde, mitunter sogar ohne Anhalte auf Desertionsabsicht (ebd. S. 311)! Wenn sie auch bei kämpfenden Einheiten der k.u.k. Armee offenbar nicht

Übergang zum Feind bei den multiethnischen Großmachtarmeen Rußlands und Österreich-Ungarns besteht nach wie vor Forschungsbedarf.[307]

Hier ist anzumerken, daß nicht nur innerhalb der tschechischen Legion während des Bürgerkriegs in Rußland strenge Disziplin herrschte: als gefürchtete Bewacher der Mittelmächte-Soldaten in den sibirischen Lagern dehnten sie seit Sommer 1918 diese Disziplin auch auf jene Gefangenen aus, die es nicht mehr geschafft hatten, rechtzeitig vor der Entstehung der weißen Front am Ural zu fliehen. Das selbstbewußte und rücksichtslose Verhalten der Legionäre schon vor Beginn des Bürgerkriegs in Rußland, welche brutale Willkür gegen Gefangene und eine eiserne Hand gegen die Mittelmächte-Repatriierungsmissionen praktizierten, führte später auch zum zwangsweisen Eintritt von Gefangenen in die Legion, so von Sudetendeutschen, die nach der Staatsgründung im November 1918 als tschechoslowakische Staatsbürger angesehen wurden.

Für Soldaten im Mannschaftsstand der italienischen Armee hat Giovanna Procacci eine harte prophylaktische Disziplinierung durch die militärische Führung gegen jedwede Versuche des Übergangs zum Feind und zur „Erhöhung der Kampfbereitschaft" aufgezeigt, wie sie sonst nur von der schwer bedrängten französischen Armee bekannt ist: der lange Arm des italienischen Generalstabs reichte bis in die Gefangenenlager der Mittelmächte, wo ein Sechstel der gefangenen Italiener an Hunger starben, weil Italien die durch das Internationale Komitee vom Roten Kreuz über die Fronten vermittelte Versorgung seiner Landsleute mit Lebensmitteln aus politischen Gründen bewußt aussetzte. Damit scherte das Land aus dem Kanon humanitärer Maßnahmen aus, wie sie gerade an der Ostfront des Ersten Weltkriegs in einem weitreichenden Maße über drei Kriegsjahre angestrebt wurden![308] Erinnert sei in diesem Zusammenhang daran, daß die Fürsorge der Mittelmächte auch zur Loyalisierung der gefangenen Landsleute in Rußland diente und darin nicht gänzlich ohne Erfolg blieb!

Allerdings hatte auch der Zarenstaat ein zunehmendes Motivierungsproblem unter seinen Soldaten, das er in den Griff zu bekommen hoffte durch die Unter-

angewandt wurde, erklärt sie doch das harte Vorgehen gegen meuternde Heimkehrer, die aus Rußland kamen. Sheffield: Leadership in the Trenches S. 149 nennt *summary executions* bei der britischen Armee, die weder im Militärstrafrecht vorgesehen waren noch von der militärischen Führung sanktioniert wurden.

[307] Franz W. Seidler: Fahnenflucht. Der Soldat zwischen Eid und Gewissen. München 1993, S. 37 ff. zu deutschen Fahnenflüchtigen, S. 45–60 bei der Entente, mit wenigen Vergleichsdaten und keinen Angaben zu Rußland und Italien. Vgl. Kapitel C. zu Sanborn: Drafting the Russian Nation.

[308] Corner/Procacci: The Italian experience of 'total' mobilization 1915–1920, hier S. 231. Cornwall: The Undermining of Austria-Hungary S. 77 hebt Disziplinstrafen der italienischen Armee als besonders hart hervor (*summary executions*, das heißt Dezimationen).

lassung von Hilfe und Fürsorge für die gefangenen Landsleute einerseits und mit einer überzogenen Greuelpropaganda gegen die Mittelmächte andererseits – als vorbeugende Maßnahme gegen den in Rußland massenhaft vorkommenden Übergang zum Feind. Mit gezielt ausgestreuten Berichten über mittelalterliche Strafen in Deutschland und der Monarchie sollten kampfunwillige Soldaten vom Übergang abgehalten werden. Diesen Gerüchten wurde immer weniger geglaubt, so wie patriotische Ausbrüche in den verschiedensten Bereichen der nationalrussischen Kultur des Hinterlands immer seltener und zunehmend harmloser, ja nachdenklicher wurden.[309]

Der in dem vormodernen Staatsgebilde bei den Soldatenmassen unverstandene und besonders unpopuläre Krieg[310] führte dort neben den zahlreichen schweren militärischen Rückschlägen zur allgemeinen Kriegsmüdigkeit und zum allmählichen Zusammenbruch des Hinterlands, zu den Revolutionen des Jahres 1917 und seit Frühling 1918 zum Bürgerkrieg. Dietrich Beyrau hat darüber hinaus aufgezeigt, daß in Rußland die Frustrationen des Hinterlandes im Krieg zunächst auf innere Feinde wie Juden und Deutsche gelenkt wurden, dann aber immer unverhüllter urmenschliche Triebe wie unrechtmäßige Bereicherung, Intoleranz und zunehmende Gewaltbereitschaft entfesselten.[311] Waren schon die seit 1915 dekretierten Maßnahmen gegen Feindstaaten-Ausländer wie auch gegen „innere Feinde", Deutsche, Juden usw. oft vom Wunsch der Bereicherung geprägt, führten diese gesetzlosen, allgemeines Rechtsempfinden verletzenden Schritte in die Anarchie des Bürgerkriegs.

E. Sonstige Ansätze der Forschung zur Kriegsgefangenschaft und Forschungsdesiderate

Hierzu sind vor allem kürzere Beiträge zu zählen, die vorwiegend russischen Federn entstammen. Sie behandeln meist nur einen Teilaspekt oder beruhen auf Quellen einzelner, teilweise regionaler Archive, die noch kaum ausgeschöpft sind. Immerhin bekunden sie, daß auch von russischer Seite die Kriegsgefan-

---

[309] Jahn: Patriotic Culture in Russia *passim* und S. 171 ff. betont krasse soziale Fragmentierung und ökonomische Überforderung der Gesellschaft, also allgemeine Kriegsmüdigkeit als Gründe dafür. Ähnlich Rainer Grübel: Zauber und Abwehr – Wassilij Rosanows ambivalente Deutschlandbilder, in: Traum und Trauma. Russen und Deutsche im 20. Jahrhundert (Hgg. Dagmar Herrmann/Maria Klassen). München 2003, S. 60–115, und deutlicher noch Tatjana Filippowna: Von der Witzfigur zum Unmenschen – Die Deutschen in den Kriegsausgaben von "Nowyj Satirikon" und "Krokodil", in: ebd. S. 116–142.

[310] Vgl. Nachtigal: Rudolf J. Kreutz, Bruno Brehm und Jaroslav Hašek: drei Kriegsgefangene in Rußland (zu Brussilov).

[311] Dietrich Beyrau: Der Erste Weltkrieg als Bewährungsprobe. Bolschewistische Lernprozesse aus dem "imperialistischen" Krieg, in: Journal of Modern European History 1,1, 2003, S. 96–124, hier S. 101 ff. Lohr: Nationalizing the Russian Empire *passim* und Sanborn: Drafting the Russian Nation, insbesondere Kapitel 5.

genschaft im Ersten Weltkrieg als Forschungsaufgabe rezipiert worden ist.[312] Zwei Aufsätze Alon Rachamimovs, dem von ihm behandelten Gesamtthema zur staatlichen Loyalität der gefangenen Österreicher in Rußland entnommen, sind ebenfalls hierzu zu zählen.[313] Allerdings entsteht in der dort aufgeworfenen Frage der Gefangenenfürsorge durch die Heimat der falsche Eindruck, der Gewahrsamsstaat, in diesem Falle Rußland, habe keinerlei Fürsorgepflicht gegenüber den feindstaatlichen Gefangenen im Lande gehabt. Im Revolutionsjahr 1917 sank die Österreich-Loyalität der Gefangenen in Rußland besonders schnell, zumal die gut organisierte Fürsorge des Deutschen Reiches für seine Gefangenen mit der schlecht funktionierenden des Habsburgerstaats neidisch verglichen wurde. Daß hier die österreichische Nationalitätenproblematik, vom russischen Gewahrsamsstaat durch eine gezielte Begünstigung slawischer Gefangener und durch eine schon 1915 eingeschlagene Nationalitätenpolitik unter den Soldaten der k.u.k. Armee kräftig gefördert, eine von den gefangenen Deutschen grundsätzlich verschiedene Konstellation mitbrachte, hätte hier angesprochen werden sollen. Denn die Habsburgermonarchie hielt sich mit Liebesgaben für die gefangenen Landsleute in Rußland auch im Bewußtsein zurück, daß diese in falsche Hände geraten konnten.

Eine eigenwillige Rezeption der Kriegsgefangenschaft in Rußland beweist der österreichische Militärhistoriker Ernst Rutkowski, der in seinen Arbeiten streng einer biographistischen Methode folgt: sein Interesse gilt der Laufbahn und dem Schicksal österreichisch-ungarischer Soldaten, in der Regel Offizieren oder Ärzten. Unter Ausnutzung seiner intimen Kenntnis der Bestände im Österreichischen Staatsarchiv-Kriegsarchiv hat Rutkowski seit 1992 in einer selbst herausgegebenen militärhistorischen Zeitschrift fünf Aufsätze vorgelegt, die Altösterreichs Begegnung mit dem kriegführenden Rußland zwischen 1914 und 1918 anhand Schicksal und Tätigkeit von k.u.k. Offizieren aufzeigen. Zwei der Aufsätze befassen sich deskriptiv mit der Flucht aus der Gefangenschaft in Rußland: einmal geht es um den Hauptmann R. v. Morawek, im anderen Falle

---

[312] Svetlana A. Solnceva: Voennoplennye v Rossii v 1917 g. (mart'–oktjabr') [Die Kriegsgefangenen in Rußland 1917 (März bis Oktober)], in: Voprosy istorii 1, 2002, S. 143–149. Dies.: Voennyj plen v gody Pervoj mirovoj vojny: novye fakty [Kriegsgefangenschaft im Ersten Weltkrieg: neue Fakten], in: Voprosy istorii 4–5, 2000, S. 98–105. Ju. A. Ivanov: Voennoplennye Pervoj mirovoj v rossijskoj provincii [Die Kriegsgefangenen des Ersten Weltkrieges in der russischen Provinz], in: Otečestvennyj archivy, 2000, S. 100–104. Nachtigal: German Prisoners of War in Tsarist Russia: A Glance at Petrograd/St Petersburg, in: German History 13,2, 1995, S. 198–204.

[313] Alon Rachamimov: Alltagssorgen und politische Erwartungen. Eine Analyse von Kriegsgefangenenkorrespondenzen in den Beständen des Österreichischen Staatsarchivs, in: Zeitgeschichte 25, 1998, S. 348–356 und ders.: Imperial Loyalties and Private Concerns: Nation, Class, and State in the Correspondence of Austro-Hungarian POWs in Russia, 1916–1918, in: Austrian History Yearbook, 31, 2000, S. 87–105.

handelt es sich um zwei Militärärzte.[314] Drei weitere Beiträge des Autors behandeln kundschafterliche Missionen österreichischer Offiziere im Sowjetstaat des turbulenten Jahres 1918, als sie mit Nebenfunktionen zur Repatriierung hunderttausender österreichischer Heimkehrer durch eine offizielle Repatriierungskommission in das europäische Rußland geschickt wurden. Sie seien hier genannt, weil sie Details zum allgemeinem Chaos und zu den ersten Monaten des russischen Bürgerkriegs nennen, in den viele Heimkehrer unfreiwillig hineingezogen wurden.[315] Der Wert dieser detaillierten Beiträge, die mit Quellen aus den Kriegsarchiv-Beständen des Österreichischen Staatsarchivs reich untermauert sind, ist vor allem in der Fülle rußland- bzw. revolutionsspezifischer Daten zu sehen, die das Thema aus einer sonst ungewöhnlichen Perspektive beleuchten.

Eine zweibändige, noch in der DDR begonnene Dokumentensammlung zu den (deutschen) Kriegsgefangenen und Internationalisten in Revolution und Bürgerkrieg ist, ganz im Stile und Duktus der sozialistischen Internationalismus-Forschung, 1994 in aufwendiger Form erschienen.[316] Der Vorzug des Werkes besteht darin, daß es sich um knapp kommentierte Primärquellen und nicht um Interpretationen handelt, was vermutlich der einzige Grund ist, daß das Werk noch fünf Jahre nach der Wende erscheinen konnte. Bemerkenswerterweise gilt hier wie bei den zarischen Befehlen zur Behandlung der Gefangenen, daß die Meldungen, Berichte, Aufrufe und Anweisungen der Sowjetorgane seit 1917, die die normale Masse der Kriegsgefangenen in Rußland kaum berührten, oftmals keine Auswirkung auf diese hatten: Anspruch und historische Wirklichkeit klafften auch hier weit auseinander. Zu Recht ist darauf verwiesen

---

[314] Ernst Rutkowski: Aus der Kriegsgefangenschaft geflohen. 1. Hauptmann Rudolf von Morawek, in: Österreichische militärhistorische Forschungen 2, 1994, S. 87–104. Ders.: Aus der Kriegsgefangenschaft entflohen. 2. Die Assistenzärzte in der Reserve Dr. Karl Kassowitz und Dr. Lothar Ebersberg, in: Österreichische militärhistorische Forschungen 4, 1997, S. 5–53. Als einziger österreichischer Forscher hat Rutkowski schon in den 1970er Jahren zur Kriegsgefangenschaft österreichischer Soldaten in Rußland publiziert, allerdings ausschließlich zu deren Flucht!

[315] Ders.: Der Kundschafterdienst des k.u.k. Armeeoberkommandos in Rußland im Jahre 1918. 1. In geheimer Mission in Samara (Kujbyšev) – die Reise des Leutnants in der Reserve Leopold Landsberger an die Wolga in den Monaten Juni bis September 1918, in: Österreichische militärgeschichtliche Forschungen 1, 1992, S. 15–76. Ders.: Der Kundschafterdienst des k.u.k. Armeeoberkommandos in Rußland im Jahre 1918. 2. Die Mission des Landsturmhauptmanns Friedrich Benesch nach Smolensk im Juli 1918, in: ebd. 3, 1995, S. 5–26 und ders.: Der Kundschaftsdienst des k.u.k. Armeeoberkommandos in Rußland im Jahre 1918. 3. Die Mission des Leutnants in der Reserve Béla Balogh nach Čel'abinsk im März und April 1918, in: ebd. 5, 1998, S. 5–30.

[316] Lager, Front oder Heimat. Deutsche Kriegsgefangene in Sowjetrußland 1917 bis 1920 (Hgg. Inge Pardon, Waleri W. Shurawljow). 2 Bde. München 1994. Vgl. hierzu die Rezensionen von Georg Wurzer in: Jahrbücher der Geschichte Osteuropas 44, 1996, S. 138 f. und Sonja Striegnitz in: Zeitgeschichte 25, 1998, S. 390 ff.

worden, daß diese Quellensammlung die Kenntnis der Gefangenenproblematik in Rußland wenig befördert hat.

Schließlich bleibt noch eine Kategorie jüngerer Literatur zur Gefangenschaft zu nennen, die sich den bildlich-materiellen Überresten der Gefangenschaft widmet. Dabei handelt es sich einmal um aufwendige, bildreich gestaltete Lagergeschichten, die aus Fotografienbeständen schöpfen, die im Weltkrieg meist zu Propagandazwecken angelegt wurden. Sie wurden bereits erwähnt, sollen aber in einem anderen, neuartigen Zusammenhang nochmals genannt werden. An erster Stelle trifft das auf den hervorragenden Bildband über die beiden deutschen Mohammedaner-Lager des Berliner Völkerkundemuseums zu, bei dem ein ethnologisch-anthropologisches Interesse offenkundig ist.[317] Auch die Lagergeschichten von Franz Wiesenhofer und Rudolf Koch beruhen auf ausgiebigem Fotomaterial.[318]

Weiterhin liegen einige Kataloge zum Not- bzw. Lagergeld bei den Mittelmächten sowie zu Korrespondenzkarten von Kriegsgefangenen vor, von denen zwei jüngere hier genannt werden sollen. Im Gegensatz zu allen anderen, meist wissenschaftlichen Publikationen zur Kriegsgefangenschaft sind sie nicht vom Gefangenenschicksal bestimmt, sondern entspringen einem rein philatelistisch-numismatischen Interesse. Trotzdem sind sie für die Forschung eine Bereicherung, da mit ihrer Hilfe wichtige Lücken geschlossen werden können. So belegt etwa der jüngste Katalog von Reinhard Tieste den *terminus post quem* für die systematische Einführung von Gefangen-Lagergeld in Deutschland und Österreich-Ungarn zum Herbst 1915, was erstaunlich früh ist.[319] Das System des Kriegsgefangenen- bzw. Lagergelds wurde 1916 und 1917 bei den Mittelmächten ausgeweitet und perfektioniert.

In Rußland wurde es erst spät, kurz vor der Oktoberrevolution vorgesehen. Zu einer Einführung *von seiten des Gewahrsamstaats* ist es aber dort nie gekommen! Das Lagergeld, das wenig später tatsächlich in sibirischen Lagern entstand, wurde von den durch den Bürgerkrieg von der Heimkehr zurückgehaltenen Gefangenen selber geschaffen und sollte sie gegen den Rubelverfall schützen, der durch die stark schwankende Konjunktur bei den jeweiligen Parteien verursacht war. Es war auch außerhalb der Lager bei der Zivilbevölkerung sehr

---

[317] Muslime in Brandenburg – Kriegsgefangene im 1. Weltkrieg. Ansichten und Absichten (Hrsg. Margot Kahleyss). Berlin (Museum f. Völkerkunde) 1998.

[318] Wiesenhofer: Gefangen unter Habsburgs Krone. Kriegsgefangenenlager im Erlauftal ist als Bilderbuch anzusehen, dessen zahlreiche Illustrationen allerdings kaum informativ sind. Koch: Im Hinterhof des Krieges. Das Kriegsgefangenenlager Sigmundsherberg.

[319] Reinhard Tieste: Katalog des Papiergeldes der deutschen Kriegsgefangenenlager im 1. Weltkrieg. Bremen 1998. Das Werk bildet auch Münzen ab! Vgl. Arnold Keller: Das Deutsche Notgeld. Das Notgeld der Gefangenenlager 1914–1918. München 1978.

geschätzt, beschränkte sich also nicht auf die Wirtschaft der Kriegsgefangenen, sondern war ein regional oder lokal anerkanntes Zahlungsmittel![320] Noch aufschlußreicher ist die zweibändige Sammlung von Korrespondenzkarten kriegsgefangener Österreicher von Horst Taitl, die sich den Karten aus Rußland widmet, wo eine dreifache, bürokratisch aufwendige aber deswegen keineswegs besonders effiziente Zensur vielformige und mehrfarbige Kontrollstempel hinterließ und so das Sammelinteresse hervorrief.[321] Zuweilen entsteht hier der trügerische Eindruck eines geordneten Post- und Zensurwesens im Zarenreich. Die gut lesbaren Zensur- und Poststempel geben Aufschluß über das Bestehen bestimmter Lager und Internierungsorte in Rußland sowie Laufzeiten und Laufwege der Post.

Forschungsdesiderate

Das Schicksal polnischer Kriegsgefangener harrt immer noch einer Untersuchung, die allerdings von der besonderen Situation dieser dreifach geteilten Nation ausgehen muß. Dies impliziert sogleich ein methodisches Problem: Polen dienten als Mannschaftssoldaten in allen drei Armeen, die sich an der Ostfront als Gegner gegenüberstanden, in der k.u.k. und in der russischen Armee auch als Offiziere. Alle drei Kaiserreiche bemühten sich als Gewahrsamsmächte um die Polen und umwarben sie. Trotzdem ist weder bei den Mittelmächten noch bei Rußland eine besondere Begünstigung der feindstaatlichen Gefangenen dieser Nationalität zu erkennen. Zur Aufstellung polnischer Einheiten im Rahmen des eigenen Heeres kam es zunächst nur in Österreich-Ungarn, nämlich schon 1914. Rußland konnte sich erst nach dem Sturz der Zarenherrschaft unter der Provisorischen Regierung zu einer polnischen Division entschließen, die im Weltkriegsgeschehen an der Ostfront keine Bedeutung erlangte.[322] Trotzdem hat die polnische Forschung seit den 1960er Jahren Studien dazu hervorgebracht, in der auch Kriegsgefangene thematisiert werden.[323]

[320] Vgl. Nachtigal: Rußland und seine österreichisch-ungarischen Kriegsgefangenen S. 309.

[321] Horst Taitl: Kriegsgefangen – Österreicher und Ungarn als Gefangene der Entente 1914–1921, Bde. 1 und 2. Dornbirn 1992 und ein Katalog von Davis M. Skipton und Peter A. Michalove: Postal Censorship in Imperial Russia. Urbana/Ill. 1989. Vgl. auch Franz Wiesenhofer: Die k.u.k. Lager im Erlauftal und der Postverkehr, in: Zensurierte Bildergrüße. Familienfotos russischer Kriegsgefangener 1915–1918 (Hgg. Ulrich Hägele/F. Wiesenhofer). Wien 2002, S. 30–39.

[322] Cornwall: The Undermining of Austria-Hungary S. 41 stellt eine erhöhte Anzahl polnischer Überläufer der russischen Armee nach der Zweikaiser-Deklaration 1916 zur Gründung eines polnischen Staats fest.

[323] Henryk Bagiński: Wojsko polskie na wschodzie 1914–1920 [Polnische Truppen im Osten 1914–1920]. Warschau 1990 und Wacław Lipiński: Walka zbrojna o niepodległości Polski v latach 1905–1918 [Der bewaffnete Kampf um die Unabhängigkeit Polens 1905–1918]. Warschau 1990.

Weithin unklar bleibt aufgrund fehlender Forschung das türkisch-russische Reziprozitätsverhältnis. Seit der russischen Sommeroffensive 1916 wurden sogar zwei türkische Divisionen an der österreichisch-russischen Front zur Demonstration einer funktionierenden Partnerschaft zwischen den Mittelmächte-Verbündeten in Galizien eingesetzt.[324] Weder von russischer noch von türkischer Seite liegen Forschungen in westlichen Sprachen oder in Russisch vor, die sich um die Aufklärung des Schicksals der gegenseitigen Gefangenen auf etwas ausgreifenderer Quellenbasis bemühten.[325] Zum Teil kann dieser Mangel dadurch erklärt werden, daß türkische Anliegen in bezug auf die gefangenen Landsleute in Rußland einschließlich der umfassenden Repatriierungs- und Heimkehrer-Organisation 1918 von deutschen Stellen vertreten wurden. Dies läßt sich bei den Schwesternbesuchen und der Liebesgaben-Verteilung in Rußland belegen, nicht jedoch für andere humanitäre Projekte wie etwa den Invaliden- bzw. Gefangenenaustausch. Immerhin delegierte die Zarenregierung zeitweise eine muslimische Schwester (Kasem-Beg) für die Besuchsreisen bei den Mittelmächten. Diese scheint danach auch für Belange der Gefangenen in Rußland Verwendung gefunden zu haben. Erwähnenswert ist bei den türkischen Gefangenen in Rußland und den gefangenen Russen im Osmanischen Reich, daß deren Zahl möglicherweise über den bisherigen Annahmen (nach Elsa Brändström 60.000 Türken in Rußland) gelegen hat, von denen die spätere Literatur seither ausging.

Für wichtige Teilaspekte der Kriegsgefangenschaft im Ersten Weltkrieg fehlen insbesondere für die Ostfront nach wie vor empirische Studien. Das gilt allgemein für völkerrechtliche Fragen des Gefangenenschutzes, die etwa aus der gleichen Behandlung der feindstaatlichen Gefangenen mit den eigenen Soldaten entspringen: Ernährung und Bekleidung waren auf beiden Seiten der Front unterschiedlich geregelt, wodurch große Diskrepanzen bedingt sind. Ein wichtiger, noch weitgehend unberührter Forschungskomplex betrifft das Straf- und Disziplinarsystem der Zarenarmee, gegebenenfalls auch unter der Provisorischen Regierung, die Anstrengungen zur Disziplinierung der russischen Trup-

---

[324] Dies geschah nicht zur Vermischung österreichischer mit deutschen Einheiten an der "Hindenburgfront" mit ihrem Korsettstangensystem. Die Gefangenen dieser beiden Divisionen fallen im russischen Aktenmaterial, wo spätestens seit 1916 die Nationalität der Gefangenen vermerkt wurde, nicht weiter auf!

[325] Die publizierten Aufzeichnungen eines gefangenen türkischen Offiziers können dazu kaum beitragen. Vgl. Mehmet Arif Ölcen: Vetluga Memoirs: a Turkish POW in Russia 1916–1918. Gainesville/FL 1995. Ein einziger Beitrag schöpft aus westlichen Quellen. Vgl. Yücel Yanigdag: Ottoman Prisoners of War in Russia 1914–1922, in: Journal of Contemporary History 34,1, 1999, S. 69–85. Zu türkischen Heimkehrern aus Rußland 1918 vgl. Edward J. Erickson: Ordered to Die. A History of the Ottoman Army in the First World War. Westport/CT 2001, S. 189.

pen wie der Kriegsgefangenen im Lande unternahm. Wie behandelte Rußland seine eigenen Deserteure, Überläufer und Heimkehrer aus feindlichem Gewahrsam? Welche Rolle spielten Kosaken als Militärpolizei und innenpolitische Truppe?

Einer wissenschaftlichen Untersuchung bedürfte auch die schwierige Frage, wieweit die russische Kriegspropaganda sich auf die Behandlung der ausländischen Schützlinge auswirkte. Überwiegend aus dem Quellenmaterial ergibt sich das Bild, daß sie die Reichsdeutschen ungleich härter betraf als die Angehörigen der k.u.k. Armee. In diesem Zusammenhang sei auch darauf verwiesen, daß Kriegsverbrechen, ja, Greuel an Kriegsgefangenen der Ostfront noch fast gar nicht erforscht wurden. Beim rücksichtslosen Einsatz der Gefangenen am Bau der Murmanbahn handelt es sich um ein inzwischen bekanntes *staatliches Kriegsverbrechen* im Hinterland.

Als Kriegsverbrechen wird heute auch die bewußte Zurschaustellung, die Vorführung Kriegsgefangener angesehen. Die russische Führung hat zumindest 1915 und 1916 Kolonnen von Gefangenen dem Großstadtpublikum von Kiew, Moskau und Petrograd präsentiert, aus propagandistischen Gründen, wie aus den erhaltenen Fotographien deutlich wird. Dem Verfasser sind entsprechende Bilder oder Berichte von Berlin, Wien oder Budapest nicht bekannt. Das Phänomen lohnte wohl ebenfalls eine Untersuchung.

F. Kriegsgefangenschaft im Vergleich

In einem abschließenden Vergleich der wissenschaftlichen Aufarbeitung von Gefangenschaft an der West- und der Ostfront fällt jenseits der verschiedenen äußeren Merkmale wie hohe Zahl, Nationalitätenproblematik und -politik bzw. -rekrutierung etc. auf, daß sich insbesondere die französische und deutsche Weltkriegsforschung dem Thema auf modernen Wegen der Wissenschaft nähern – im Nachgang zur westlichen Geschichtsforschung: mentalitätsgeschichtliche, psychologische und sozialgeschichtliche Ansätze überwiegen dabei Arbeiten zur Struktur- und Organisationsgeschichte. Das machen oftmals schon die Titel deutlich, die von der Perspektive einzelner handeln.[326] Eine Strukturgeschichte für das Gefangenenwesen in Frankreich, Großbritannien und Italien scheint aber auch deshalb keinem besonderen Interesse zu begegnen, da in jenen Ländern die nationale Kriegsverwaltung leidlich gut funktionierte und deutlich weniger Feindstaaten-Gefangene betreut werden mußten.

Allein im Falle Deutschlands als Gewahrsamsmacht mit den meisten Gefangenen, das durch die Blockade größte Versorgungsengpässe im Bereich der Ernährung zu bewältigen hatte und daher auf die Lösung einer Ersatzstoff- und Autarkie-Bewirtschaftung verfiel, könnte eine Organisationsgeschichte des Ge-

---

[326] Vgl. etwa die Anthologie von Wolfram Wette (Hrsg.): Der Krieg des kleinen Mannes. Eine Militärgeschichte von unten. München 1992.

fangenenwesens noch interessante Einzelheiten bieten. Mit den bald nach 1918 erschienenen Werken der offiziellen Gefangenen-Referenten des Reichs liegen schon gründliche Darstellungen vor, die immerhin eine gute Übersicht ermöglichen. Die Lagergeschichten einzelner, meist im Rahmen der Regionalgeschichte forschender Autoren bieten hier nur allgemeinen Aufschluß. Für die Gefangenenorganisation in Deutschland und Österreich-Ungarn weisen sie allerdings kaum Besonderheiten auf. Im Falle des Russenlagers Guben[327] entsteht ein Eindruck, der möglicherweise günstiger ist, als es historisch zutrifft. Aber auch die ausgreifendste Lagergeschichte für die Mittelmächte von Mitze zeigt, daß zur Aufklärung der großen Linien des Gefangenenschicksals selten über den Tellerrand des untersuchten Lagers geblickt wird.

Mehr scheint für die Gefangenenorganisation in Deutschland andererseits aber kaum möglich, da die zentralen Akten des preußischen Bundesstaats, der die meisten Gefangenen hielt, verloren sind.[328] Akten der preußischen zentralen Kriegsverwaltung finden sich in Zuschriften und Meldungen verschiedenster Art im österreichischen Kriegsarchiv, so daß nicht nur die gute Zusammenarbeit der Kriegsministerien in Wien und Berlin hinsichtlich der Angehörigen in Rußland, sondern auch Konturen der Politik der preußischen Abteilung für Kriegsgefangenenschutz im Unterkunfts-Departement deutlich werden. Das umfängliche österreichische Material bietet hier einen erstaunlich ergiebigen Fundus, wenn auch keinen vollen Ersatz. Auch in den Kriegsakten der deutschen Kontingentarmeen finden sich Archivalien preußischer Provenienz.

Von österreichischer Seite selbst ist die Gesamtorganisation des Kriegsgefangenenwesens im Habsburgerstaat bisher nur in einer Arbeit durchleuchtet worden.[329] Anders aber als im Deutschen Reich, dessen Zahl an Lagern und Internierungsorten für die 2,6 Millionen Kriegsgefangenen der Entente nur geschätzt werden kann, erlaubt die beschränkte Zahl von rund 40 Stammlagern in deutsch- und ungarischsprachigen Gebieten der Doppelmonarchie den Schluß, daß die seit den 1980er Jahren entstandenen Lagergeschichten bedingt ein Abbild des Gefangenenwesens im Habsburgerstaat bieten. Die über den Krieg hinaus beibehaltene Begrenzung dieser Stammlager scheint dann auch das wichtigste Unterscheidungsmerkmal zu Deutschland: die zahlreichen und zunehmenden Gemeinsamkeiten belegen, daß die beiden verbündeten Reiche im Laufe des Krieges ihre Wirtschafts- und Kriegsorganisation immer mehr aneinander anglichen – aus politischen und wirtschaftlichen Gründen nach den Maß-

---

[327] Peter: Das "Russenlager" Guben.

[328] In diesem Zusammenhang vgl. die zum Druck vorbereitete Dissertation von Uta Hinz: Gefangen im Großen Krieg. Kriegsgefangenschaft in Deutschland 1914–1921.

[329] Welche Erkenntnisse, die über den bisherigen Stand der Forschung hinausreichen, der Beitrag von Moritz/Leidinger: Verwaltete Massen. Kriegsgefangene in der Donaumonarchie 1914–1918, in: Kriegsgefangene im Europa des Ersten Weltkrieges (Hrsg. J. Oltmer), bietet, bleibt abzuwarten.

gaben des leistungsstärkeren Deutschlands. Das schloß auch die Behandlung, in diesem Fall die frühe Verwendung der Kriegsgefangenen für Arbeiten ein. Zu den phänotypischen Gemeinsamkeiten beider Gewahrsamsmächte gehörten: Hunger der russischen, südosteuropäischen und italienischen Gefangenen. Als Folge daraus eine deutlich höhere Sterberate als unter den Gefangenen der West-Entente, frühzeitiger und dann intensiver Arbeitseinsatz, der seit 1915 die Bedeutung und gesundheitlichen Gefahren der Stammlager als Aufenthaltsort von Menschenmassen zunehmend verringerte und mitunter in die besetzten Gebiete (General- bzw. Militärgouvernements Belgien, Polen, „Ober Ost", Serbien, Rumänien) führte. Dort warteten völkerrechtswidrige Fortifikations-, in der Regel aber schwere Außenarbeiten auf die Gefangenen. Andererseits kann die medizinische, religiöse und geistig-psychische Betreuung der Gefangenen bei den Mittelmächten insgesamt als zufriedenstellend, oftmals sogar als vorbildlich bezeichnet werden.[330]

Eine Gemeinsamkeit mit dem Gewahrsam in Rußland besteht in der völkerrechtswidrigen Rekrutierung von Gefangenen, bei denen ein ethnisch, konfessionell oder politisch begründetes Potential an Illoyalität gegenüber dem Heimatstaat vermutet oder unterstellt wurde. Bei diesem mittlerweile gut erforschten Phänomen sind aber wesentlich die verschiedenen Abstufungen der Rekrutierung nicht nur innerhalb einer Gewahrsamsmacht zu beachten, sondern die unterschiedliche Behandlung einzelner Gruppen überhaupt. Insgesamt kann festgestellt werden, daß die „Nationalitätenpolitik" Rußlands vor allem gegenüber seinen österreichisch-ungarischen Gefangenen viel weiter ging als bei den Mittelmächten, wo einzelne Nationalitäten und Konfessionen der russischen und der westlichen Entente-Armeen zunächst nur abgesondert wurden. Österreich-Ungarn hielt sich dabei entschieden mehr zurück, und dies mit Rücksicht auf die Nationalitätenfrage unter den gefangenen Staatsangehörigen: hier wurde ein *tu-quoque*-Effekt befürchtet und daher vermieden, der östlichen Großmacht einen Anlaß zu liefern. Ein forschungswürdiges Teilthema ist auch die Sonderbehandlung kriegsgefangener Deutscher der russischen Armee bei den Mittelmächten. Sie setzte offenbar spät ein, nachdem Rußland die Überstellung seiner deutschen Soldaten an die Kaukasus-Front schon abgeschlossen hatte.[331]

---

[330] Davon abweichend die Meinung der betroffenen französischen Gefangenen in Deutschland nach Becker: Oubliés de la Grande Guerre S. 105 ff.

[331] Wenig Aufschluß hierzu bei Mitze: Das Kriegsgefangenenlager Ingolstadt S. 220–226. Hier suchte die deutsche Führung die Zusammenarbeit mit dem schon vor 1914 bestehenden "Fürsorgeverein für deutsche Rückwanderer". Ein "Bayerischer Fürsorgeausschuß für deutsch-russische Kriegsgefangene" wurde erst Anfang 1918 geschaffen! Vorstöße in diese Richtung kamen im Zusammenschluß mit Ansiedlungsstellen der Bundesstaaten zustande, wobei man mit Deutschrussen, die Bewegungsfreiheit und andere Privilegien genossen, eher günstige Erfahrungen machte. Peter: Das "Russenlager" in Guben S. 48 nennt 534 Deutschrussen im Lager Crossen/Oder für 1915. Ebd. S. 138 f. Abdruck eines Schreibens des preußischen Kriegsministeriums an das k.u.k. Kriegsministe-

In der Spätphase des Krieges glichen sich die Verhältnisse des Hinterlands und die Kriegsgefangenenorganisation in Rußland und Österreich-Ungarn in erstaunlichem Maße an, wie insbesondere aus der unveröffentlichten Dissertation von Verena Moritz hervorgeht.

Völlig verschieden erscheinen Themenkomplexe wie Lageralltag bzw. -kultur: die Mittelmächte-Gefangenen in Rußland begannen dort früh schon die Eigeninitiative, die einerseits von den russischen Behörden – oftmals aus Gründen der Bequemlichkeit – zugelassen, andererseits aus der Heimat über Rotkreuz-Helfer neutraler Staaten und eigene Besuchsschwestern nachhaltig gefördert wurde. Als mit Beginn des Bürgerkrieges die Lager Russisch-Asiens von der Heimat endgültig getrennt wurden, entwickelte sich die Eigeninitiative der Gefangenen unter anderen Bedingungen ebenfalls weiter, diesmal in Form einer Kriegsgefangenen-Wirtschaft, die die russischen Waffengegner des Bürgerkriegs belieferte.

Bei den Mittelmächten, wo insgesamt eine geordnetere Kriegsorganisation bestand, wurde in den Gefangenenlagern keine Möglichkeit ausgelassen, um unter dem Deckmantel der Hilfe und Fürsorge auch Aufklärung im Sinne von Verständnis für die Sache der Mittelmächte zu bewirken: die zahlreichen und frühzeitig erscheinenden Lagerzeitschriften, kulturelle und Bildungsangebote wurden in Regie des Nehmestaats betrieben. Eigentümlich, vor dem Hintergrund der Niederlage 1918 sogar weltfremd nimmt sich dabei das pragmatische Anliegen der Mittelmächte aus, vorrangig aus Wirtschaftsinteressen Freunde und Handelspartner für die Zeit nach dem Krieg unter den fremdländischen Gefangenen zu gewinnen. Insbesondere aus deutscher Perspektive wurde bedacht, das in der Vorkriegszeit an die Konkurrenz der West-Entente verlorene Terrain in Rußlands Wirtschafts- und Finanzleben nach einem deutschen Sieg als imperialistisches Friedensdiktat wiederzugewinnen.

Dieses Anliegen hatte, wie deutscherseits nach dem Einmarsch in den unabhängigen ukrainischen Staat im Frühjahr 1918 erkannt wurde, beste Perspektiven, da in Osteuropa Mangel an Produktionsmitteln und Industriegütern herrschte, die Deutschland schon vor dem Krieg nach Rußland importiert hatte. Bei den Mittelmächten war man, absehbar auch für die Zeit nach einem vollständigen militärischen Sieg, auf osteuropäisches Getreide und andere Lebensmittel sowie Rohstoffe angewiesen. Eine gute, sorgsame Behandlung der östlichen Kriegsgefangenen bei den Mittelmächten war daher auch aus wirtschaftspolitischen Gründen angebracht, während Rußland 1914 in den Krieg mit dem Nebenmotiv gezogen war, sich von dem als Übermacht (russ.: *zasil'e*) empfundenen deutschen Wirtschaftseinfluß zu emanzipieren. Das implizierte leider

---

rium vom 18. Juni 1915 zur Überstellung gefangener Deutschrussen in Österreich zur Ansiedlung in Deutschland.

auch ein sorgloses, sogar unrechtmäßiges Verhalten gegen rußländische wie feindstaatliche Deutsche, Österreicher, Türken und Bulgaren.[332]

G. Resümee

Kriegsgefangenschaft im Ersten Weltkrieg als Phänomen, das jenseits vom Faktum des Gefangenseins über einen engen Zeitraum hinaus geschichtsmächtig wird, weil es mentalitätsprägend und auf andere Bereiche menschlichen Lebens und Handelns überspringend langfristige Folgen hervorbringt, erweist sich als ein wichtiges, forschungswürdiges Objekt, das zu lange vernachlässigt worden ist. Darüber hinaus scheint Gefangenschaft in Rußland als Gewahrsamsmacht, die seit 1917 einen eigenen Weg ging, der durch die Revolution aus dem Weltkrieg hinaus- und umgehend in einen Bürgerkrieg führte, besonders aufschlußreich. Die Gefangenen blieben in der Revolutionsepoche nicht nur willenlose Objekte, sondern „machten Geschichte", wenn sie an Revolution und Bürgerkrieg Anteil hatten. Deutlich wird das an Namen ehemaliger Kriegsgefangener wie Béla Kun, Otto Bauer, Ernst Reuter, Roland Freisler und Jaroslav Hašek. Als bedeutender russischer Kriegsgefangener des Ersten Weltkrieges wäre hier der spätere Sowjetmarschall Michail Tuchatschewski zu nennen, der während der Säuberungen des Jahres 1937 umgebracht wurde. Hinter diesen Namen stehen aber auch Millionen von Einzelschicksalen, die weithin anonym bleiben.

Hannes Leidinger hat 1998 versucht, den Rahmen einer Kriegsgefangenen-Forschung methodisch abzustecken.[333] Der hohe Anspruch und die weitgespannte Hoffnung auf umfassende Ansätze mit weitreichenden Aufschlüssen auf einer breiten Fundierung solch einer Forschung scheinen nach sechs Jahren, in denen die Mehrheit der vorgelegten Arbeiten erschienen ist, kaum erfüllt. Mit den Arbeiten von Marina Rossi, Evgenij Sergeev, Katja Mitze, Georg Wurzer und Ernst Rutkowski liegen Studien vor, die hauptsächlich dem narrativ-deskriptiven Ansatz verpflichtet sind und weniger Aufschluß zu inneren Strukturen und Funktionsweisen, aber auch nicht zu langfristigen Folgen der Gefangenschaft bieten. In einer vorherrschenden Tradition der österreichischen Forschung zur Rückwirkung der russischen Gefangenschaft von Österreichern haben

---

[332] Lohr: Nationalizing the Russian Empire *passim* zur politischen und wirtschaftlichen Kurzsichtigkeit der russischen Führung bei der Liquidation deutschen Besitzes. Die in der nationalistischen Presse während der Kriegsjahre veröffentlichte Meinung verbreitete nicht nur Greuelpropaganda, sondern verhinderte auch die effiziente Nutzung des deutschen und feindstaatlichen Wirtschaftspotentials im Lande für die eigenen Kriegsziele, war also höchst kontraproduktiv.

[333] Leidinger: Gefangenschaft und Heimkehr. Gedanken zu Voraussetzungen und Perspektiven eines neuen Forschungsbereiches, in: Zeitgeschichte 25, 1998, S. 333–342.

Leidinger und Moritz hingegen den Spätfolgen für große Teile Europas ihre besondere Aufmerksamkeit gewidmet.[334] Synthetische Erkenntnisse aus einer umfassenderen Analyse liegen nur in seltenen Fällen vor, etwa bei G. Procacci, H. Leidinger und V. Moritz. Ein bedeutender, vielleicht der wichtigste Faktor des Gefangenenschicksals im Ersten Weltkrieg wird von A. Rachamimov genannt, entwickelt aus der Hypothese einer älteren Studie, die mit der Fragestellung seiner eigenen Forschungen keinen Zusammenhang aufweist. Gemeint ist die These einer Genealogie der totalitären Vernichtungslager aus dem zarischen Kriegsgefangenenlager. Bei vielen Dissertationen, die durchaus ausgiebig Archivmaterial nutzen, handelt es sich um ausgesprochene Steinbrüche, aus denen sich die nachfolgende Forschung immerhin bedienen kann.[335] Nicht alle der vorgestellten Arbeiten haben die Kenntnis zur Titelthematik oder wenigstens zur Kriegsgesellschaft eines der fraglichen Länder im Weltkrieg wesentlich befördert.

Daß dieser Eindruck gerade bei einzelnen Arbeiten zu Rußland als Gewahrsamsmacht besteht, hat allerdings auch einen, dem Rezensenten selbst widerfahrenen, triftigen Grund. Dieser liegt in der Unorganisiertheit des nicht ohne weiteres vergleichbaren Staatswesens Rußland, das sich auf der Schwelle zur Moderne bewegte, aber in vormodernen Denk-, Wirtschafts- und Handlungsweisen verharrte, da ihm die politischen Voraussetzungen zur Angleichung fehlten. Dieses bedeutsame Moment wird gemeinhin als Systemkrise des späten Zarenreichs bezeichnet. Die immense Auswirkung dieser am Schicksal der Kriegsgefangenen offenbar werdenden Strukturschwäche ist nicht nur in außergewöhnlichen Erscheinungen, ja, in Ungeheuerlichkeiten, die Osteuropa in seiner Geschichte aufweist, zu erkennen, sondern in einer nach westeuropäischer Auffassung kaum vorstellbaren weiten Kluft von Anspruch und Wirklichkeit bzw. tatsächlichen Möglichkeiten – vor allem sichtbar an dem wissenschaftlichen Versuch, Systemhaftigkeit in der russischen Gefangenschaft aufzuzeigen. Als Gesamteindruck dieses Zustandes ergibt sich vielmehr ein buntes Kaleidoskop, in dem kaum mehr ein Schema erkennbar ist.

---

[334] Den in einem mentalitätengeschichtlichen Zusammenhang stehenden Komplex von Kontinuitäten der Gefangenschaft und das "Bild vom Osten" in Langzeitperspektive haben allerdings auch sie nicht berührt. Insofern handelt es sich bei der Doppelarbeit nicht um Mentalitätsgeschichte.

[335] Erwähnenswert ist, daß von den meisten Promovenden nach ihrer Dissertation eine kürzere Übersicht weder für das Gewahrsamsland ihrer Studie noch für eine der Kriegsparteien versucht wurde. Soweit erkennbar, steht meine Arbeitsweise mit Untersuchungen zu Teilaspekten der Gefangenschaft allein da. Ansätze dazu bei Leidinger/Moritz sind durch "Abschnittsfinanzierung" mit österreichischen Drittmitteln begründet.

Kein geringerer als der für die Kriegsgefangenen in Rußland zuständige Funktionär, der im Januar 1917 letzter zarischer Kriegsminister wurde,[336] hat das russische Problem bei der Formulierung eines folgenschweren Befehls zum Ausdruck gebracht, den wir Zeitgenossen als verbrecherisch bezeichnen würden. Als General Beljajew auf Drängen des russischen Außenministeriums im September 1915 Maßnahmen zur Bekämpfung der neuerlich grassierenden Epidemien in den großen Gefangenenlagern befahl, verfügte er den „Kolitis-Befehl". Damit sollte die exorbitante Sterberate unter den Gefangenen, die im Winter 1915/16 noch in sechsstelliger Ziffer zunehmen sollte, gegenüber dem Ausland und insbesondere den Feindstaaten verheimlicht werden. Er wußte, daß die Befehle aus Petrograd zur Verbesserung der Lage der ausländischen Schützlinge im russischen Hinterland nicht oder nur ungenügend ausgeführt würden.[337] Daß die russische Führung von diesem Befehl, der die Kompetenzen des medizinischen Laien überschritt, erst im Laufe des Jahres 1916 und nur zufällig erfuhr, wirft ein bezeichnendes Licht auf die Situation in Rußland während seines vorletzten Kriegsjahres.

Zur selben Zeit aber schwappte Rußland eine Welle von Greuelpropaganda gegen die Mittelmächte und ihre Angehörigen in Rußland hoch, die nur deshalb keine besondere Beachtung im Ausland fand – wie etwa die belgisch-französische oder britische Propaganda, weil die russische Sprache als massenwirksames Medium eben auf den kriegführenden Zarenstaat begrenzt war und russische Presseerzeugnisse im Propagandakrieg kaum eine Rolle für die Kriegsanstrengungen der Entente spielten. Daß ihre Wirkung von der internationalen Forschung deswegen unbeachtet blieb, erklärt sich gerade daraus. Die Folgen einer überzogenen Propaganda bekamen in Rußland allerdings die gefangenen Angehörigen der Mittelmächte, die rußlanddeutschen und jüdischen Untertanen des Zaren zu spüren. Dies war besonders dann schlimm, wenn es für die russische Armee an der Front nicht gut stand.

Als im Laufe des Jahres 1916 in den verantwortlichen Kreisen Rußlands über diskrete Kanäle – dynastische Verbindungen, Schwestern zur gegenseitigen Einsichtnahme in das Gefangenensystem des Feindes – allmählich ein Erkenntnisprozeß zur Revision dogmatischer Gewißheiten und damit zur Möglichkeit nachhaltiger Verbesserungen führte, ließ in gleichem Verhältnis dazu das russische Interesse an den Landsleuten im Gewahrsam der Mittelmächte zu einem

---

[336] Nachtigal: Rußland und seine österreichisch-ungarischen Kriegsgefangenen S. 69 f. zu General M. Beljajew.

[337] Leidinger/Moritz: Gefangenschaft, Revolution, Heimkehr S. 491 berichten ein ähnliches Verhalten der k.u.k. Behörden, als im Frühjahr 1918 infolge des Hungers in der Monarchie die Sterberate gerade der Osteuropäer in den Lagern anstieg. Über 50% aller toten Gefangenen starben an Erschöpfung und Auszehrung; immerhin nicht an Seuchen! Vgl. Moritz: Zwischen allen Fronten S. 209 ff.

Zeitpunkt nach, wo diese zunehmend der zusätzlichen Versorgung durch die Heimat bedurft hätten, weil der Hunger bei den Mittelmächten immer stärker wurde. Während Berlin und Wien gerade durch die Schwesternreisen seit Ende 1915 tiefere Einblicke in das russische Gefangenenwesen tun konnten und zunehmend ihre Auffassung von vermeintlich übertriebenen Berichten aus Rußland revidieren mußten, bis hin zu den voreiligen Repressalien wegen der Gefangenen an der Murmanbahn Ende 1916, ist auf der gleichen Schiene festzustellen, daß sowohl die russische Greuelpropaganda als auch das Interesse der russischen Gesellschaft für die eigenen Landsleute bei den Mittelmächten nachließen.[338]

Gleichzeitig ist mit vielfachen Maßnahmen einer „Hilfe von außen", durch Delegierte neutraler Staaten und die eigenen Besuchsschwestern, ein wirksames völkerrechtliches Instrument vor allem für die Gefangenen in Rußland geschaffen worden, das außerhalb der HLKO unter wesentlichem Anteil der skandinavischen Staaten und durch die latent noch funktionierenden dynastischen Beziehungen nicht nur einzigartig im Zeitalter der Weltkriege dasteht, sondern an der Ostfront den fehlenden Schutz durch die völkerrechtliche Reziprozität zeitweise ersetzte: eine großartige, humanitärem Denken verpflichtete Leistung der untergehenden monarchischen Eliten Alteuropas. Diesen Vorgängen nachzuspüren, eröffnet eine Sicht auf ein erstaunlich intensives Verhältnis der Kriegsparteien über die Ostfront hinweg, wie es weder an der Westfront noch im Zweiten Weltkrieg denkbar war.

Seit 1916 setzte sich bei den Gegnern der Westfront wie auch bei der Fürsorge der Mittelmächte für ihre Angehörigen in Rußland die Politik einer direkten Verständigung und Versorgung über neutrale Staaten durch. Doch nach den Revolutionen des Jahres 1917 zog sich Rußland von solch einer pragmatischen Lösung zur Überwindung staatlicher Organisationsdefizite zurück.

Hieraus rühren die scheinbar unerklärlichen Verhältnisse in russischer Gefangenschaft, beispielhaft faßlich an den widersprüchlichen Meinungen, gerade in Sibirien sei es den Gefangenen gut oder eben besonders schlecht ergangen: die Antwort darauf liegt nicht allein in der Erklärung, daß es bis Anfang 1916 für die überwiegende Mehrheit der Internierten dort tatsächlich eher schlecht war, sich dann aber – nach ausgreifenden Fürsorgemaßnahmen der Heimatstaaten und Neutralen, nach der Zulassung einer weitreichenden Selbstverwaltung in den Lagern usw. – wesentlich besere. Innerhalb Sibiriens, ja innerhalb eines Massenlagers haben die Modalitäten in der Behandlung Abstufungen erfahren, die kaum mehr meßbar sind. Ebenso konnte der schonungslose Arbeitseinsatz

---

[338] Overmans: "Hunnen" und "Untermenschen" S. 348 geht von einer in allen drei Reichen irrigen Annahme unmenschlicher Behandlung der eigenen Landsleute und gleichmässigem Nachlassen der Greuelpropaganda nach 1915 aus. Hier ist vielmehr eine gegenläufige Entwicklung bei Mittelmächten und Rußland festzustellen. Vgl. Nachtigal: Rußland und seine österreichisch-ungarischen Kriegsgefangenen S. 140 ff.

etwa österreichischer Slawen im europäischen Nordrußland oder im unkontrollierten Frontbereich noch 1918 nacktes Elend bedeuten: die Strukturschwäche des russischen Staates auf seiner untersten Ebene blieb auch unter der Provisorischen Regierung und danach erhalten.

Daher ist der Inhalt des legendären Memorandums General Brussilows von Januar 1917 wohl weniger aussagekräftig als sein Entstehungsdatum! Zu jenem späten Zeitpunkt im Krieg behauptete der erfolgreichste russische Feldherr, daß es nur den slawischen Gefangenen in Rußland schlecht gehe, im Gegensatz zu den Deutschen und Magyaren (Türken und Juden erwähnt er nicht). Das führte er auf zwei Gründe zurück: einmal, daß nur slawische Gefangene bei schweren Außenarbeiten z. B. hinter der Front eingesetzt würden, während die angeblich benachteiligten Deutschen und Magyaren in gut organisierten Lagern Sibiriens ein Wohlleben führten. Das sei zweitens wiederum bedingt durch die Germanophilie russischer bzw. rußland- oder baltendeutscher Lageroffiziere oder Arbeitgeber. Diesen sogenannten Germanophilievorwurf habe ich in einer gesonderten Studie relativiert.[339] Er wird auch von unbestechlichen slawischen Zeitzeugen wie etwa Jaroslav Hašek nirgends erhoben. In Folge der russischen Systemlosigkeit, seit 1916 auch des sichtbar zunehmenden Chaos' im Hinterland, konnte sich weder die Germanophilie auswirken, deren Vorhandensein in bestimmten Kreisen des kriegführenden Rußlands keineswegs abgestritten werden soll, noch die durchgängige Bevorzugung der österreichischen Slawen im pan- oder neoslawischen Sinne.

Aber es sei nicht vergessen, daß in Rußland die Angehörigen der Mittelmächte nicht nur Opfer waren. In keinem anderen Gewahrsamsstaat war ihre Rolle und Funktion so vielfältig wie dort, hatten sie spätestens seit 1917 solchen Anteil an den einschneidenden Umbrüchen im Land, während ihr Beitrag für die Kriegsanstrengungen Rußlands so ambivalent wie kaum anderswo war: als gezwungene oder freiwillige Kämpfer nationaler und internationalistischer Einheiten an den Weltkriegs- und Bürgerkriegsfronten von 1916 bis 1920, als zunächst nicht genutztes Arbeitspotential, dann als ausgepreßte Arbeitssklaven durch einen rücksichtslosen Utilitarismus. Beim Zusammenbruch dieses anarchischen Systems in den meisten Teilen des europäischen Rußlands zu Ende 1917 wurde die „Selbstdemobilisation" möglich, und hunderttausende Gefangene der Mittelmächte unternahmen die eigenmächtige Heimkehr.

Rußland als Gewahrsamsstaat bleibt wegen zahlreicher Besonderheiten und Ausnahmen politisch und völkerrechtlich wohl das interessanteste Forschungsobjekt, und zwar für beide Weltkriege. Für die Zeit seit dem Zweiten Weltkrieg kommt noch der zusätzliche Hintergrund des kompliziert organisierten, „gestaffelten" GULag-Systems hinzu, mit dem das Kriegs- und Zivilgefangenenwesen

---

[339] Nachtigal: Rudolf J. Kreutz, Bruno Brehm und Jaroslav Hašek: drei Kriegsgefangene in Rußland und ihr Werk.

des GUPVI (Glavnoe upravlenie po delam voennoplennych i internirovannych = Hauptverwaltung in Angelegenheiten der Kriegsgefangenen und Internierten) parallel ging.

Solche Interdependenzen eines sich während des Krieges 1914/18 stark wandelnden Staatsgebildes zu erkennen und richtig zu deuten ist zugegebenermaßen nicht leicht. Bei Untersuchungen, die nur ein Lager oder nur die Vorgänge eines Kriegsjahres – und sei es ein Schlüsseljahr – zum Gegenstand haben, wird man daher kaum weiterreichende, übergreifende Erkenntnisse erwarten können. Zur Klärung der „Gefangenenorganisation" einer Gewahrsamsmacht, zumal einer untergehenden Großmacht, die nach einer Revolution eine völlig neue Ordnung hervorbrachte, sind sie jedoch unentbehrlich. Das bedeutet auch, daß eine Gefangenschaftsforschung für Rußland nicht bei dem reinen Phänomen „Gefangenschaft" stehen bleiben sollte, sondern mögliche Erkenntnisse interdisziplinär für die Erhellung der russischen Geschichte nutzen sollte. Allerdings spielten nur dort – und hier vor allem zwischen 1916 und 1918 – die Kriegsgefangenen eine zunehmend wichtige Rolle in Wirtschaft, Gesellschaft, ja in Politik und Verwaltung der Gewahrsamsmacht, wie sie bei anderen kriegführenden Staaten undenkbar blieb. Daß es sich dabei überwiegend um Angehörige des österreichisch-ungarischen Vielvölkerreiches handelt, dessen Nationalitätenproblem nach außen getragen wurde, um dann als tödliche Waffe den ums Überleben ringenden Heimatstaat zu treffen, erfordert nicht nur umfassende Kenntnis der russischen Geschichte, sondern auch der des Habsburgerreichs als Nationalitätenstaat und Militärmacht.

Nach dem Zweiten Weltkrieg hatte die noch größere Anzahl Kriegsgefangener der Achsenmächte – und auch Zivilgefangener, meist Volksdeutscher – Anteil am wirtschaftlichen Aufbau der verheerten Kriegszone im Westen und Süden Rußlands. Dem „Bund deutscher Offiziere" oder dem „Nationalkomitee Freies Deutschland" nach dem Kriegsende 1945 jedoch noch eine bedeutende politische Rolle zuschreiben zu wollen, ist unhistorisch. Die in ein riesiges Arbeitslager verwandelte östliche Großmacht kannte nur noch Arbeitssklaven, unter denen gerade noch solche unterschieden wurden, deren Leben es mit Rücksicht auf ausländische Interessen zu erhalten galt, und solche, die als eigene Staatsbürger keine Schutzmechanismen von außen nutzen konnten, deren Leben keine erhaltenswerte Bedeutung mehr hatte!
Die Gefangenschaft in Rußland zwischen 1914 und 1920 weist aber eine scharf gegenläufige Tendenz zu der im Stalin-Reich seit dem Zweiten Weltkrieg auf, auf die schon Rüdiger Overmans aufmerksam gemacht hat:[340] im Zarenstaat waren die Gefangenen zunächst unmenschlichen, ja mörderischen Verhältnissen vor allem aus organisatorischen Mängeln ausgeliefert. Die Umstände dort

---

[340] Overmans: "Hunnen" und "Untermenschen" – deutsche und russisch/sowjetische Kriegsgefangenschaftserfahrungen im Zeitalter der Weltkriege S. 361 ff., insbesondere S. 364.

rührten zum beträchtlichen Teil daher, daß Gefangene nicht frühzeitig als wertvolles „Menschenmaterial" erkannt wurden. Seit 1915/16 stellte sich eine grundlegende Änderung allmählich ein, die humanitäre Verbesserungen zuließ – oft in Eigenregie der Betroffenen sowie mit Hilfe der Neutralen. Mit dem beginnenden Staatsverfall seit der Februarrevolution nahm die Freiheit des Gefangenen immer mehr zu, für sein Wohlergehen zu sorgen, sein Schicksal durch Eigeninitiative selbst zu bestimmen. Die von den Betroffenen seit 1915 selbst geschaffenen Strukturen (Lager-Selbstverwaltung, Lagerzeitungen, schließlich Kriegsgefangenengeld) sind eindrucksvolle Belege für eine Selbständigkeit und überlegene Organisationsfähigkeit, wie sie sowohl bei den Gefangenen bei den Mittelmächten und der West-Entente als auch bei den Gewahrsamsmächten des Zweiten Weltkrieges *unerreicht* blieb: in der Vielfalt solcher Gestaltungsmöglichkeiten unterscheidet sich Rußland weiterhin von anderen Staaten im Zeitalter der massenhaften Gefangenschaft über lange Dauer. Daß dort die Angehörigen der Mittelmächte zunehmend größere Freiräume nutzen konnten, um in einem von der Absenz staatlicher Autorität und von Organisationsdefiziten geprägtem Vakuum eine „deutsche" Ordnung, gegenseitige Fürsorge und Systematik aufzubauen, wirft in durchaus bestätigendem Sinne ein seltsames Gegenlicht auf Liulevicius' Beobachtungen zur deutschen Organisation im besetzten „Kriegsland Ober Ost".

Von der österreichischen Forschung, die günstige Voraussetzungen nutzen kann nicht nur wegen der bequemen Zugänglichkeit schier unerschöpflichen, zum beträchtlichen Teil amtlichen Quellenmaterials *für alle drei großen Gewahrsamsmächte*, wurde nach ersten, vielversprechenden Ansätzen insgesamt wenig Aufschluß geboten. Das Bild der k.u.k. Monarchie als Gewahrsamsmacht von Kriegsgefangenen wie auch als fürsorgepflichtiger Heimatstaat von weit über 2,5 Millionen Landsleuten bleibt ebenso ambivalent wie die Ergebnisse der jüngeren österreichischen Forschung. Für den Habsburgerstaat als Gewahrsamsmacht hat die Gesamtdarstellung von Verena Moritz etwas daran geändert.

Im nachhinein muß überraschen, daß die Gefangenschaft der österreichisch-ungarischen Soldaten bei der Entente nicht nur früher, sondern häufiger die österreichische Forschung beschäftigt hat als umgekehrt das Schicksal der Entente-Gefangenen in Österreich, abgesehen von den Lagergeschichten. Ein Grund dafür wird in einer Spätfolge der Gefangenschaft von Österreichern in Rußland zu sehen sein: bei kaum einer Gewahrsamsmacht spielten die Heimkehrer, und sei es als internationalistische Sozialisten, eine so herausragende Rolle für die Nachkriegszeit.[341] Auch Leidinger und Moritz folgen in ihrer Synthese dieser Tradition der österreichischen Forschung. Die russische Forschung hat jenseits

---

[341] Darauf hat bereits verwiesen Hans Hautmann: Geschichte der Rätebewegung in Österreich 1918–1924. Wien 1987.

der älteren Internationalismus-Thematisierung bisher nur kleine Ausschnitte vorgelegt, die keine weiterführenden Aussagen zulassen. Die italienischen Beiträge sind mit Ausnahmen als recht einseitig anzusehen.

Drei internationale Historiker-Konferenzen haben sich seit 1997 der Kriegsgefangenschaft gewidmet: im September 1997 in Freiburg im Breisgau mit einem zwei Jahre später erschienenen Sammelband der Konferenzbeiträge,[342] im Dezember desselben Jahres in Moskau an der Akademie der Wissenschaften[343], und im Mai 2002 im südfranzösischen Carcassonne. Diese Konferenz thematisierte allerdings nicht die Gefangenen an der Ostfront.[344]

Ein Forschungszweig zur Geschichte der Gefangenschaft zumal im Ersten Weltkrieg – ganz zu schweigen allein für Rußland während des Ersten Weltkrieges – ist im deutschsprachigen Raum nicht etabliert. Allein der deutsche Militärhistoriker Rüdiger Overmans plant mit einer über zwei Jahrtausende ausholenden Strukturuntersuchung zur Kriegsgefangenschaft eine grundsätzliche Darstellung, die nach dem Gehalt seiner Beiträge, in denen der Erste Weltkrieg thematisiert ist, Hoffnungen weckt.[345] Für die Neuzeit favorisiert er die Sicht einer Entwicklung zur Totalisierung auch der Kriegsgefangenschaft als Phänomen der Heimatfront, besonders aber im 20. Jahrhundert. Er folgt damit einem neuartigen Paradigma, das mit der Losung „on the road to total war" von der neuen Militärgeschichte formuliert wurde. So hat Stig Förster vor wenigen Jahren gerade die Kriegsgefangenen in den Massenkriegen der Neueren Geschichte zu Gradmessern der Totalisierung erhoben, gleichzeitig dabei aber auch vor einer zu deterministischen Sicht auf eine scheinbar lineare Historizität gewarnt.[346] Entmenschlichung und Brutalisierung einer Kriegführung, die we-

---

[342] Rüdiger Overmans (Hrsg.): In der Hand des Feindes. Kriegsgefangenschaft von der Antike bis zum Zweiten Weltkrieg.

[343] Zu einem Sammelband der Vorträge, die der Ostfront im Ersten Weltkrieg gewidmet waren, ist es leider nicht gekommen. Eine internationale Konferenz in St. Petersburg befaßte sich 1998 mit dem russischen Staat und seiner Gesellschaft im Ersten Weltkrieg, wobei immerhin russische Kriegsflüchtlinge thematisiert wurden: Rossija i Pervaja mirovaja vojna (Materialy meždunarodnogo naučnogo kollokviuma) [Rußland und der Erste Weltkrieg – Materialien eines internationalen Colloquiums]. St. Petersburg 1999.

[344] Vgl. Arbeitskreis Militärgeschichte 17, April 2002, S. 37–39 mit den Vortragstiteln und Referenten.

[345] An dieser Stelle sei auf den Sammelband von Jochen Oltmer (Hrsg.) verwiesen: Kriegsgefangene im Europa des Ersten Weltkriegs, der voraussichtlich 2005 erscheint.

[346] Vgl. An der Schwelle zum Totalen Krieg. Die militärische Debatte über den Krieg der Zukunft 1919–1939 (Hrsg. Stig Förster). Paderborn 2002, hier S. 20 ff. Erstaunlicherweise ist dem breit angelegten Sonderforschungsprojekt 437 "Kriegserfahrungen. Krieg und Gesellschaft in der Neuzeit" der Universität Tübingen das Thema der Kriegsgefangenschaft entgangen. Vgl. Kriegserfahrungen. Krieg und Gesellschaft in der Neuzeit. Sonderforschungsbereich 437 der Eberhard-Karls-Universität Tübingen Teil 1/1 und 1/2, Teil 2: Arbeits- und Ergebnisbericht der ersten Forschungsphase (1. Januar 1999 – 31. Dezember 2001). Tübingen [2002].

der vor Zivilisten noch vor Gefangenen Halt macht, ist allerdings schon beim ersten kriegerischen Auftakt des 20. Jahrhunderts, dem Burenkrieg in Südafrika (1899–1902) festgestellt worden, der im selben Jahr begann, als die erste Haager Konvention abgeschlossen wurde.[347]
Mit einem grundsätzlichen Gedanken zur langfristigen und geschichtsträchtigen Bedeutung der Gefangenschaft im Ersten Weltkrieg soll diese Untersuchung beschlossen werden. Zwei Forscher haben einen Gedanken amerikanischer Historiker aufgegriffen, die in den „Konzentrationslagern" für Kriegsgefangene des Großen Krieges Vorläufer für die bewußte Massenvernichtung von Menschen in den totalitären Regimen des Zweiten Weltkrieges sehen zu können glauben. Als rhetorische Frage bei Richard Speed oder als Hypothese Peter Pastors sind Katja Mitze und Alon Rachamimov auf die Tragweite derselben Grunderscheinung zu sprechen gekommen.[348] Beide Male wird übersehen, daß im Ersten Weltkrieg staatliche Tötungsabsicht noch auf keiner Seite bestand und besonders schlechte Behandlung entweder auf – in Rußland schwerste – Organisationsdefizite oder auf Haßempfindungen einzelner zurückzuführen ist, also in jedem Falle nicht amtlich war. Da Rachamimov und Mitze anhand ihres Quellenmaterials nicht in der Lage sind, besonders schlimme Verhältnisse oder strukturell Unmenschliches für ihre untersuchten Bereiche anzuführen, müssen ihre kühnen Schlußfolgerungen erstaunen, zumal selbst ich bei der konkreten, quellengestützten Untersuchung einer Seuchenkatastrophe in Rußland mich eines so weitgehenden Vergleichschlusses klar enthalten habe.[349]
Der Hinweis wäre gerade hier oder auch bei den Gefangenen an der Murmanbahn angebracht, daß die „russischen Erfahrungen" bei den Heimkehrern durch ihre Multiplikatoren-Funktion in der Nachkriegszeit wahrscheinlich eine Rolle bei der Entstehung nationalsozialistischer Konzentrationslager, aber auch beim schweren, menschenverschleißenden Arbeitseinsatz von Kriegsgefangenen der Sowjetarmee und Ostarbeitern gespielt haben dürfte. Das mentale Verbindungsglied zwischen den Hinterlandsereignissen beider Weltkriege – hier die Gefangenschaft in Rußland, dort das Leben der Osteuropäer im Dritten Reich – bilden wohl Erinnerungsberichte und fiktionale Literatur der Art Edwin Erwin Dwingers. Darauf ist bei den Forschungen zur Brutalisierung der Ostfront im Zweiten Weltkrieg schon früher verwiesen worden.[350]

[347] Beckett: Modern Insurgencies and Counter-Insurgencies S. 39 ff. zu zivilen und Kriegsgefangenenverlusten der Buren. Die Grausamkeit im Burenkrieg, so Beckett, sei durch den außereuropäischen Schauplatz bedingt gewesen: die Auseinandersetzung wurde als Kolonialkrieg verstanden, in dem andere Maßstäbe galten.

[348] Mitze: Das Kriegsgefangenenlager Ingolstadt S. 409 (Speed: Did the 'horrors of Wittenberg' lead to those of Auschwitz?) und Rachamimov: POWs and the Great War S. 123 ff.

[349] Nachtigal: Seuchen unter militärischer Aufsicht.

[350] P. Jahn: "Russenfurcht" und Antibolschewismus sowie H.-H. Wilhelm: Motivation und "Kriegsbild" deutscher Generale und Offiziere im Krieg gegen die Sowjetunion, in: Erobern und Vernichten. Der Krieg gegen die Sowjetunion (Hgg. P. Jahn/R. Rürup).

Eine konkrete Beziehungsbrücke stellt die massive Seuchenerfahrung in den Jahren des Ersten Weltkrieges, für die Mitteleuropäer der Erlebnisgeneration wiederum die Erlebnisse in den Lagern Rußlands dar. Millionen von Kriegsflüchtlingen in Ost- und Ostmitteleuropa noch im russischen Bürgerkrieg, die seitdem ausgelösten Migrationen mit ihrem Potential an Epidemieverbreitung und die deutschen Reaktionen darauf in der frühen Weimarer Republik führten dort in breiten Bevölkerungskreisen zu einem zunehmend rassenideologischen Bild, das durch die Einschleppung des Typhus exanthematicus und des Rückfallfiebers (*typhus recurrens*) bestimmt war.[351] Die Entdeckung, mit Gas wirkungsvolle Desinfektion von Seuchenerregern leisten zu können, führte im Zweiten Weltkrieg zur Ermordung von Millionen Menschen in Gaskammern der Konzentrationslager durch Zyklon-B. Nur die Seuchenerfahrung des Ersten Weltkrieges und der Jahre danach veranlaßten die Opfer, im Vertrauen auf die deutsche chemische und medizinische Autorität die als Desinfektionsmaßnahme getarnten Gaskammern zu betreten, wo das vermeintlich seuchenprophylaktische Reinigungsbad genommen werden sollte.[352] Erschreckend sind die dürftigen Belege, die dafür sprechen, daß diese Praxis offenbar in kleinem Maßstab bereits früher „erprobt" wurde.

Die Kenntnis der Bedingungen in Rußland zwischen 1914 und 1920 ist in manchen Bereichen nicht nur der Geschichtswissenschaft nach wie vor gering: erstaunen muß das bei der Militär- und vor allem bei der Völkerrechtsgeschichte. Nicht nur sind die scheinbar unglaublichen Vorgänge im Osteuropa des Ersten Weltkrieges niemals einer eingehenden völkerrechtlichen Studie unterworfen worden. Weitreichende Unkenntnis der Zeitgenossen wie der heutigen Forschung von der Etappe in Rußland prägen das Bild. So werden, wenn denn Rußland als Gewahrsamsmacht im Ersten Weltkrieg – ausschließlich aus deutscher Perspektive – thematisiert wird, ältere deutsche Darstellungen zitiert (Christian Meurer: Gutachten über die Verletzungen des Kriegsrechts, Das Werk des Untersuchungsausschusses 1919–1928. Völkerrecht im Weltkrieg, Berlin 1927 etc.). Die ausgezeichnete Arbeit Gerd Hankels, der nur auf das Verhältnis Deutschlands zur West-Entente zu sprechen kommt, blendet das Faktum aus, daß über zwei Drittel aller Gefangenen in Deutschland, aber auch in Österreich-Ungarn, Osteuropäer waren, die in Leipzig keinen Anwalt hatten.

Ein letztes Mal sei hier die Vergleichsebene mit der wissenschaftlichen und nichtwissenschaftlichen Literatur zur Gefangenschaft in beiden Weltkriegen

---

[351] Weindling: Epidemics and Genocide S. 111 ff. (II: Containment) und S. 225 ff. (III: Eradication), z. B. S. 227.

[352] Ebd. S. 271–321 (Delousing and the Holocaust) und ff. Ebd. S. 106 ff. zu einem Vorläufer im Ersten Weltkrieg bei der "Desinfektion" deportierter Armenier im Osmanischen Reich, die unter dem Vorwand der Entlausung vergast wurden.

berührt. Das vergangene Jahrzehnt hat für den Ersten Weltkrieg einige Studien erbracht, unter denen die zu Rußland als langjährige Gewahrsamsmacht der zweitgrößten Einzelgruppe Gefangener besonders hervorzuheben sind, da sie manch wertvolle neue Einsichten bieten. Sie erlauben mitunter allgemeine Aussagen zu Kontinuitäten und neuen Paradigmen für Rußland und Europa. Einzelarbeiten zu deutschen und österreichischen Gefangenenlagern bleiben hinter diesen ausgreifenden Darstellungen zurück, obgleich auch sie unverzichtbar sind als Bausteine einer zukünftigen Gesamtbetrachtung des Kriegsgefangenenwesens bei beiden Mittelmächten.

Dasselbe vergangene Jahrzehnt hat auch einen neuerlichen Schub monographischer wie auch Erinnerungsliteratur zur Gefangenschaft seit dem Zweiten Weltkrieg für die Gegner an der Ostfront hervorgebracht. Wenn auch die gegenseitigen Gefangenen dort in viel stärkerem Maße Opfer und Objekt der jeweiligen menschenfeindlichen Ideologien und schwierigen Existenzbedingungen wurden, so scheinen gerade die Verhältnisse im zarischen Rußland an strukturell-konstituive Langzeitphänomene in Osteuropa zu gemahnen. Dabei ist zu berücksichtigen, daß auch die Kriegsgefangenenarbeit eine wichtige, verbindende Konstituante beider Weltkriege an der Ostfront darstellt. Die erstaunliche Menge der immer noch erscheinenden Erinnerungsliteratur ehemaliger Gefangener in der UdSSR deutet darauf hin, meist ohne sich dessen bewußt zu sein.

Anhang: Gefangenenstände in Rußland und Verwendung der Kriegsgefangenen 1914 bis Juli 1918

Für Rußland können anhand der Anzahl der Mittelmächte-Gefangenen Phänomene wie Arbeitseinsatz, Nationalitäten-politik, Gefangenenaustausch und Heimkehr für die Angehörigen der Mittelmächte in Näherungswerten veranschaulicht werden.

Soldaten aus bis Ende	ÖU	DR, Bulgarien, Osman. Reich	Insgesamt eingelangt	Arbeitseinsatz absolut	prozent.	Istbestand	Bis dahin verstorben	Entlassen aus russ. Gewahrsam in nationale Einheiten	Austausch (Invaliden)	Flucht
Dez. 14	~400.000	40-60.000	~½ Mio.	10.000	?	~½ Mio.	?	?	0	?
Apr. 15	~150.000	20-30.000	~600.000	30.000	~5%	<½ Mio.	100.000	2-5.000	0	?
Sept.15	400-500.000	30-40.000	>1 Mio.	553.000	~50%	900.000	150.000	10.000	<1.000	?
Dez.15	100-200.000	10.000	1,1-1,2 Mio.	555.000	50%	~1 Mio.	200.000	15-20.000	~1.000	~1.000
Mai 16	<100.000	10-20.000	<1,3 Mio.	>650.000	50%	>1 Mio.	~300.000	30-40.000	>2.000	>1.000
Dez.16	~700.000	50-60.000	~2 Mio.	1,14 Mio.	<70%	~2 Mio.	>350.000	50-70.000	8-10.000	~5.000
Nov.17	<300.000	10-20.000	~2,4 Mio.	1,5 Mio.	~75%	<2 Mio.	~400.000	80-90.000	~20.000	<10.000
Jan. 18	0	0	2,4 Mio.	<1 Mio.	<50%	<1,9 Mio.	>400.000	~100.000	~26.000	W.H.*
Juli 18	-	-	2,4 Mio.	<400.000	?	<1,5 Mio.	~470.000	~100.000	26.000	<700.000

ÖU = Österreich-Ungarn, DR = Deutsches Reich, Osman. Reich = Osmanisches Reich

* W.H. = Wilde Heimkehr und seit Juni 1918 offiziell Repatrierte

Quellen für die Gefangenenstände:

Brändström, Elsa: Unter Kriegsgefangenen in Rußland und Sibirien 1914 – 1920. Leipzig (6. Aufl.) 1927/31, S. 16.

Golovine, Nicholas N.: The Russian Army in the World War. New Haven 1931, S. 74 ff.

Klante, Margarete: Die deutschen Kriegsgefangenen in Rußland, in: Max Schwarte (Hrsg.): Der große Krieg Bd. 10. Leipzig 1923, S. 182 – 204, hier S. 182.

Österreich-Ungarns letzter Krieg (Hrsg. E. Glaise v. Horstenau) Bd. 7. Wien 1938, S. 46 ff.; Beilage 4, Tabelle 1 und VI,2.

Weiland, Hans/Leopold Kern (Hgg.): In Feindeshand. Die Gefangenschaft im Weltkriege in Einzeldarstellungen, 2 Bde. Wien 1931, Anhang.

Gosudarstvennyj Archiv Rossijskoj Federacii, Moskau, Fond 3333 opis' 3 dela 44, 550; opis' 9 dela 1, 8.

Rossijskij Gosudarst. voenno-istoričeskij Archiv, Moskau, Fond 1343 opis' 10; Fond 1606 opis' 2 delo 1759 opis' 3 dela 469, 470; Fond 2000 opis' 6.

Rossijskij Gosudarstvennyj istoričeskij Archiv, St. Petersburg, Fond 1276 opis' 10 delo 759.

Literatur:

Abbal, Odon: Les prisonniers de la Grande Guerre, in: Revue d'Histoire de la Seconde Guerre mondiale et des conflits contemporains 147, 1987, S. 5–30.

Ders.: Soldats oubliés. Les prisonniers de guerre français. Bez-et-Esparon 2001.

Adam, Rémi: Histoire des soldats russes en France (1915–1920). Les damnés de la guerre. Paris 1996.

An der Schwelle zum Totalen Krieg. Die militärische Debatte über den Krieg der Zukunft 1919–1939. (Hrsg. Stig Förster). Paderborn 2002.

A Historical Encyclopedia of Prisoners of War and Internment. (Hrsg. Jonathan F. Vance). St. Barbara/Cal. 2000.

Audoin-Rouzeau, Stéphane: Von den Kriegsursachen zur Kriegskultur. Neuere Forschungstendenzen zum Ersten Weltkrieg in Frankreich, in: Neue Politische Literatur 39, 1994, S. 203–217.

Bade, Klaus/Jochen Oltmer: Normalfall Migration. Bonn 2004.

Bagiński, Henryk: Wojsko polskie na wschodzie 1914–1920. Warschau 1990.

Baur, Johannes: Zwischen „Roten" und „Weißen" – Russische Kriegsgefangene in Deutschland nach 1918, in: Karl Schlögel (Hrsg.): Russische Emigration in Deutschland 1918 bis 1941. Leben im europäischen Bürgerkrieg. Berlin 1995, S. 93–108.

Becker, Anette: Oubliés de la Grande Guerre. Humanitaire et culture de guerre 1914–1948. Populations occupés, déportés civils, prisonniers de guerre. Paris 1998.

Beckett, Ian F. W.: Modern Insurgencies and Counter-Insurgencies. Guerrillas and their Opponents since 1750. Routledge 2001.

Beyrau, Dietrich: Der Erste Weltkrieg als Bewährungsprobe. Bolschewistische Lernprozesse aus dem „imperialistischen" Krieg, in: Journal of Modern European History 1,1, 2003, S. 96–124.

Bihl, Wolfdieter: Die Kaukasus-Politik der Mittelmächte. Teil 1. Ihre Basis in der Orientpolitik und ihre Aktionen 1914–1917. Wien 1975.

Brandes, Detlef/Andrej Savin: Die Sibiriendeutschen im Sowjetstaat 1919–1938. Essen 2001.

Braudel, Fernand: La captivité devant l'histoire, in: Revue d'Histoire de la Deuxième Guerre Mondiale 7, 1957, S. 3–5.

Bröckling, Ulrich/Michael Sikora (Hgg.): Armeen und ihre Deserteure. Vernachlässigte Kapitel einer Militärgeschichte der Neuzeit. Göttingen 1998.

Chotiwari-Jünger, Steffi: Abschied vom „Heiligenland". Ein georgischer Schriftsteller als Kriegsgefangener und Gefangenenbetreuer in deutschen Lagern während des Ersten Weltkrieges, in: Fremdeinsätze. Afrikaner und

Asiaten in europäischen Kriegen, 1914–1945 (Hgg. G. Höpp, Brigitte Reinwald). Berlin 2000, S. 119–128.

Corner, Paul und Giovanna Procacci: The Italian experience of „total" mobilization 1915–1920, in: State, society and mobilization in Europe during the First World War (Hrsg. John Horne). Cambridge 1997, S. 223–240.

Corni, Gustavo: Ernährung, in: Enzyklopädie Erster Weltkrieg (Hgg. Gerhard Hirschfeld, Gerd Krumeich, Irina Renz). Paderborn 2003, S. 461–464.

Cornwall, Mark: The Undermining of Austria-Hungary. The Battle for Hearts and Minds. London 2000.

Davis, Gerald H.: National Red Cross Societies and Prisoners of War in Russia, 1914–18, in: Journal of Contemporary History, 28,1, 1993, S. 31–52.

Die Medizin und der Erste Weltkrieg (Hgg. Wolfgang U. Eckart/Christoph Gradmann). Pfaffenweiler 1996.

Die Trägödie der Gefangenschaft in Deutschland und der Sowjetunion (Hgg. Klaus D. Müller/Konstantin Nikischkin/Günther Wagenlehner). Köln 1998.

Eckart, Wolfgang U.: Epidemien, in: Enzyklopädie Erster Weltkrieg (Hgg. G. Hirschfeld, G. Krumeich, I. Renz). Paderborn 2003, S. 459 f.

Egger, Rainer: Spanien und Österreich-Ungarn – militärische Beziehungen und Kriegsgefangenenwesen im Ersten Weltkrieg, in: Wiener Geschichtsblätter 52, 1997, S. 141–156.

Englander, David: Mutinies and Military Morale, in: The Oxford Illustrated History of the First World War (Hrsg. H. Strachan). Oxford 1998, S. 191–203.

Ensen, Bent: Gumanitarnaja pomošč' i politika: missija Datskogo Krasnogo Kresta v Sovetskoj Rossii 1918–1919, in: Pervaja Mirovaja vojna. Prolog XX veka (Hrsg. V. L. Mal'kov). Moskau 1998, S. 515–536.

Ders.: Missija Datskogo krasnogo kresta v Rossii. 1918–1919 gody, in: Otečestvennaja istorija 1, 1997, S. 27–41.

Enzyklopädie Erster Weltkrieg (Hgg. Gerhard Hirschfeld, Gerd Krumeich, Irina Renz). Paderborn 2003.

Erickson, Edward J.: Ordered to Die. A History of the Ottoman Army in the First World War. Westport/CT 2001.

Esch, Michael G.: Von Verbündeten zu Kriegsgefangenen: Das russische Kontingent in Frankreich und der Kriegsaustritt der Sowjetunion, in: Gerd Krumeich (Hrsg.): Versailles 1919: Ziele, Wirkung, Wahrnehmung. Essen 2001, S. 211–224.

Evzerov, Robert: Die sowjetische Historiographie und die deutschen und österreichischen Kriegsgefangenen-Internationalisten, in: Zeitgeschichte 25, 1998, S. 343 – 347.

Ferguson, Niall: Der falsche Krieg. Der Erste Weltkrieg und das 20. Jahrhundert. Stuttgart 1999.

Francescotti, Renzo: Italianski. L'epopea degli italiani dell'esercito austro-ungarico prigionieri in Russia nella Grande Guerra 1914–1918. Valdagno 1994.

Fremdeinsätze. Afrikaner und Asiaten in europäischen Kriegen, 1914–1945 (Hgg. Gerhard Höpp, Brigitte Reinwald). Berlin 2000.

Gatrell, Peter: A whole empire walking. Refugees in Russia during World War I. Bloomington 1999.

Ders./Mark Harrison: The Russian and Soviet economies in two world wars: a comparative view, in: The Economic History Review 46, 1993, S. 425–452.

Gierstorfer, Wolfgang: Das Lager Geltendorf. Eine Außenstelle des Kriegsgefangenenlagers Puchheim im Ersten Weltkrieg, in: Amperland. Heimatkundliche Vierteljahresschrift für die Kreise Dachau, Freising und Fürstenfeldbruck 1993, S. 10–14 und 1994, S. 252–257.

Giljazov, Iskander: Die Muslime Rußlands in Deutschland während der Weltkriege als Subjekte und Objekte der Großmachtpolitik, in: Fremdeinsätze. Afrikaner und Asiaten in europäischen Kriegen, 1914–1945 (Hgg. G. Höpp, B. Reinwald). Berlin 2000, S. 143–148.

Grekov, N. V.: Germanskie i avstrijske voennoplennye v Sibiri (1914–1917), in: Petr P. Vibe (Hrsg.), Nemcy, Rossija, Sibir'. Omsk 1997, S. 154–180.

Gschwendtner, Andrea: Als Anthropologe im Kriegsgefangenenlager – Rudolf Pöchs Filmaufnahmen im Jahre 1915. Begleitveröffentlichung zum wissenschaftlichen Film P 2208 des ÖWF 42, April 1992, S. 105–118.

Handbuch des modernen Völkerrechts in bewaffneten Konflikten (Hrsg. Dieter Fleck). München 1994.

Hankel, Gerd: Deutsche Kriegsverbrechen des Weltkrieges 1914–18 vor deutschen Gerichten, in: Wette, Wolfram/Gerd R. Ueberschär (Hgg.): Kriegsverbrechen im 20. Jahrhundert. Darmstadt 2001, S. 85–98.

Ders.: Die Leipziger Prozesse. Deutsche Kriegsverbrechen und ihre strafrechtliche Verfolgung nach dem Ersten Weltkrieg. Hamburg 2003.

Häußler, Rudolf: Das Nachrichten- und Pressewesen der feindlichen Kriegsgefangenen in Deutschland 1914–1918. (Diss. Leipzig 1939). Berlin 1940.

Hautmann, Hans: Die österreichisch-ungarische Armee auf dem Balkan, in: Kriegsverbrechen in Europa und im Nahen Osten im 20. Jahrhundert (Hgg. Franz W. Seidler/Alfred M. de Zayas). Hamburg 2002, S. 36–41.

Hemrath, Ralf: Sobolev und Yeremeni. Russische Kriegsgefangene des Ersten Weltkrieges auf dem Jexhof und im Landkreis Fürstenfeldbruck. München 1992.

Hilger, Andreas: Deutsche Kriegsgefangene in der Sowjetunion, 1941–1956. Kriegsgefangenenpolitik, Lageralltag und Erinnerung. Essen 2000.

Hinz, Uta: Die deutschen „Barbaren" sind doch die besseren Menschen: Kriegsgefangenschaft und gefangene „Feinde" in der Darstellung der deutschen Publizistik 1914–1918, in: Rüdiger Overmans (Hrsg.), In der Hand des Feindes. Kriegsgefangenschaft von der Antike bis zum Zweiten Weltkrieg. Köln 1999, S. 339–361.

Dies.: Kriegsgefangene, in: Enzyklopädie Erster Weltkrieg (Hgg. G. Hirschfeld, G. Krumeich, I. Renz). Paderborn 2003, S. 641–646.

Hinz, U.: Zwangsarbeit, in: Enzyklopädie Erster Weltkrieg (Hgg. G. Hirschfeld, G. Krumeich, I. Renz). Paderborn 2003, S. 978–980.

Höpp, Gerhard: Die Privilegien der Verlierer. Über Status und Schicksal muslimischer Kriegsgefangener und Deserteure in Deutschland während des Ersten Weltkrieges und der Zwischenkriegszeit, in: Fremde Erfahrungen. Asiaten und Afrikaner in Deutschland, Österreich und in der Schweiz bis 1945 (Hrsg. G. Höpp). Berlin 1996, S. 185–210.

Ders.: Die Wünsdorfer Moschee: eine Episode islamischen Lebens in Deutschland, 1915–1930, in: Die Welt des Islams 36, 1996, S. 204–218.

Ders.: Frontenwechsel: Muslimische Deserteure im Ersten und Zweiten Weltkrieg und in der Zwischenkriegszeit, in: Fremdeinsätze. Afrikaner und Asiaten in europäischen Kriegen, 1914–1945 (Hgg. G. Höpp, Brigitte Reinwald). Berlin 2000, S. 129–141.

Ders.: Muslime in der Mark. Als Kriegsgefangene und Internierte in Wünsdorf und Zossen, 1914–1924. Berlin 1997.

Hoffmann, Joachim: Deutsche und Kalmyken 1942–1945. Freiburg (4. Aufl.) 1986.

Ders.: Die Ostlegionen 1941–1943. Freiburg (3. Aufl.) 1986.

Ders.: Die Tragödie der „Russischen Befreiungsarmee" 1944/45: Wlassow gegen Stalin. München 2003.

Ders.: Kaukasien 1942/43. Das deutsche Heer und die Orientvölker der Sowjetunion. Freiburg 1991.

Hutchinson, John F.: Champions of Charity. War and the Rise of the Red Cross. Colorado 1996.

Ingolstadt im Ersten Weltkrieg – das Kriegsgefangenenlager. Ingolstadt 1999.

Ivanov, Ju. A.: Voennoplennye Pervoj mirovoj v rossijskoj provincii, in: Otečestvennye archivy, 2000, S. 100–104.

Jackson, Robert: The Prisoners 1914–1918. London 1989.

Jahn, Hubertus F.: Patriotic Culture in Russia During World War I. Ithaca 1995.

Jahn, Peter: „Russenfurcht" und Antibolschewismus: Zur Entstehung und Wirkung von Feindbildern, in: Erobern und Vernichten. Der Krieg gegen die Sowjetunion 1941–1945. Essays (Hgg. Peter Jahn/Reinhard Rürup). Berlin 1991, S. 47–64.

Kahleyss, Margot: Muslimische Kriegsgefangene in Deutschland im Ersten Weltkrieg – Ansichten und Absichten, in: Fremdeinsätze. Afrikaner und Asiaten in europäischen Kriegen, 1914–1945 (Hgg. G. Höpp, Brigitte Reinwald). Berlin 2000, S. S. 79–128.

Kalshoven, Frits: Repressalien, in: Kriegsverbrechen. Was jeder wissen sollte (Hgg. Roy Gutman und David Rieff). München 1999, S. 346 f.

Karner, Stefan: Im Archipel GUPVI. Kriegsgefangenschaft und Internierung in der Sowjetunion 1941–1956. München 1995.

Karner, St.: Die sowjetische Hauptverwaltung für Kriegsgefangene und Internierte als Lagersystem für die österreichischen Kriegsgefangenen 1941–1956, in: Österreich in Geschichte und Literatur 40, 1996, S. 262–285.

Ders./Barbara Marx: World War II Prisoners of War in the Soviet Union Economy, in: Bulletin du Comité international d'histoire de la Deuxième Guerre mondiale, 27/28, 1995, S. 191–201.

Klante, Margarete: Die deutschen Kriegsgefangenen in Rußland, in: Max Schwarte (Hrsg.): Der große Krieg Bd. 10: Die Organisation der Kriegführung. Leipzig 1923, S. 182–204.

Koch, Rudolf: Im Hinterhof des Krieges. Das Kriegsgefangenenlager Sigmundsherberg. Horn 2002.

Köhler, Gottfried: Die Kriegsgefangenen. Internierten- und Militärlager in Österreich-Ungarn 1914–1919 und ihre Feldposteinrichtungen. Graz 1991.

Koller, Christian: „Von Wilden aller Rassen niedergemetzelt": Die Diskussion um die Verwendung von Kolonialtruppen in Europa zwischen Rassismus, Kolonial- und Militärpolitik (1914–1930). Stuttgart 2001.

Kriegsgefangenschaft 1914–1920. Am Beispiel Österreichs und Rußlands, Themenband *zeitgeschichte* 25, 1998.

Kriegsverbrechen im 20. Jahrhundert. (Hgg. Wolfram Wette/Gerd R. Ueberschär). Darmstadt 2001.

Kriegsverbrechen in Europa und im Nahen Osten im 20. Jahrhundert (Hgg. Franz W. Seidler/Alfred M. de Zayas). Hamburg 2002.

Kruse, Wolfgang (Hrsg.): Eine Welt von Feinden. Der Große Krieg 1914–1918. Frankfurt/M. 1997.

Kudrina, Julija: Das Dänische Rote Kreuz in den Jahren des Ersten Weltkrieges, in: Zeitgeschichte 25, 1998, S. 375–379.

Lager, Front oder Heimat. Deutsche Kriegsgefangene in Sowjetrußland 1917–1920 (Hgg. Inge Pardon, Waleri Shurawljow), 2 Bde. München 1994.

Leidinger, Hannes: Gefangenschaft und Heimkehr. Gedanken zu Voraussetzungen und Perspektiven eines neuen Forschungsbereiches, in: Zeitgeschichte 25, 1998, S. 333–342.

Ders./Verena Moritz: Das russische Kriegsgefangenenwesen 1914 bis 1920, in: Österreichische Osthefte, 41, 1999, S. 83–106.

Dies.: Gefangenschaft, Revolution, Heimkehr. Die Bedeutung der Kriegsgefangenenproblematik für die Geschichte des Kommunismus in Mittel- und Osteuropa 1917–1920. Wien 2003.

Dies.: Österreich-Ungarn und die Heimkehrer aus russischer Kriegsgefangenschaft im Jahr 1918, in: Österreich in Geschichte und Literatur, 41, 1997, S. 385–403.

Lencen, Iris: Izpol'zovanie truda russkich voennoplennych v Germanii (1914–1918 gg.), in: Voprosy istorii. 4, 1998, S. 129–137.

Leven, Karl-Heinz: Die Geschichte der Infektionskrankheiten. Von der Antike bis ins 20. Jahrhundert (= 6 Fortschritte in der Präventiv- und Arbeitsmedizin). Landsberg/Lech 1997.

Lipiński, Wacław: Walka zbrojny o niepodległości w latach 1915–1918. Warschau 1990.

Liulevicius, Vejas Gabriel: Kriegsland im Osten. Eroberung, Kolonisierung und Militärherrschaft im Ersten Weltkrieg. Hamburg 2002.

Lohr, Eric: Nationalizing the Russian Empire. The Campaign against Enemy Aliens during World War I. Cambridge/Mass. 2003.

Mitze, Katja: Das Kriegsgefangenenlager Ingolstadt während des Ersten Weltkriegs. Berlin 2000.

Moritz, Verena: Die österreichisch-ungarischen Kriegsgefangenen in der russischen Wirtschaft (1914 bis Oktober 1917), in: Zeitgeschichte 25, 1998, S. 380–389.

Dies./H. Leidinger: Im Schatten der Revolution. Die Heimkehrer aus russischer Kriegsgefangenschaft nach dem Ende des Ersten Weltkrieges, in: Wiener Geschichtsblätter 51,4, 1996, S. 229–264.

Dies.: Otto Bauer 1914–1919. Kriegsgefangenschaft und Heimkehr als Problem einer Biographie, in: Wiener Geschichtsblätter, 54,1, 1999, S. 1–21.

Dies.: Verwaltete Massen. Kriegsgefangene in der Donaumonarchie 1914–1918, in: Kriegsgefangene im Europa des Ersten Weltkrieges (Hrsg. Jochen Oltmer). In Vorbereitung: Essen 2005.

Müller, Herbert L.: Islam, ğihād („Heiliger Krieg") und Deutsches Reich. Ein Nachspiel zur wilhelminischen Weltpolitik im Maghreb 1914–1918. Frankfurt/Main 1991.

Muschka, Wilhelm: Der Legionär: ein deutsch-tschechischer Konflikt von Masaryk bis Havel. Frankfurt/Main 1995.

Muslime in Brandenburg – Kriegsgefangen im 1. Weltkrieg. Ansichten und Absichten (Hrsg. Margot Kahleyss). Berlin (Museum für Völkerkunde) 1998.

Nachtigal, Reinhard: Beistand für Kriegsgefangene in Rußland 1914 bis 1918: die Moskauer Deutschen, in: Deutsche in Rußland und in der Sowjetunion 1914–1941 (Hgg. Alfred Eisfeld/Victor Herdt/Boris Meissner). Oranienburg 2004, S. 91–124.

Ders.: Die dänisch-österreichisch-ungarischen Rotkreuzdelegierten in Rußland 1915–1918. Die Visitation der Kriegsgefangenen der Mittelmächte durch Fürsorgeschwestern des österreichischen und ungarischen Roten Kreuzes, in: Zeitgeschichte 25, 1998, S. 366–374.

Ders.: Die kriegsgefangene k.u.k. Generalität in Rußland während des Ersten Weltkrieges, in: Österreich in Geschichte und Literatur 47, 2003, S. 258–274.

Nachtigal, R.: Die Murmanbahn. Die Verkehrsanbindung eines kriegswichtigen Hafens und das Arbeitspotential der Kriegsgefangenen 1915–1918. Grunbach 2001.

Ders.: Die Repatriierung der Mittelmächte-Kriegsgefangenen aus dem revolutionären Rußland: Heimkehr zwischen Agitation, Bürgerkrieg und Intervention 1918 bis 1922, in: Kriegsgefangene im Europa des Ersten Weltkrieges (Hrsg. J. Oltmer). In Vorbereitung: Essen 2005.

Ders.: German Prisoners of War in Tsarist Russia: A Glance at Petrograd/St Petersburg, in: German History 13,2, 1995, S. 198–204.

Ders.: Hygienemaßnahmen und Seuchenbekämpfung als Probleme der russischen Staatsverwaltung 1914 bis 1917: Prinz Alexander von Oldenburg und die Kriegsgefangenen der Mittelmächte, in: Medizinhistorisches Journal 39,2-3, 2004, S. 135–163.

Ders.: Krasnyj Desant: Das Gefecht an der Mius-Bucht. Ein unbeachtetes Kapitel der deutschen Besetzung Südrußlands 1918. Erscheint in: Jahrbücher für Geschichte Osteuropas 53, 2005.

Ders.: Kriegsgefangene der Habsburgermonarchie in Rußland, in: Österreich in Geschichte und Literatur 40, 1996, S. 248–262.

Ders.: Privilegiensystem und Zwangsrekrutierung: russische Nationalitätenpolitik gegenüber Kriegsgefangenen aus Österreich-Ungarn, in: Kriegsgefangene im Europa des Ersten Weltkrieges (Hrsg. J. Oltmer). In Vorbereitung: Essen 2005.

Ders.: Rudolf J. Kreutz, Bruno Brehm und Jaroslav Hašek: drei Kriegsgefangene in Rußland und ihr Werk zwischen dichterischer Freiheit und historischer Wahrheit, in: Österreich in Geschichte und Literatur 48,6, 2004.

Ders.: Rußland und seine österreichisch-ungarischen Kriegsgefangenen 1914–1918. Diss. Freiburg, Remshalden 2003.

Ders.: Seuchen unter militärischer Aufsicht in Rußland: Das Lager Tockoe als Beispiel für die Behandlung der Kriegsgefangenen 1915/16?, in: Jahrbücher für Geschichte Osteuropas 48, 2000, S. 363–387.

Nelipovič, Sergej: Repressii protiv poddannych „Central'nych deržav". Deportacii v Rossii 1914–1918 gg., in: Voenno-Istoričeskij Žurnal 1996, S. 32–42.

Ders.: Rol' voennogo rukovodstva Rossii v „nemeckom voprose" v gody Pervoj mirovoj vojny (1914–1917), in: Rossijskie nemcy. Problemy istorii, jazyka i sovremennogo položenija. Materialy meždunarodnoj naučnoj konferencii Anapa, 20–25 sentjabrja 1995 g. Moskau 1996, S. 262–283.

Ders.: V poiskach „vnutrennego vraga": deportacionnaja politika Rossii (1914–1917), in: A. Kručinin u. a. (Hrsg.), Pervaja mirovaja vojna i učastie v nej Rossija (1914–1918), Bd. 1. Moskau 1994, S. 51–64.

Nill-Theobald, Christiane: „Defences" bei Kriegsverbrechen am Beispiel Deutschlands und der USA. Diss. Freiburg/Brsg. 1998.

Nowosadtko, Jutta: Krieg, Gewalt und Ordnung. Einführung in die Militärgeschichte. Tübingen 2002.

Ölcen, Mehmet Arif: Vetluga Memoirs: a Turkish POW in Russia 1916–1918. Gainsville/FL 1995.

Oeter, Stefan: Die Entwicklung des Kriegsgefangenenrechts. Die Sichtweise eines Völkerrechtlers, in: R. Overmans (Hrsg.): In der Hand des Feindes. Kriegsgefangenschaft von der Antike bis zum Zweiten Weltkrieg. Köln 1999, S. 41–62.

Oltmer, Jochen: Arbeitszwang und Zwangsarbeit – Kriegsgefangene und ausländische Zivilarbeitskräfte im Ersten Weltkrieg, in: Rolf Spilker/Bernd Ulrich (Hgg.): Der Tod als Maschinist. Der industrialisierte Krieg 1914–1918. Bramsche 1998, S. 97–107.

Ders.: Bäuerliche Ökonomie und Arbeitskräftepolitik im Ersten Weltkrieg. Beschäftigungsstruktur, Arbeitsverhältnisse und Rekrutierung von Ersatzarbeitskräften in der Landwirtschaft des Emslandes 1914–1918. Sögel 1995.

Ders. (Hrsg.): Kriegsgefangene im Europa des Ersten Weltkrieges. In Vorbereitung Essen 2005.

Ders.: Unentbehrliche Arbeitskräfte. Kriegsgefangene in Deutschland 1914–1918, in: Kriegsgefangene im Europa des Ersten Weltkrieges (Hrsg. J. Oltmer). In Vorbereitung: Essen 2005.

Ders.: Zwangsmigration und Zwangsarbeit – Ausländische Arbeitskräfte und bäuerliche Ökonomie im Ersten Weltkrieg, in: Tel Aviver Jahrbuch für deutsche Geschichte 27, 1998, S. 135–168.

Onciul, Leo: Bericht des Landsturm-Leutnants Leo Onciul über die Rückkehr aus der russischen Kriegsgefangenschaft, in: Das militärhistorische Archiv 2.4.1994, S. 34–42.

Otte, Klaus: Das Lager Soltau. Das Kriegsgefangenen- und Interniertenlager des Ersten Weltkriegs (1914–1921). Geschichte und Geschichten. Soltau 1999.

Overmans, Rüdiger: Ein Silberstreif am Forschungshorizont? Veröffentlichungen zur Geschichte der Kriegsgefangenschaft, in: R. Overmans (Hrsg.), In der Hand des Feindes. Kriegsgefangenschaft von der Antike bis zum Zweiten Weltkrieg. Köln 1999, S. 483–551.

Ders.: „Hunnen" und „Untermenschen" – deutsche und russisch/sowjetische Kriegsgefangenschaftserfahrungen im Zeitalter der Weltkriege, in: Bruno Thoß/Hans-Erich Volkmann (Hgg.): Erster Weltkrieg – Zweiter Weltkrieg. Ein Vergleich. Krieg, Kriegserlebnis, Kriegserfahrung in Deutschland (1914–1945). Paderborn 2002, S. 335–365.

Ders.: „In der Hand des Feindes". Geschichtsschreibung zur Kriegsgefangenschaft von der Antike bis zum Zweiten Weltkrieg, in: Rüdiger Overmans (Hrsg.), In der Hand des Feindes. Kriegsgefangenschaft von der Antike bis zum Zweiten Weltkrieg. Köln 1999, S. 1–39.

Ders. (Hrsg.): In der Hand des Feindes. Kriegsgefangenschaft von der Antike bis zum Zweiten Weltkrieg. Köln 1999.

Ders.: Kriegsverluste, in: Enzyklopädie Erster Weltkrieg (Hgg. G. Hirschfeld, G. Krumeich, I. Renz). Paderborn 2003, S. 663–666.

149

Peter, Andreas: Das „Russenlager" in Guben. Potsdam 1998.

Plaschka, Richard G.: Avantgarde des Widerstands. Modellfälle militärischer Auflehnung im 19. und 20. Jahrhunderts. 2 Bde. Wien 2000.

Procacci, Giovanna: Soldati e prigionieri italiani nella Grande guerra. Rom 1993.

Rachamimov, Alon: Alltagssorgen und politische Erwartungen. Eine Analyse von Kriegsgefangenenkorrespondenzen in den Beständen des Österreichischen Staatsarchivs, in: Zeitgeschichte 25, 1998, S. 348–356.

Ders.: POWs and the Great War. Captivity on the Eastern Front. Oxford/New York 2002.

Ders.: Imperial Loyalties and Private Concerns: Nation, Class, and State in the Correspondence of Austro-Hungarian POWs in Russia, 1916–1918, in: Austrian History Yearbook, 31, 2000, S. 87–105.

Rauchensteiner, Manfried: Streitkräfte (Österreich-Ungarn), in: Enzyklopädie Erster Weltkrieg (Hgg. G. Hirschfeld/G. Krumeich/I. Renz). Paderborn 2003, S. 896–900.

Remer, Claus: Das Ukrainerlager Wetzlar-Büblingshausen (1915–1918) – ein besonderes Lager?, in: Mitteilungen des Wetzlarer Geschichtsvereins 37, 1994.

Ders.: Die Ukraine im Blickfeld deutscher Interessen. Ende des 19. Jahrhunderts bis 1917/18. Frankfurt/Main 1997.

Riesenberger, Dieter: Das Internationale Rote Kreuz und das Kriegsgefangenenproblem 1854–1929, in: Kriegsgefangene im Europa des Ersten Weltkrieges (Hrsg. J. Oltmer). In Vorbereitung: Essen 2005.

Ders.: Für Humanität in Krieg und Frieden. Das Internationale Rote Kreuz 1863–1977. Göttingen 1992.

Ders.: Zur Professionalisierung und Militarisierung der Schwestern vom Roten Kreuz vor dem Ersten Weltkrieg, in: Militärgeschichtliche Mitteilungen 53, 1994, S. 49–72.

Rossi, Marina: I prigionieri dello zar. Soldati italiani dell'esercito austro-ungarico nei lager della Russia 1914–1918. Mailand 1997.

Dies.: Irredenti giuliani al fronte russo. Storie di ordinaria diserzione, di lunghe prigionie e di sospirati rimpatri (1914–1920). (Civiltà del Risorgimento, collana di saggi, testi e studi del comitato di Trieste e Gorizia dell'Istituto per la Storia del Risorgimento italiano a cura di Giulio Cervani). Udine 1998.

Dies.: Italian Prisoners of the Austrian Army, 1914–1920, in: World War I and the XX Century. Acts of the International Conference of Historians, Moscow 24–26 May, 1994. Moskau 1995, S. 172–175.

Russia and First World War. Materials of an International Scientific Colloquium – Rossija i Pervaja Mirovaja vojna. Materialy meždunarodnogo naučnogo kollokviuma. St. Petersburg 1999.

Rutkowski, Ernst: Aus der Kriegsgefangenschaft geflohen. 1. Hauptmann Rudolf von Morawek, in: Österreichische militärhistorische Forschungen (in der Folge: ÖmF) 2, 1994, S. 87–104.

Ders.: Aus der Kriegsgefangenschaft entflohen. 2. Die Assistenzärzte in der Reserve Dr. Karl Kassowitz und Dr. Lothar Ebersberg, in: ÖmF 4, 1997, S. 5–53.

Ders.: Der Kundschafterdienst des k.u.k. Armeeoberkommandos in Rußland im Jahre 1918. 1. In geheimer Mission in Samara (Kujbyšev) – die Reise des Leutnants i.d. Reserve Leopold Landsberger an die Wolga in den Monaten Juni bis September 1918, in: ÖmF 1, 1992, S. 15–76.

Ders.: Der Kundschafterdienst des k.u.k. Armeeoberkommandos in Rußland im Jahre 1918. 1. In geheimer Mission in Samara (Kujbyšev) – die Reise des Leutnants in der Reserve Leopold Landsberger an die Wolga in den Monaten Juni bis September 1918, in: ÖmF 1, 1992, S. 15–76.

Ders.: Der Kundschafterdienst des k.u.k. Armeeoberkommandos in Rußland im Jahre 1918. 2. Die Mission des Landsturmhauptmanns Friedrich Benesch nach Smolensk im Juli 1918, in: ÖmF 3, 1995, S. 5–26.

Ders.: Der Kundschafterdienst des k.u.k. Armeeoberkommandos in Rußland im Jahre 1918. 3. Die Mission des Leutnants in der Reserve Béla Balogh nach Čel'abinsk im März und April 1918, in: ÖmF 5, 1998, S. 5–30.

Sanborn, Joshua A.: Drafting the Russian Nation. Military Conscription, Total War, and Mass Politics, 1905–1925. De Kalb/Ill. 2003.

Scharping, Karl: In russischer Gefangenschaft. Die kulturellen und wirtschaftlichen Leistungen der deutschen Kriegsgefangenen in Rußland. Berlin 1939.

Scherrmann, Michael: Feindbilder in der württembergischen Publizistik 1918–1933: Rußland, Bolschewismus und KPD im rechtsliberalen „Schwäbischen Merkur", in: Kriegserfahrungen. Studien zur Sozial- und Mentalitätsgeschichte des Ersten Weltkriegs (Hgg. G. Hirschfeld/G. Krumeich/Dieter Langewiesche/Hans-Peter Ullmann) = Schriften der Bibliothek für Zeitgeschichte – Neue Folge Bd. 5. Essen 1997, S. 388–402.

Schleicher, Josef: Kriegsgefangene und Zivilinternierte des Ersten Weltkriegs in Rußland: Gefangennahme, Transport und Lagerleben aus alltagsgeschichtlicher Sicht, in: Forschungen zur Geschichte und Kultur der Rußlanddeutschen. Bd. 10. Essen 2001, S. 63–108.

Schneider, Tobias: Bestseller im Dritten Reich. Ermittlung und Analyse der meistverkauften Romane in Deutschland 1933–1944, in: Vierteljahreshefte für Zeitgeschichte 52,1, 2004, S. 77–97.

Seidler, Franz W.: Fahnenflucht. Der Soldat zwischen Eid und Gewissen. München 1993.

Senjavskaja, Elena S.: Čelovek na vojne. Istoriko-psichologičeskie očerki. Moskau 1997.

Dies.: Obraz vraga v soznanii učastnikov pervoj mirovoj vojny, in: Voprosy istorii 3, 1997, S. 140–145.

Senjavskaja, E. S.: Psichologija vojny v XX veke: istoričeskij opyt Rossii. Moskau 1999.

Sergeev, Evgenij: Kriegsgefangenschaft aus russischer Sicht. Russische Kriegsgefangenschaft in Deutschland und im Habsburgerreich (1914–1918), in: Forum für osteuropäische Ideen- und Zeitgeschichte, 2, 1997, S. 113–135.

Ders.: Kriegsgefangenschaft und Mentalitäten. Zur Haltungsänderung russischer Offiziere und Mannschaftsangehöriger in der österreichisch-ungarischen und deutschen Gefangenschaft, in: Zeitgeschichte, 25, 1998, S. 357–365.

Ders.: Russkie voennoplennye v Germanii i Avstro-Vengrii v gody pervoj mirovoj vojny, in: Novaja i novejšaja istorija, 4, 1996, S. 65–78.

Šlejcher, I. I.: Plennye Pervoj mirovoj vojny i nemcy–kolonisty v Sibiri, in: Migracionnye processy sredi rossijskich nemcev: istoričeskie aspekty. Materialy meždunarodnoj naučnoj konferencii Anapa 26–30 sentjabrja 1997. Moskau 1998, S. 205–230.

Solnceva, Svetlana A.: Voennoplennye v Rossii v 1917 g. (mart' – oktjabr'), in: Voprosy istorii 1, 2002, S. 143–149.

Dies.: Voennyj plen v gody Pervoj mirovoj vojny: novye fakty, in: Voprosy istorii 4–5, 2000, S. 98–105.

Speckner, Hubert: In der Gewalt des Feindes. Kriegsgefangenenlager in der „Ostmark" 1939 bis 1945. Wien/München 2003.

Speed, Richard B.: Prisoners, Diplomats, and the Great War: a Study in the Diplomacy of Captivity. New York 1990.

Steinwascher, Gerd: „... daß infolge Arbeitsmangel die Landwirtschaft lahm gelegt wird". Der Einsatz von Kriegsgefangenen im Landkreis Aschendorf 1915–1916, in: Jahrbuch des emsländischen Heimatbundes 1994, S. 34–43.

Stettner, Ralf: „Archipel GULag": Stalins Zwangslager – Terrorinstrument und Wirtschaftsgigant. Entstehung, Organisation und Funktion des sowjetischen Lagersystems 1928–1956. Paderborn 1996.

Striegnitz, Sonja: Eine „Kerntruppe der Weltrevolution?" Politische Entwicklungen unter deutschen Kriegsgefangenen in Rußland (1917–1920), in: Berliner Jahrbuch für osteuropäische Geschichte. Deutsch-russische Beziehungen 1995, S. 131–149.

Taitl, Horst: Kriegsgefangen – Österreicher und Ungarn als Gefangene der Entente 1914 bis 1921. Bde. 1 und 2, Dornbirn 1992.

Thoß, Bruno/Hans-Erich Volkmann (Hgg.): Erster Weltkrieg – Zweiter Weltkrieg. Ein Vergleich. Krieg, Kriegserlebnis, Kriegserfahrung in Deutschland. Paderborn 2002.

Tieste, Reinhard: Katalog des Papiergeldes der deutschen Kriegsgefangenenlager im 1. Weltkrieg. Bremen 1998.

Treffer, Gerd: Die ehrenwerten Ausbrecher. Das Kriegsgefangenenlager Ingolstadt im Ersten Weltkrieg. Regensburg 1990.

Vance, Jonathan F. (Hrsg.): A Historical Encyclopedia of Prisoners of War and Internment. Santa Barbara/Cal. 2000.

Volkmann, Hans-Erich: Das Rußlandbild in der Schule des Dritten Reichs, in: H.-E. Volkmann (Hrsg.): Das Rußlandbild im Dritten Reich. Köln/Weimar/ Wien 1994, S. 225–256.

War Crimes, War Criminals, and War Crime Trials. An Annotated Bibliography and Source Book (Hrsg. Norman E. Tutorow). New York 1986.

Weindling, Paul J.: Epidemics and Genocide in Eastern Europe 1890–1945. Oxford 2000.

Ders.: The First World War and the Campaigns against Lice: Comparing British and German Sanitary Measures, in: Die Medizin und der Erste Weltkrieg (Hgg. Wolfgang U. Eckart/Christoph Gradmann). Pfaffenweiler 1996, S. 227–239.

Wette, Wolfram (Hrsg.): Der Krieg des kleinen Mannes. Eine Militärgeschichte von unten. München 1992.

Ders./Gerd R. Ueberschär (Hgg.): Kriegsverbrechen im 20. Jahrhundert. Darmstadt 2001.

Wiesenhofer, Franz: Gefangen unter Habsburgs Krone. K.u.k. Kriegsgefangenenlager im Erlauftal. Purgstall 1997.

Wilhelm, Hans-Heinrich: Motivation und „Kriegsbild" deutscher Generale und Offiziere im Krieg gegen die Sowjetunion, in: Erobern und Vernichten. Der Krieg gegen die Sowjetunion 1941–1945. Essays (Hgg. Peter Jahn/Reinhard Rürup). Berlin 1991, S. 153–182.

Williamson, Samuel R./Peter Pastor (Hgg.): Essays On World War I. Origins and Prisoners of War (= Social Science Monographs – East European Monographs Nr. CXXI). New York 1983.

Wurzer, Georg: Das Schicksal der deutschen Kriegsgefangenen in Rußland im Ersten Weltkrieg. Der Erlebnisbericht Edwin Erich Dwingers, in: In der Hand des Feindes. Kriegsgefangenschaft von der Antike bis zum Zweiten Weltkrieg (Hrsg. R. Overmans). Köln 1999, S. 363–384.

Ders.: Deutsche Kriegsgefangene in Rußland vom Kriegsausbruch 1914 bis zum Abschluß der Heimtransporte 1922, in: Arbeitskreis Militärgeschichte e. V. Newsletter 7, 1998, S. 25 f.

Ders.: Die Erfahrung der Extreme. Kriegsgefangene in Rußland 1914–1918, in: Kriegsgefangene im Europa des Ersten Weltkrieges (Hrsg. J. Oltmer). In Vorbereitung: Essen 2005.

Ders.: Die Kriegsgefangenen der Mittelmächte in Rußland im Ersten Weltkrieg. (Dissertation Tübingen) 2000 (589 Seiten): http://w210.ub.uni-tuebingen.de/dbt/volltexte/2001/207.

Yanikdag, Yücel: Ottoman Prisoners of War in Russia 1914–1922, in: Journal of Contemporary History 34,1, 1999, S. 69–85.

Ziemann, Benjamin: Fahnenflucht im deutschen Heer 1914–1918, in: Militärgeschichtliche Mitteilungen 55, 1996, S. 93–110.

Unveröffentlichte Manuskripte:

Auerbach, Karl: Die russischen Kriegsgefangenen in Deutschland. Von August 1914 bis zum Beginn der Großen Sozialistischen Oktoberrevolution. Diss. Potsdam 1973.

Hansak, Peter: Das Kriegsgefangenenwesen während des 1. Weltkrieges im Gebiet der heutigen Steiermark. Diss. Graz 1991.

Hinz, Uta: „Not kennt kein Gebot"? Kriegsgefangenschaft und Entwicklungslinien der Behandlung fremder Heeresangehöriger in deutschen Gefangenenlagern und Arbeitskommandos 1914–1921, Diss. Freiburg 2000 [in Vorbereitung unter dem Publikationstitel: Gefangen im Großen Krieg. Kriegsgefangenschaft in Deutschland 1914–1921].

Kreiner, Judith: Von Brest-Litowsk nach Kopenhagen. Die österreichischen Kriegsgefangenen in Rußland im und nach dem Ersten Weltkrieg unter besonderer Berücksichtigung der Kriegsgefangenenmissionen in Rußland. Diplomarbeit Wien 1996.

Leidinger, Hannes: Netzwerke der Weltrevolution. Die Auswirkungen der Kriegsgefangenen-Heimkehrer-Problematik auf die Entwicklung der kommunistischen Bewegung in Mittel- und Osteuropa 1917–1920. Diss. Wien 2001.

Ders.: Zwischen Kaiserreich und Rätemacht. Die deutschösterreichischen Heimkehrer aus russischer Kriegsgefangenschaft und die Organisation des österreichischen Kriegsgefangenen- und Heimkehrerwesens 1917–1920. Diplomarbeit Wien 1995.

Moritz, Verena: Gefangenschaft und Revolution. Deutschösterreichische Kriegsgefangene und Internationalisten 1914–1920. Diplomarbeit Wien 1995.

Dies.: Zwischen allen Fronten. Die russischen Kriegsgefangenen in Österreich im Spannungsfeld von Nutzen und Bedrohung (1914–1921). Diss. Wien 2001.

Mundschütz, Reinhard: Das Internierungslager Drosendorf/Thaya 1914–1920. Ein Beitrag zur Geschichte der Behandlung fremder Staatsangehöriger in Österreich während des 1.Weltkriegs. Dipl.arb. Wien 1993.

Olenčuk, Elisabeth: Die Ukrainer in der Wiener Politik und Publizistik 1914–1918. Ein Beitrag zur Geschichte der österreichischen Ukrainer (Ruthenen) aus den letzten Jahren der Österreichisch-ungarischen Monarchie. Diss. Wien 1998.

Pusman, Karl: Die Wiener Anthropologische Gesellschaft in der ersten Hälfte des 20. Jahrhunderts. Ein Beitrag zur Wissenschaftsgeschichte auf Wiener Boden unter besonderer Berücksichtigung der Ethnologhie. Diss. Wien 1991.

Sachregister

Folgende Begriffe wurden nicht in das Sachregister aufgenommen: Deutschland/Deutsches Reich, Gefangenenlager, Gewahrsam, Gewahrsamsmacht, Kriegsgefangene, Kriegsgefangenschaft, Mittelmächte, Italien, Österreich(-Ungarn), Rußland/Russisches Reich, Serbien, Sibirien.

Lagerverwalter/-verwaltung (auch -führung, -kommando, -leitung) 41, 44, 56, 64, 69, 73, 82

Lagerzeitschriften (s. auch Zeitschriften) 43 f., 128, 135

Landwirtschaft 21, 23, 56, 61, 68, 70

Lebensmittel (~bedarf) 50, 118, 128

Lebensmittelpakete 50, 52

Lebensmittelpreise 50

Lebensqualität 97

Lebensweise 49, 64

Liebesgaben (auch ~verteilung) 49, 51, 81, 89, 120, 124

Literaturwissenschaft 101

Loyalisierung 118

Loyalität (~sproblem) 17, 33, 37 f., 42, 46, 87 ff., 115, 117, 120

Malaria 76

Mangelversorgung (auch -ernährung) 29, 31, 50, 59, 75, 86, 91

Mannschaftsbehandlung 60, 65, 67, 69, 78, 83, 106 f., 111 f.

Massenheere 82, 108

Massensterben (auch -tötung) 91 f.

Medikamente (auch ~nlieferung) 74, 78

Meinungsbildung 17, 41, 43 f.

Meliorationen (auch Ödlandkultivierung) 68 f.

Memoiren (s. auch Erlebnisberichte) 79, 92, 112

Menschenmaterial 58, 115, 135

Mentalitäten 10, 12, 17, 46, 80, 105

Mentalitätsgeschichte 10 f., 14, 20, 87, 101, 125, 130

Meutereien 66, 116

Militärärzte (auch Militärmediziner) 70, 76 ff., 108, 121

Militärapparat (auch ~ und Staatsapparat) 54, 59, 67

Militärgeschichte (neue) 10 ff., 136, 138

Militärinternierte 70

Militärstrafgesetz/-recht (auch MStGB) 64 f., 117 f.

Militarismus (preußischer) 34

Militärmedizin 78, 114

Militärverwaltung 15 f., 43, 107 ff.

Mischungsprinzip 73, 77

Mißbräuche 20

Mißhandlung 26 f., 59, 64, 67, 69, 83, 86, 92, 107

Mißstände 72 f., 85, 101

Mißtrauen 108 f.

Mitleid 26

Mohammedaner, Moslems, Muslime 30 ff., 59, 90

Mohammedaner-Politik 51, 61

Montanindustrie 22, 98

Moschee 35 f.

Motivation (auch ~skrise, ~sproblem) 33, 35, 109, 116, 118

multiethnische Armeen (s. auch Vielvölkerarmeen) 19, 115, 118

Murmanbahn 28, 62, 92, 97, 101, 111 ff., 125, 137

Nahrungskonkurrenz/-konkurrenten 60

Nahrungsmittelmangel (auch -rationierung) 48, 50, 60

nationale Einheiten 84, 86, 90, 99, 133

nationales Bekenntnis 87

Nationalitätenpolitik 31, 38 f., 52, 59, 68, 71, 79, 86, 88 ff., 96, 99, 115, 120, 125, 127

Nationalitätenproblem 47, 59, 89, 115 f., 120, 125, 134

Ukrainer-Politik/-Propaganda   40 f.

unsoziale Verhaltensweise/Asozialität 81

Unterernährung (s. auch Hunger)   31, 47,
    50, 81, 91

Unterkunftsdepartement (preuß. Kriegsmi-
    nisterium)   62, 126

Untermensch   94

Unterschlagungen   49, 81

unverwundet   108

Vergeltung (auch ~smaßnahme, s. auch
    Repressalie, Retorsion)   67, 109 f.,
    112

Verknappung   49

Verluste   19, 60, 75

Vernichtung (auch ~slager)   90, 92, 130,
    137

Verpflegung (auch ~sgeld)   22, 31, 49 f.,
    69, 74, 107

Verschleppung   26

Versorgung   17, 29, 47 f., 51 f., 69, 78,
    82, 89, 118, 132

Vertrag/Verträge (auch ~sverhältnis)   54

Verwendungsfähigkeit   53

Völkerkerker   34

Völkerrecht   14 f., 20, 27 f., 46, 54, 85,
    101, 111, 132

Völkerrechtsbruch/-verletzung/-verstoß/-
    widrigkeit 28 ff., 54, 59, 65, 69, 77, 83
    f., 90, 113

Waffenstillstand   16, 20, 59, 99, 104

Wehrwürdigkeit   34

Weltkriegsforschung   12

Wlassow-Armee   34, 115

Zarenfamilie (s. auch Romanow)   54

Zeitschriften/Zeitungen (s. auch Lagerzeit-
    schriften)   35, 38, 44 f., 47

Zensur (auch ~wesen)   44, 87 ff., 123

Zentralasien (s. auch Russisch-Asien) 20,
    30, 38, 48, 75 f.

Zivilisten/Zivilbevölkerung   27, 29, 33,
    50 f., 65, 67, 122

Zusammenbruch   31, 61, 67, 96 f., 119

Zwangsarbeit   21, 69

Zwangsmaßnahmen   39, 41, 67

Zwangsrekrutierung   31, 48, 86, 99, 118

Zweiglager   68 f.

Zwischenkriegszeit   16, 32

Peter Lang · Europäischer Verlag der Wissenschaften

Hans-Heinrich Nolte (Hrsg.)

Häftlinge aus der UdSSR in Bergen-Belsen

Dokumentation der Erinnerungen „Ostarbeiterinnen" und „Ostarbeiter", Kriegsgefangene, Partisanen, Kinder und zwei Minsker Jüdinnen in einem deutschen KZ

Frankfurt am Main, Berlin, Bern, Bruxelles, New York, Oxford, Wien, 2001.
260 S., zahlr. Abb.
ISBN 3-631-38300-2 · br. € 34.50*

Über 100 ehemalige Insassen des Konzentrationslagers Bergen-Belsen aus der Ukraine, Rußland und Belorußland haben Studenten der Osteuropäischen Geschichte am Historischen Seminar der Universität Hannover in ihrer Heimat befragt. Überwiegend waren es ehemalige „Ostarbeiter", welche besucht und interviewt wurden oder mit denen man Briefe wechselte. Bei Besuchen in Deutschland, nicht zuletzt in der Gedenkstätte des ehemaligen Konzentrationslagers, traf man sich erneut. Damit entstand ein breiter Fundus an Erfahrungen und Erinnerungen, aus dem eine ausgewogene Dokumentation erstellt wurde. Sie verdeutlicht den allgemeinen Charakter, aber auch die Vielfalt der Erfahrungen bei der Zwangsarbeit und in nationalsozialistischen Lagern aus der Sicht der Betroffenen, klärt aber auch die Schicksale vor dem Beginn des Krieges und nach der Rückkehr. Es handelt sich um einen wichtigen Beitrag zur aktuellen Diskussion über die Entschädigung der Zwangsarbeiter und zur Geschichte der Opfer beider Diktaturen im Zweiten Weltkrieg.

Aus dem Inhalt: Alltag vor dem Krieg · Festnahmen und Verschleppungen · Arbeitsbedingungen der „Ostarbeiter" · Leben im KZ · Die Schlußphase in Bergen-Belsen · Die Befreiung · Alltag zwischen 1945 und heute

Frankfurt am Main · Berlin · Bern · Bruxelles · New York · Oxford · Wien
Auslieferung: Verlag Peter Lang AG
Moosstr. 1, CH-2542 Pieterlen
Telefax 00 41 (0) 32 / 376 17 27

*inklusive der in Deutschland gültigen Mehrwertsteuer
Preisänderungen vorbehalten
Homepage http://www.peterlang.de